STUDIA
HUMANITATIS
문명텍스트

STUDIA
HUMANITATIS
문명텍스트
42

公孫龍子

공손룡자

공손룡 지음 | 염정삼 번역·주해

서울대학교출판문화원

STUDIA HUMANITATIS
문명텍스트
42

공손룡자

초판 1쇄 인쇄 2018년 12월 20일
초판 1쇄 발행 2018년 12월 26일

지은이 공손룡
번역·주해자 염정삼
펴낸이 성낙인
펴낸곳 서울대학교출판문화원

출판등록 제15-3호

주소 08826 서울 관악구 관악로 1
대표전화 02-880-5252 | 팩스 02-888-4148
홍보마케팅팀(주문상담) 02-889-4424, 02-880-7995
이메일 snubook@snu.ac.kr
홈페이지 www.snupress.com

ISBN 978-89-521-1734-2 94150
978-89-521-1574-4 (세트)

이 저서는 2007년 정부(교육과학기술부)의 재원으로
한국연구재단의 지원을 받아 수행된 연구임(NRF-2007-361-AL0016).

✽ 머리말

내가 『공손룡자(公孫龍子)』를 번역하기로 마음먹은 것은 『묵경(墨經)』의 주해를 마치고 나서였다. 묵가(墨家)들은 평화롭게 서로 아껴주며 이로움을 나눠 가지는 공동체를 꿈꾸었던 것이 분명하다. 그러한 유토피아는 중국은 물론이고 지구상 어디에도 실제로 구현되지 못했다. '겸애(兼愛)'의 평화주의자였던 묵자(墨子)의 후예들은 수비에 강한 군사력으로 제후들의 권력 다툼에 이용당하거나, 협객이 되어 떠돌기도 하고, 혹은 대동사회(大同社會)의 이론을 다듬는 변론가들이 되어 논전을 벌였다.

그들과의 논전에서 가장 주목할 만한 자료를 남긴 사람은 공손룡(公孫龍)이다. 공손룡은 전국시대 조(趙)나라 평원군(平原君)의 가객으로 조나라를 비롯하여 이곳저곳의 제후국을 돌아다니며 논전을 벌였으나 끝내 중용되지 못했고, 후대에는 자신의 논리에 스스로 걸려들어 조롱을 당하는 인물로 묘사되어 있다. 공손룡을 가장 유명하게 만들고, 또 그를 가장 어리석은 궤변가로 불리게 한 명제는 바로 '백마비마론(白馬非馬論)'이었다.

도대체 그는 무엇을 하려고 했을까. 그는 무엇보다 자신의 재주를 드러내어 당시의 실권자들에게 중용되기를 희망했을 것이다. 그의 재주는 말을 잘하는 것에 있었다. 동시에 그가 제후들에게 무력 사용을 멈추자는 주장을 펼쳤다는 기록이 있으니, 강한 나라를 만들기 위해 군사력 증강을 주장했던 세력은 아니었을 것이다. 그는 아마도 언변에 능한 비전론자(非戰論者) 정도가 아니었을까. 그가 유세했던 방법은 교묘한 변론을 펼쳐서 사람들에게 '일상어'를 뒤집어 보도록 만드는 것이었다. 예를 들어 그는 '하얀 말'이라고 부르는 경우와 '말'이라고 부르는 경우는 일치하지 않으니 구별해야 한다거나, '하얀 돌'을 아는 것과 '딱딱한 돌'을 아는 것은 동시에 일어나지 않으니 그 두 가지는 분리되어 있다는 말로 사람들을 혼란스럽게 만들었다.

그는 무엇 때문에 그런 주장을 했을까. 공손룡이 활동하던 시대는 세상의 질서와 혼란〔治亂〕을 결정하는 요체가 무엇인지, 공적인 논의가 뜨겁게 유행하던 시기였다. 공손룡은 이름〔名〕과 실질〔實〕의 관계가 올바로 정립되는 것이 바로 성인의 치세를 만드는 기초가 된다고 믿었다. 그런데 공손룡이 말한 '명(名)'은 단순한 이름, 지칭, 술어, 언어 등에 그치지 않았다. 그 이름에는 공자(孔子)로부터 계승된 군주의 이름, 아버지의 이름, 신하의 이름, 자식의 이름이 담겨 있었다. 그래서 이름은 그 사람의 삶과 경험, 역할과 책임의 도덕적인 총체를 뜻했다. '실(實)' 또한 그것에 기초하여 해석되었다. 그러므로 그 사람의 생애와 신분의 특정 시기에 차지하고 있던 자리〔位〕에 올바른 이름이 맺어지는 것이 바로 '실(實)'이었다.

그래서 공손룡이 특히 반대하고자 했던 것은, 주어진 자리〔位〕에 따라 달리 부여되는 역할과 책임을 무화하고 두루 아껴주고 널리 이롭게 하여 화합을 이루는 '상동(尙同)'의 방법이 치세(治世)의 요체라고 주장하는 묵가 계열의 슬로건이었다. 묵가들은 공손룡에게 세상의 질서를 완성하게 하는 중요한 차등과 분위 지정에 가장 큰 걸림돌이었다.

치세를 실현할 수 있도록 올바른 이름을 정립하기 위하여 공손룡은 사람들에게 실질을 올바르게 가리켜서 말하는〔指〕 방법을 찾으라고 권고하였다. 그러기 위해서는 주어진 자리〔位〕를 하나하나 분리해서 살펴봐야 하고, 그때에만 비로소 '다른 것을 각각 다르게〔獨〕 이름 붙이는' 올바른 길〔正〕을 찾을 수 있다는 것이다. 공손룡은 그것을 당시의 일상어를 사용하여 쉬운 예로써 논증하려 했고, 그때의 논증 과정들이 「백마론(白馬論)」, 「견백론(堅白論)」, 「지물론(指物論)」 등으로 정리되었다.

그는 과연 성공했을까. 전국시대 말 순자(荀子)는 오히려 '백마'의 논전을 꼬집어서, 이름만을 사용하여 실질을 어지럽히는 일이라고 비난하였다. 순자에게 비난을 받긴 했으나, 그것은 오히려 공손룡의 주장이 사람들의 관심을 끌기에 충분할 만큼 유명했다는 것을 반증한다. 그는 이미 당시에 자신의 이름을 알렸을 뿐 아니라 저술을 남겼으며, 그것을 통해 지금도 여전히 그의 사상과 논리를 다시 살펴볼 여지를 남겼다는 점에서 성공한 셈이다. 좀 더 적극적으로 공손룡 저술의 의의를 인정한다면, 아마도 언어의 시제·격변화·상태 등을 섬세하게 표현하기 힘든 중국 문자의 영역에서 좀 더 치밀한 논변〔辯〕의 가능성을 타진하고, 사물을 가리키는 명명의 다양함을 열어 놓았다는 점을 들 수 있다.

공손룡은 성공했을지 모르나, 그의 저작을 주해하면서 나는 몹시 힘든 과정을 치러야 했다. 고대의 '불완전한 텍스트' 다시 읽기를 반복하면서 나는 알게 되었다. 그것은 마치 하나하나 직조된 문자를, 오래되어 낡아서 부서지는 천 조각의 실오라기를 풀어 씨실과 날실을 분리하는 것처럼 떼어 냈다가 다시 짜서 넣는 일과도 같다는 것을. 그래서 『공손룡자』 주해를 마친 지금, 실을 분리해 내려다 그 오래된 천을 다 부숴 버린 것은 아닌지, 공손룡의 의도일 것이라고 짐작하고 다시 직조해 놓은 문자와 해석이 어처구니없게도 망상이나 오역은 아닌지 두려움이 엄습해 온다. 다행스럽게도 현명한 후학이 있어서, 이를 교정해 주는 날이 온다면 더 이상 바랄 것이 없겠다.

부끄럽고 보잘것없는 작업을 마쳤지만, 그래도 감사하고 싶은 사람들이 있다. 늘 내 옆을 지키며 격려해 주는 나의 가족들, 출판을 담당해 준 서울대학교출판문화원, 그리고 나의 동료 학인들에게 두 손 모아 감사드린다.

2018년 11월

염정삼

❁ 차례

머리말 5

해제 |『공손룡자』를 어떻게 연구할 것인가 · 11

일러두기 · 49

1. 적부(跡府) · 53
2. 백마론(白馬論) · 97
3. 지물론(指物論) · 149
4. 통변론(通變論) · 191
5. 견백론(堅白論) · 239
6. 명실론(名實論) · 277

부록 · 299

참고문헌 · 303

찾아보기 · 307

문명총서 발간사 · 311

『공손룡자』를 어떻게 연구할 것인가

■ **해제**

공손룡(公孫龍)은 누구인가

공손룡은 언제 어디에서 어떤 주장을 한 사람인가. 우선 공손룡의 생애를 추적할 수 있는 자료를 찾아보자. 공손룡이라는 이름이 보이는 문헌들은 『장자(莊子)』, 『열자(列子)』, 『전국책(戰國策)』, 『여씨춘추(呂氏春秋)』, 『사기(史記)』 등이다.[1] 그런데 같은 『사기』의 기록인데도 「맹자순경열전(孟子荀卿列傳)」[2]이나 「평원군열전(平原君列傳)」[3]에 나오는 공손룡과, 「중니제자열전(仲尼弟子列傳)」[4]에서 말하는 공손룡이 조금 다르다. 그래서 연구자들은 활동 시기와 교류한 인물들이 다르다는 이유를 들어 「맹자순경열전」의 공손룡과 「중니제자열전」의 공손룡이

---

1 『莊子』「秋水」·「天下」, 『列子』「仲尼」, 『戰國策』「趙策」, 『呂氏春秋』「審應覽」, 『史記』「孟子荀卿列傳」·「平原君列傳」·「仲尼弟子列傳」, 『漢書』「藝文志」, 『淮南子』「道應」·「齊俗」·「詮言」 등에 公孫龍에 대한 기록이 나온다.

2 『史記』「孟子荀卿列傳」에는 "而趙亦有公孫龍, 爲堅白同異之辯"이라는 기록이 나온다.

3 『史記』「平原君列傳」에도 平原君과 公孫龍이 대화했던 기록이 있다.

4 『史記』「仲尼弟子列傳」에는 "公孫龍, 字子石, 少孔子五十三歲"라고 나온다.

서로 다른 사람이라고 보고 있다. 또한 『장자』와 『열자』 등에 인용된 공손룡에 대해서는 대체로 의심하는 학자가 많다.[5] 그러나 그것을 통해 공손룡의 주장을 편린이나마 엿볼 수 있고, 또한 같은 시기에 활동한 사람들이 공손룡을 어떻게 이해하고 있었는지 알 수 있으니, 이들 자료가 참고할 가치가 전혀 없다고 할 수는 없다.

일반적으로 신뢰받는 『사기』의 기재와 『여씨춘추』 「심응람(審應覽)」 등에 나오는 공손룡에 관한 이야기를 서로 대조해 보면, 대체로 다음과 같은 점은 분명하다고 말할 수 있다. 즉, 공손룡은 조(趙)나라 사람으로 평원군(平原君)의 객이 된 적이 있었다는 점이다.[6] 이로부터 그의 생애 기간을 대략적이나마 추측해 볼 수 있다. 전목(錢穆)의 책에 근거하여 공손룡의 활동 시기와 당시 교유하던 사상가들을 연결시켜 보면, 공손룡의 생졸년은 대략 B.C. 319-250년이다.[7] 그리고 이 시기는 혜시(惠施), 장자(莊子), 순자(荀子), 추연(鄒衍) 등이 활약하던 시기와 대체로 겹친다. 예를 들어, 혜시(B.C. 368-311)와 장자(B.C. 368-290)는 공손룡보다 대략 한 세대 앞서 태어나 활동했던 사람들이다.

---

5 徐復觀은 『莊子』 「徐無鬼」에 "然則儒墨楊秉四, 與夫子爲五, 果孰是邪"라고 된 구절의 成玄英의 疏에서 "秉者, 公孫龍也"라고 한 것이나, 『列子』 「仲尼」편 殷敬順의 「釋文」에서 "龍, 字子秉"이라고 한 것은 모두 믿을 수 없다고 하였다. 또한 徐復觀은 譚戒甫의 책에서 公孫龍의 字가 子石이라고 주장했으나, 그것도 잘못된 것이라고 하였다(「先秦名學與名家」 代序, 『公孫龍子講疏』 4版, 臺北: 臺灣學生書局, 1979, 11쪽, 이하 代序로 약칭).

6 『漢書』 「藝文志」 "公孫龍子, 十四篇"의 原注에 '趙人'이라고 되어 있고, 『呂氏春秋』 「審應覽」에는 "孔穿 · 公孫龍相與論於平原君所, 深而辯", 『史記』 「平原君列傳」에는 "平原君厚待公孫龍"이라고 되어 있다.

7 錢穆, 『先秦諸子繫年』, 北京: 商務印書館, 2001, 502-504쪽, 526-528쪽, 644-648쪽 참조.

공손룡의 청년기는 오히려 순자(B.C. 340-245)의 중년 활동 시기 및 추연(B.C. 305-240)의 청년 활동기와 겹친다. 『장자』에서 공손룡과 논전을 벌였다고 언급되는 위모(魏牟)는 거의 동 시기의 사람으로 간주된다.[8] 참고로 『공손룡자』 「적부」편에서 공손룡이 인용한 윤문(尹文)의 생졸년은 B.C. 350-285년으로, 공손룡보다 약 한 세대 앞서 있다.

그렇다면 공손룡은 과연 무엇을 주장한 사람이었는가. 『여씨춘추』 「심응람」, 『전국책』 「조책(趙策)」, 『사기』 「평원군열전」 등의 기록을 살펴보면, 공손룡은 전쟁을 멈춰야 한다는 '언병(偃兵)'의 주장을 펼친 것으로 나온다. 그 때문에 전목은 공손룡이 한편으로 묵가(墨家)를 계승한 것으로 보았다.[9] 그러나 『한서』 「예문지(藝文志)」의 명가(名家) 해설을 참조해 보면, 공손룡은 예(禮)를 담당하던 관료 출신으로서, 이름〔名〕과 시위〔位〕가 다름에 따라 예를 헤아려 지키는 것도 달라져야 한다고 주장한 학파에 속한다.[10] 비록 『공손룡자』에서 '예'를 직접 인급한 곳은 없지만, '명(名)'에 관한 그의 입장과 태도가 묵가와 분명하게 대비되는 점이 있음을 살펴보면, 그를 묵가의 계승자로 보기는 어렵다. 오히려 공손룡은 공자의 '정명(正名)의 이상'을 계승하여, '군신(君臣)의 위(位)'의 차별을 주장했다는 점에서 유가에 가깝다고 하겠다.[11]

---

8 『列子』에도 公孫龍과 魏牟의 이야기가 나오는데, 『列子』에 나온 魏牟의 태도는 『莊子』에서 나온 것과 대단히 다르다(『列子』 「仲尼」, 『莊子』 「秋水」 참조).

9 錢穆, 502-504쪽 참조.

10 『漢書』 「藝文志」: "名家者流, 蓋出於禮官. 古者名位不同, 禮亦異數."

11 拙稿, 「先秦시기 有指와 無指의 논전: 公孫龍子 指物論을 중심으로」, 『中國學報』 71, 한국중국학회, 2015, 467-492쪽 참조.

공손룡에게 유명세를 안겨준 것은 무엇보다 그가 「백마론(白馬論)」에서 주장한 백마비마론(白馬非馬論)이다. '백마(白馬)'와 '견백(堅白)'을 둘러싼 공손룡의 변론과 주장은 한대(漢代) 초기까지 큰 영향을 주었고 많은 비평을 일으켰다. 그래서 우리는 오히려 그를 비판하는 기록들을 통해 그의 영향력을 확인하게 된다. 예컨대 『장자』에는 당시의 변자(辯者)들을 비평하는 경우가 자주 보이는데, 특히 혜시에 대한 비판은 거의 공손룡에 관한 것을 포함하고 있다.[12] 『장자』의 공손룡 비평이 명실(名實)을 초월하는 관점에서의 비평이라면, 『묵경(墨經)』에 나오는 주장은 많은 경우에 공손룡의 논점을 정면에서 비평한 것으로 해석된다.[13] 그 밖에도 유향(劉向)의 「별록(別錄)」에서 추연(鄒衍)이 변론〔辯〕의 올바른 목적과 의의를 설명하면서 공손룡의 변을

---

12 莊子는 名을 고집하며 實을 다투는 사람들을 '앎을 벗어나서 말을 잊어버리는〔超知忘言〕 태도'라고 비판하였다. 『莊子』 「齊物論」에서 "以指喩指之非指"라고 하여 公孫龍의 지물론과 백마론에 반대한 것 외에도, 「騈拇」의 '楊墨' 비판 속에도 주로 가리킨 것은 公孫龍이었고, 「秋水」편에서도 公孫龍을 지칭하는 名家에 대한 비판을 엿볼 수 있다.

13 그러나 公孫龍의 白馬와 堅白의 주장은 묵가의 후학들에게도 받아들여질 만큼 영향력을 끼쳤다고 할 수 있다. 따라서 『公孫龍子』는 『墨經』과의 관련성 안에서 파악되어야 한다. 伍非百은 『公孫龍子發微』 自序에서 다음과 같이 말하였다. "이전에 『墨經』을 연구해 보니, 그것과 상반되는 논리의 증거를 『公孫龍子』에서 취할 수 있음을 알게 되었다. 이제 『公孫龍子』를 연구해 보니 더더욱 그 상반되는 논리의 증거를 『墨經』에서 취할 수 있음을 알게 된다. 두 학파는 서로 비교하며 주석해야만 그 의미가 더욱 분명해진다. 아마도 학술은 서로 배우고 서로 논쟁하고 서로 반대하면서 완성되는 것이며, 그래야 그 사이의 나뉘고 합해지는 정칙과 변칙을 말할 수 있게 된다(余昔治墨經, 知其爲相反之論, 取證于公孫龍子. 今治公孫龍子, 益知其爲相反之論, 取證于墨經. 二家轉注, 其義益明. 蓋學術以相師而相諍, 相反而相成, 其間分合正變, 有可得言者)." 또한 譚戒甫는 公孫龍을 '形名家'로 분류하고 『墨經』을 '名家'의 학문으로 간주하여, 서로 대비되는 점을 구절마다 비교하여 표로 만들었다(譚戒甫, 『公孫龍子形名發微』, 北京: 中華書局, 1963, 63-75쪽 참조).

유희적인 것으로 반박한 것, 그리고 『여씨춘추』에서 공손룡을 반박한 것 등을 살펴볼 수 있다.[14] 전국시대 말기에 결정적으로 공손룡의 관점을 비판했던 것은 순자였다. 『순자』「해폐(解蔽)」편에서 공손룡은 "이름을 사용하여 실질(實)을 어지럽히는 것을 가지고 세상을 미혹시키려는 사람(此惑於用名以亂實者也)"으로 비판되었다.

『공손룡자(公孫龍子)』는 어떤 책인가

공손룡에 관한 기록을 가진 문헌들은 대체로 그의 주장을 비판하는 관점에서 기술된 것으로, 그것만 가지고서는 공손룡이 과연 무엇을 주장하려고 했는지 이해하기 어렵다. 그래서 우리는 우선 그가 지은 저술에 기대어 그의 주장을 이해하려고 노력해야 한다. 다행히도 그의 저서 『공손룡자(公孫龍子)』가 우리에게 전해진다.[15]

『공손룡자』라는 책은 어떻게 우리에게 전해지게 되었는가. 『공손룡자』에 대한 기록은 『한서』「예문지」'명가(名家)' 항목 아래에 나열된 것이 가장 최초의 것으로, "『공손룡자』는 모두 14편이다."라고 실려 있다.[16] 그 이후에 『구당서(舊唐書)』「경적지(經籍志)」'명가' 항목

14 『史記』「平原君列傳」集解에 劉向의 「別錄」이 인용되어 있고, 그곳에서 鄒衍이 公孫龍의 변을 유희적으로 논쟁을 일삼는 것으로 반박하는 내용이 나온다. 또한 『呂氏春秋』「審應覽」의 「審應」·「淫辭」·「應言」 등에도 公孫龍을 비판하는 기록이 나온다.

15 이하 인물을 칭할 때는 公孫龍으로, 저서를 칭할 때는 『公孫龍子』로 구분하여 기술한다.

16 『漢書』「藝文志」: "公孫龍子, 十四篇."

에 "『공손룡자』는 3권이며, 공손룡이 지었다. 가대은(賈大隱)이 주석한 것이 1권 있고, 진사고(陳嗣古)가 주석한 것이 1권 있다."라고 기재되었다.[17] 『신당서(新唐書)』「예문지(藝文志)」 '명가' 항목에도 "『공손룡자』는 3권이다. 진사고가 주석한 『공손룡자』가 1권 있으며, 가대은이 주석한 『공손룡자』가 1권 있다."라고 되어 있다.[18] 그런데 『수서(隋書)』「경적지(經籍志)」 '명가' 항목에는 『공손룡자』에 대한 언급은 없고 '도가(道家)' 항목에 "『수백론(守白論)』은 1권이다."라고만 실려 있다.[19] 이 때문에 『수서』「경적지」에서 언급한 『수백론』이 공손룡의 저서인 『공손룡자』를 가리키는 것이라고 주장하는 연구자가 많다.

예컨대 담계보(譚戒甫)는 다음과 같은 요지로 말하였다.[20] 『장자』「천하(天下)」편 등의 성현영(成玄英)의 소(疏)에서 "공손룡이 『수백론』을 지었다."라고 하였으니,[21] 이것이 바로 『수백론』이 『공손룡자』라는 증거가 된다. 그리고 『한서』「예문지」에는 공손룡의 저술 중에 『공손룡자』 외에 다른 책명이 등장하지 않는다. 『한서』를 지은 반고(班固)는 후한 광무제 때 사람이고, 『장자』에 소를 달았던 성현영은 당 태종 무렵의 사람이므로 그 사이 수백여 년간 『수백론』이 공손룡의 책명

---

17 『舊唐書』「經籍志」: "公孫龍子, 三卷, 龍撰. 又一卷, 賈大隱注. 又一卷, 陳嗣古注."

18 『新唐書』「藝文志」: "公孫龍子, 三卷. 陳嗣古注公孫龍子, 一卷." "賈大隱注公孫龍子, 一卷."

19 『隋書』「經籍志」: "守白論, 一卷."

20 譚戒甫, 124쪽 참조.

21 '守白'과 관련되어 『莊子』에 나오는 成玄英의 疏는 다음과 같다. 「齊物論」에서 "이곳에서 말하는 白은, 바로 공손룡의 守白馬論이다(白, 卽公孫龍守白馬論也)."라고 하였다. 「天地」편에서는 "견백은 곧 공손룡의 수백론이다(堅白, 公孫龍守白論也)."라 하였으며, 「秋水」편에서는 "守白之論을 지었다(著守白之論)."라고 하였고, 「天下」편에서도 "공손룡이 수백론을 지었다(公孫龍著守白論)."라고 하였다.

으로 행세한 셈이다. 왜 그렇게 되었는가. 공손룡의 학설 가운데 '백마론(白馬論)'이 가장 유명하고 공손룡의 저술에 대해 "수백의 논쟁을 하였다〔爲守白之論〕."라는 구절이 나오므로,[22] 후대인들이 공손룡의 전체 책을 『수백론』으로 지목했다는 것이다. 현재 『수백론』이 전해지지 않으므로 단정할 수는 없지만, 위와 같은 담계보의 주장은 일리가 있으므로 이에 참고한다.

이상은 역사서에 등장하는 『공손룡자』 관련 내용인데, 그것을 현존하는 『공손룡자』와 비교해 보자. 지금 우리에게 전해지는 『공손룡자』는 모두 6편으로 이루어져 있다. 그런데 『한서』 「예문지」에는 14편으로 되어 있다는 언급이 나온다. 그렇다면 현존하는 6편을 제외한 나머지 8편은 어떻게 된 것인가. 『사고전서총목제요(四庫全書總目提要)』에서는 나머지 8편이 송나라 때 없어졌다고 하였다.[23] 책의 일부가 없어진 과정에 대해서 담계보는 다음과 같이 설명한다.[24] 『공손룡자』가 『수백론』이라는 이름으로 행세했던 것은 14편이 6편이 된 과정과 관련이 있는데, 『공손룡자』를 『수백론』으로 지칭한 것은 위진남북조의 진(晉)과 송(宋)대의 사이였을 것이고, 그 이후로 공손룡의 책을 대체로 『수백론』이라고 부르게 되었다는 것이다. 그리고 『한서』 「예문지」에 언급된 '『공손룡자』 14편'이 현재 남은 6편이 되는 과정도 그것과 연관되어 있다는 것이다. 즉, 후대 사람들이 『공총자(孔叢子)』

---

22 『孔孫龍子』「跡府」: "公孫龍, 六國時辯士也. 疾名實之散亂, 因資材之所長, 爲守白之論."

23 『四庫全書總目提要』 子部 雜家類: "其書漢志著錄十四篇, 至宋時八篇已亡, 今僅存跡府白馬指物通變堅白名實凡六篇."

24 譚戒甫, 123-126쪽 참조.

나 『여씨춘추(呂氏春秋)』를 베껴서 현행본 『공손룡자』 「적부(跡府)」의 뒷부분을 증보하고, 환담(桓譚)의 설[25]을 가져다가 「적부」의 앞부분에 합하여 제1편으로 만들고 「적부」라는 이름을 붙였다는 것이다. 한(漢)나라 때에 유흠(劉歆)과 반고가 교정한 원래의 『공손룡자』 14편은 한·위·육조의 난을 겪으면서 9편은 사라지고 5편만이 남아 있었는데, 여기에 후대인들이 증보한 「적부」편을 더하여 모두 6편이 되었다. 이것들을 한 권으로 합하여 『수백론』으로 부르게 된 시기는 아마도 수대 이전일 것이며, 따라서 『장자』에 소를 단 성현영이 말하는 공손룡의 책 『수백론』은 6편으로 된 현재의 『공손룡자』임이 확실하다는 것이다. 이와 같이 담계보는 전체 14편 중 9편은 사라지고 5편만 남았다가 후에 「적부」가 추가되어 지금 전하는 6편이 되었다고 주장한다.

그에 반하여 현행본 『공손룡자』 자체가 위작이라는 주장도 있다. 예를 들어, 청대 요제항(姚際恒)의 『고금위서고(古今僞書考)』에서는 『공손룡자』가 『한서』 「예문지」에는 실려 있으나 『수서』 「경적지」에는 없으니 후인들의 위작이 틀림없다고 말하였다.[26]

그러나 방박(龐樸)은 위와 같은 주장을 모두 부정하였다.[27] 방박에 의하면, 『공손룡자』라는 책은 처음부터 현재의 모양대로 6편뿐이

25 『太平御覽』에 桓譚의 『新論』에 인용되어 있는데, 그곳에 비교적 긴 편폭으로 公孫龍에 관한 기록이 실려 있다. 참고로 『太平御覽』은 北宋代 초기의 저작이며, 桓譚은 漢代 사람이다. 그의 『新論』은 지금은 전하지 않는다.

26 그러나 欒調甫의 『名家篇籍考』에서는 譚戒甫의 주장처럼 魏晉 시대 이후 오랜 세월 동안 『孔孫龍子』가 『守白論』이라는 이름으로 통용되었을 것이라고 설명하면서, 『孔孫龍子』 자체가 결코 위작일 수 없음을 밝혔다(徐復觀, 代序, 11쪽 참조).

27 龐樸, 『公孫龍子硏究』, 北京: 中華書局, 1979, 51-70쪽 참조.

었고, 위작도 없으며 빠진 곳도 없다는 것이다. 하지만 그의 주장을 따르게 되면, 『한서』「예문지」에서 14편이라고 기록된 것은 잘못이라고 인정해야 하는데, 이것을 온전히 수용하기에는 역시 근거가 부족하다. 현재로서는 『공손룡자』가 『수백론』으로 불리게 된 것과 현행본 6편이 된 사정에 대한 설명에서 담계보의 추론을 따르는 것이 가장 설득력이 있어 보인다.

그렇다면 현행본 『공손룡자』 6편은 어떤 모양을 하고 있는가. 현재 전해지는 『공손룡자』 고판본으로는 다음의 세 가지를 들 수 있다. 첫째는 명대(明代) 정통(正統) 연간(1445년)에 판각한 『도장(道藏)』(太淸部)본에 딸려 있는 『공손룡자』(이하 '道藏本'), 둘째는 명대(明代) 만력(萬曆) 연간(1577년)에 판각한 『자휘(子彙)』본에 딸린 것(이하 '子彙本'), 그리고 셋째는 광서(光緖) 연간(1875년)에 호북(湖北) 숭문서국(崇文書局)에서 판각한 『자서백가(子書百家)』본에 딸린 것(이하 '子書百家本') 등이다.

이들 판본에는 모두 사희심(謝希深)[28]의 주석이 붙어 있다. 즉, 우리가 현재 볼 수 있는 가장 이른 판본인 도장본(道藏本)이 이미 사희심이 『공손룡자』 원문에 주석을 붙인 판본이다. 자서백가본(子書百家本)에 실린 사희심의 서문에는 다음과 같이 되어 있다. "지금 살펴보니 공손룡이 지은 책은 6편인데, 허망한 부분이 많아서 잘못된 곳을 이해할 수가 없다. 나의 얕은 지식으로 주석을 하였지만, 내심 의심과 확신 사이에서 여전히 주저하고 있다. 흔연히 잘못된 곳이 없다고

---

28 謝希深은 이름이 絳이고 宋 仁宗 때의 사람으로 『宋史』 295권에 傳이 있다.

하기에는 내 능력이 닿지 않는다."[29] 이곳에서도 공손룡이 지은 책은 6편이라고 하였으니, 사희심이 주석한 저본 역시 6편본 『공손룡자』임을 알 수 있다.

현재까지 전해지는 판본 가운데 아마도 사희심의 주석이 달린 『공손룡자』 6편본 이외의 것은 전해지지 않는 것 같다. 『사고전서총목제요』에서는 『공손룡자』 3권을 소개하면서 다음과 같이 말하였다. "정초(鄭樵)의 『통지략(通志略)』에 이 책에 관해 실려 있는데, 진사고의 주석과 가대은의 주석이 각 1권씩 있다고 되어 있다. 그러나 지금은 모두 없어지고 전하지 않는다. 현재 이 책에 주석을 단 것은 송(宋)의 사희심이 편찬한 것이다. 앞에 그의 자서(自序) 1편이 있다. 그가 주석한 문장의 뜻이 천박하여 특히 취할 것은 없다. 그러나 (사희심의 주석이) 원본에 붙어 있는 것이라서 일단 함께 실어 놓는다."[30] 즉, 『사고전서총목제요』에서도 『공손룡자』 원문은 사희심의 주석본에 기댈 수밖에 없음을 밝힌 것이다.

하지만 담계보는 사희심이 주석하였다는 기록 또한 잘못되었다고 의심한다. 의심의 요지는 다음과 같다. 『송사(宋史)』에는 사강(謝絳)이라는 인물이 실려 있는데, 그의 자(字)가 희심(希深)이다. 그는 부양(富陽) 사람이며, 그의 아버지는 사도(謝濤)라는 사람으로서 문아(文雅)한 행실로 이름을 날렸고 진사가 되어 집안을 일으켰다. 사강 또

---

29 子書百家本 謝希深 序: "今閱所著書六篇, 多虛誕不可解謬, 以膚識注釋, 私心尙在疑信間, 未能頓怡然無異也."

30 『四庫全書總目提要』 卷23 子部 雜家類: "公孫龍子, 三卷: 〔…〕 鄭樵 通志略載此書 有陳嗣古注, 賈大隱注 各一卷, 今俱失傳. 此本之注, 乃宋謝希深所撰, 前有自序一篇. 其註文義淺近, 殊無可取. 以原本所有, 姑併錄焉."

한 왕안석(王安石)이 그를 위해 「사공행장(謝公行狀)」을 지어 주고 구양수(歐陽脩)도 「사공묘지명(謝公墓誌銘)」을 지었을 만큼 문장으로 명망이 높았다고 전해진다. 그런데 그런 사강에게 정작 『공손룡자주』라는 작품이 있다는 말은 어디에도 없다. 그래서 사희심이 『공손룡자』에 주석을 했다는 말은 잘못 전해졌다는 것이다.[31] 또한 사희심 서문의 '송사희심서(宋謝希深序)'라는 다섯 글자는 송대 당시 문장의 일반적인 체제와 맞지 않으니 후인들이 임의로 보충한 것이며, 도장본이나 자휘본(子彙本)의 여러 책에는 이런 서(序)가 없고,[32] 있다 해도 주석을 단 사람의 성명을 앞에 쓰지도 않았기 때문이라는 것이다.[33]

위와 같은 담계보의 의심 또한 일리가 있으니, 이곳에서 소개한다. 그러나 주석을 단 사람이 사희심이 맞는지를 의심할 수는 있으나, 현행본 『공손룡자』가 주석이 달려 있는 채로 전해진 것을 부인할 수는 없다. 또한 그 주석자가 사희심이라고 전하는 사료가 많으니, 일단 본서에서는 사희심 주석본 『공손룡자』를 가장 오래된 판본으로 여기고 주해의 저본으로 삼는다. 현재로서는 『공손룡자』의 원래 문자와 체제 및 주석가들에 관한 갖가지 이론(異論)을 고증하여 시비를 판단

31 嚴可均은 그것이 결국 唐代의 陳嗣古나 賈大隱의 注가 아닐까 의심하였는데 고증할 길이 없다(譚戒甫, 127쪽).

32 道藏本에 실린 『公孫龍子』나 子彙本에 실린 것에는 謝希深의 序가 없다. 단지 子書百家本에서 확인할 수 있을 뿐이다. 明代 판본에는 없고 淸代 판본에 있다는 것이 의심스럽기는 하다. 게다가 謝希深 序의 문장은 『史記』 「平原君列傳」 集解에 인용된 劉向의 『別錄』의 문장과 상당히 중복되어 있다. 물론 劉向이 謝希深보다 이전 사람이므로, 謝希深이 그의 문장을 그대로 베껴서 자신의 서문을 만들었을 수도 있다. 그래서 譚戒甫의 의심은 일리가 있다.

33 譚戒甫, 127쪽 참조.

할 길이 없으며, 그나마 『공손룡자』의 원문을 살펴볼 수 있는 고본이 사회심 주석본이기 때문이다.[34]

선진 시기 명학(名學)의 위상: 『공손룡자』의 의미

우리는 『한서』「예문지」의 명가 해설을 따라, 공손룡처럼 명(名)의 능력과 작용 등을 집중적으로 탐구하고 논의한 이들을 '명가(名家)'로 부르며, 이들의 학문을 '명학(名學)'이라고 한다.[35] 명가의 저작을 연구한다는 것은, 중국인들이 고대에 언어의 기능과 역할을 어떻게 다루었는가의 문제를 탐구하는 것이다. 지구상에 유일하게 구체적인 물상의 모습을 본뜬 '상형성(象形性)'을 얼마간 유지해 온 중국 문자는 전

---

34 『公孫龍子』에 관한 주석서를 정리한 자료로는 譚戒甫의 『公孫龍子形名發微』(123-129쪽), 龐樸의 『公孫龍子研究』(145-147쪽), 屈志淸의 『公孫龍子新注』(101-114쪽)를 참고할 수 있다. 이 가운데 특히 龐樸의 『公孫龍子研究』「附錄」에서는 公孫龍과 『公孫龍子』에 관한 著錄과 注釋에 대해 상술했는데 참고할 만하다. 著錄은 『漢書』「藝文志」로부터 顧實의 『漢書藝文志講疏』에 이르기까지 公孫龍에 관한 모든 역사적 기록을 발췌하여 모아 놓았으며(139-145쪽), 注釋에서는 陳嗣古의 주석으로부터 伍非百의 주석까지 서지 사항을 열거하였다(145-147쪽). 그 밖에도 何啓民의 『公孫龍與公孫龍子』(1967) 211-266쪽과 300-310쪽의 자료도 참고할 가치가 있다.

35 여기에서 사용하는 '名學'이라는 용어는, '선진 시기' 名을 둘러싼 학파 간의 논전 안에서 해석될 수 있는 학술적 활동을 전반적으로 지칭한다. 『漢書』「藝文志」에서 '名家者流'로 분류한 사상가들의 학술에만 국한시키지 않는다. 한 가지 특기할 것은 淸代 말엽 이후로, 嚴復이 '名學'을 서양의 '논리학'의 번역어로 채택하면서, 전통적인 名學에 서구의 논리학으로 견강부회하는 설명이 많이 섞여 들어갔다는 점이다. 하지만 실제로 양자의 성격은 전혀 다르다. 서구의 '논리학'은 경험의 구체적 사실을 떼어 내고 순수하게 사변적 추리 형식을 발현한 것이라고 할 수 있으나, 중국의 전통적인 '名學'은 경험의 구체적 사실과 연계되었으며, 윤리적 의도 및 가치와 관련되어 名實의 일치를 구하고자 한 특성이 강하다.

통적으로 독특한 문자 해석을 축적시켜 왔다. 특히 한대(漢代) 이후 문자를 중심으로 의미 변화를 추적하여 해석한 것을 '훈고학(訓詁學)'이라 하고, 자형과 발음에 관하여 연구한 것을 각각 '문자학(文字學)'과 '음운학(音韻學)'이라고 하는데, 이들은 중국 전통 시기 내내 중국의 언어와 문자에 대한 연구를 지배해 온 주요 경향이었다.

그러나 공손룡은 '백마론(白馬論)'을 주장하면서, 문자의 관점에서 '白'이 무엇인지 '馬'가 무엇인지 등을 먼저 정의하지 않았다. 반면에 한나라 때의 '문자학' 전문서인 허신(許愼, 58-148)의 『설문해자(說文解字)』에 등장하는 '馬'자와 '白'자에 대한 해석을 살펴보면 외형적으로는 '상형'이지만 매우 다층적인 표상의 방법과 해석의 구조를 내포하고 있음을 짐작할 수 있다. 다음은 『설문해자』에서 '白'자에 대해 설명하는 내용이다.

, 西方色也. 侌用事, 物色白. 从入合二. 二, 侌數.

'白'은 서쪽의 색이다. 侌이 사용되는 일에는 사물의 색이 희다.
入과 二가 합해진 모양으로 구성되었다. '二'는 侌數이다.[36]

이 설명을 다시 풀어서 살펴보면 다음과 같다. '白'은 우선 서쪽의 색이다. 그리고 서쪽은 음의 기운이 작동하는 방향이어서 그늘지고 서늘하다. 그래서 물건들의 색깔이 희게 되는 것이다. '白'의 소전(小篆) 자형인 ''자는 '들어가다'라는 뜻의 '入'자와 '음(陰)'을 뜻하는 '二'자가 결합된 모양을 하고 있다. 이러한 문자 자형의 분석은 '음(陰)

36 『說文解字』 第七篇 下 '白'부 참조.

으로 들어가서〔入〕' 흰색을 띠게 된 것을 뜻하는 것과 딱 들어맞는다. 이렇듯 『설문해자』를 지은 허신의 해석 속에는 음양오행의 배치론에 의한 구도가 작동하고 있다.

이번에는 『설문해자』에서 '馬'자를 어떻게 해설하고 있는지 살펴보자.

> 馬, 怒也, 武也. 象馬頭髦尾四足之形.
>
> '馬'는 '화내다〔怒〕', '씩씩하다〔武〕'라는 뜻이다. 말의 머리, 갈기털, 꼬리, 네 다리의 모양을 상형하였다.[37]

위의 설명에 의하면, '馬'는 말이라는 동물의 머리, 갈기털, 꼬리와 네 다리의 모양을 전체적으로 본뜬 글자이다. 그런데 특이한 것은 허신이 '馬'자에 '화내다〔怒〕', '씩씩하다〔武〕'라는 뜻풀이를 붙이고 있다는 점이다. 이는 '馬'자가 '怒'나 '武'와 고대 음운 계통에서 유사한 발음을 가지고 있었기 때문이기도 하다. 허신의 시대에서는 이렇게 자형의 분석뿐만 아니라, 발음이 유사한 문자로 다른 문자를 해석하는 일이 빈번했고 이는 매우 자연스럽게 여겨졌다. 게다가 이런 문자 훈고학의 전통은 아주 오랜 세월 동안 중국의 학술을 떠받쳐 왔다.

그러나 선진 시기 명가들은 결코 문자학의 관점으로 언어와 이름을 해석할 수 없었다. 문자학의 완성은 그들 이후의 일이기 때문이다. 오히려 한대 이후로 뿌리 깊게 자리 잡았던 중국 전통의 문자학

---

37 『說文解字』 第十篇 上 '馬'부 참조.

이나 훈고학의 경향 때문에, 그들의 저술을 올바르게 이해하는 일은 언제나 어려운 과제가 되었다. 자형이 보여 주는 의미 안에서 추상성의 기호 의미를 읽어내고, 그것을 음양의 해석론과 연계시키려는 『설문해자』의 문자 설명 방식과 비교해 보면, 『공손룡자』는 '名'에 대하여 전혀 다른 측면에서 작동하고 있는 해석론이다. 그런 의미에서 전통 훈고학을 고집하여 선진 시기의 명학을 이해하려 한다면, 올바른 해석에 결정적인 장애가 될 것이다.

그러므로 선진 시기에 문자훈고학과 틀을 달리하는 언어론이 과연 형성될 수 있었는지, 실제로 명가들은 무엇 때문에 언어 표현을 두고 논의한 것인지 등의 질문은 여전히 의미 있는 것이다. 그래서 우리는 공손룡을 비롯한 명가의 논의에 주목한다. 중국 문명의 역사와 경험에서는 매우 드문 것이지만, 선진시기 명가들이 나타내고자 하는 무엇인가를 우선 '언어로 표현하는 행위' 자체를 진지하게 질문하는 것을 발견할 수 있기 때문이다. 그 가운데 공손룡은 특히 언어의 지시작용(指)을 중시하여 '名'은 어떻게 존재하는가, '實'은 어떻게 '名'과 관계하는가 등의 문제에 천착했다.

이름을 바로잡고자 하는 '정명(正名)'의 노력은 공손룡을 포함한 명가들만이 아니라 공자(孔子) 시대 이후로 줄곧 선진 시기 사상가들이 도전을 아끼지 않았던 큰 주제였음에 틀림없다. 그러나 같은 시기의 다른 사상가들에 비해 사변적 논리성이 강했던 공손룡은 특히 많은 비판을 받았다. 결정적으로는 구체적 실상과 상식의 세계를 벗어나 있었다는 비판에서 자유롭지 못했다. '백마는 말이 아니다(白馬非馬)'와 같은 공손룡의 명제는 비평가들에 의해 역설이거나 언어적 유희에 불과하다고 비난을 받았다. 환담(桓譚)의 『신론(新論)』에는 공손룡을 비웃는 다음과 같은 고사가 인용되어 있었다.

> 공손룡이 언제나 백마는 말이 아니라는 주장을 외쳐서 사람들이 그를 설복시킬 수 없었다. 어느 날 공손룡이 백마를 타고 말 통행증〔符傳〕 없이 관문을 지나가려고 하는데 관리가 그를 통과시켜 주지 않았다. 이는 허황된 말〔虛言〕이 실제적 효과〔實〕를 얻기 어렵다는 것을 보여준다.[38]

공손룡의 시대에 관문을 통과하려면 사람뿐만 아니라 말 통행증도 제시해야 했다. 공손룡은 평소에 백마가 말이 아니라고 주장해 온 사람이었다. 그가 백마를 타고 유유히 지나가려 하자, 관을 지키는 관리가 백마를 타고 있는 공손룡을 제지하며 말 통행증이 없다고 통관(通關)을 허가하지 않은 것이다. 만약 공손룡의 주장대로 백마가 말이 아니라면 그가 탄 백마는 말이 아니며, 그는 결국 말을 타지 않은 것이 된다. 따라서 따로 말 통행증이 없어도 통관에 문제가 없어야 한다. 그러나 공손룡은 말 통행증이 없어서 관문을 지나갈 수가 없었다. 여기에서 보이는 환담의 비웃음은 결국 공손룡이 실제와 전혀 부합하지 않는 허황된 말〔虛言〕을 하고 있음을 꼬집는 것이다.

그러나 이것은 중국적인 사고 유형이 공손룡의 명실(名實) 논리를 전혀 이해하지 못하는 뿌리 깊은 전통을 가지고 있음을 반증하는 하나의 예일 뿐이다. 공손룡이 정성을 기울여 논증하려는 것은, 애초

---

38 徐復觀, 代序, 14쪽 참조.

부터 자신이 백마를 타고 갈 때 통관 여부를 확인할 수 있겠냐는 것에 초점이 있지 않았다. 환담의 이야기에서처럼, 변방의 관문을 지키는 관리에게까지 그의 주장을 설득시켜야 한다면, 아마 저 위대한 공자조차도 어려워했을 것이다. 공손룡을 비판하던 그와 동 시기의 사상가들의 언급뿐만 아니라 후대의 비판적인 자료들은 공통적으로 공손룡이 백마의 존재를 부정했다는 점에만 집중하고 있다. 그들은 공손룡이 왜 그렇게 역설적인 명제를 주장했는지, 그것을 통해 궁극적으로 무엇을 말하려고 했는지를 잘 이해할 수 없었다.

공손룡은 이름〔名〕이 지시하는 일〔指〕로 인해서 실질적인 의미 차이가 발생하는 것에 대단히 주목하면서, 우리가 언어 행위를 통해 표현하는 사물들이 구별되어 있음을 알아야 한다고 강조하고자 했다. 예컨대, 공손룡은 '희다〔白〕'고 하는 것이 말〔馬〕과 같이 있는 경우와, 흰 것을 지칭하는 것 없이 말〔馬〕만 있는 것을 정교하게 구별할 필요가 있다고 강조한 셈이다. 아쉽게도 선진 시기 중국에서는 그것을 정교하게 표현할 언어 수단을 갖추지 못했다. 중국 문자의 언어적 한계와 중국인들이 가진 사고 유형의 한계에도 불구하고 선진 시기를 포함한 전통 시기 전체에 걸쳐, 언어론을 정면으로 다루려고 했다는 점에서 공손룡의 실험은 면밀하게 검토할 만한 가치가 있다.[39] 또한 그것이 바로 공손룡을 '명가(名家)'로 불리게 한 이유이기도 하기 때문이다.

---

39 淺野裕一, 「第3章 公孫龍の言語哲學」, 『古代中國の言語哲學』, 東京: 岩波書店, 2003 참조. 아사노 유이치는 公孫龍이야말로 고대 중국에서 존재론과 인식론의 문제를 다루었던 중요한 철학자로 간주되어야 한다고 주장한다.

우선 '명학(名學)'이라 할 때, '名'의 기원이 어떻게 말해지는지 살펴보자. 허신의 『설문해자』 제2편 상에는 '名'을 다음과 같이 설명되어 있다.

> 名은 스스로 命名하는 것이다. 口와 夕으로 구성된 글자이다. 夕으로 구성된 이유는 어두울 때 사용하기 때문이다. 어두우면 서로 알아보기 힘들다. 그래서 입으로 자신의 이름을 말한다.[40]

위에 인용한 것과 유사하게 『회남자(淮南子)』 「무칭훈(繆稱訓)」에도 "名은 스스로 명명하는 것〔自命〕이다."라고 되어 있다. 이로부터 보면, 허신의 설명은 『회남자』에 근거했을 가능성이 크다. 『설문해자』에는 '名'자를 '口'와 '夕'으로 분석하면서 '어두워서 알아보지 못하므로 입으로 자신의 이름을 말하기 때문에 名이라 한다'고 설명되어 있다. 그렇지만 그것이 공손룡의 시대에도 통용되던 '名'자의 원의였다고 단정하기는 곤란하다. 앞에서도 강조했듯이, 선진 시기 명학을 연구할 때에는 문자학적인 어원론이나 자원 분석의 토론에서 과감하게 벗어나야 한다.[41] 왜냐하면 『설문해자』의 해석은 한나라 때의 사상 토양에서 탄생한 새로운 언어문자론이므로, 그것을 선진 시기의 논전

---

40 『說文解字』 第二篇 上 '口'부: "名, 自命也. 从口从夕. 夕者冥也. 冥不相見, 故以口自名."

41 고대 중국에서는 항상 오랜 시대에 걸쳐서 많은 사람들의 노력을 통해 완성된 것을 어느 일개 성인의 창작으로 말하는 경향이 있었다. 예를 들어, 燧人氏가 나무에서 불을 취했다든가 神農氏가 백성들에게 백곡을 파종하는 법을 가르쳤다든가 하는 것이다. 또한 『禮記』 「祭法」에서도 "황제가 만물의 이름을 바로잡았다〔黃帝正名萬物〕."라고 하였다. 이런 경향으로부터 온 설명은 制名의 근거가 될 수 없다.

에 소급하여 적용해서는 안 되기 때문이다.

고대 중국에서 '名'의 정의와 운용을 둘러싼 논전의 씨앗은 공자로부터 시작된다고 하지 않을 수 없다. 공자는 '이름을 바로잡자〔正名〕'는 논전에서 '名'의 중요성을 가장 본격적으로 다루게 한 사상가이다. 그런데 공자 이전 시대부터 중국에서 '名'은 이미 정치적으로 매우 크게 작용하고 있었다. 상위의 정치력을 가진 계층은 스스로의 지위로부터 온 '名'을 정치권력의 중요한 본질로 생각하였다. 해당하는 '名'을 가지면 그에 맞는 통치권력을 가져야 하고, 사람들은 자연히 그 권력에 복종해야 했다. 그러나 사회가 혼란해지면서 야심을 가진 사람들은 점차 '名'을 훔치는 것으로 지위〔位〕를 훔치고 다시 지위〔位〕를 훔치는 것으로 권력을 훔치는 것을 꺼리지 않게 되어 정치적인 권력 쟁탈이 끝없이 이어졌다. 이럴 때 공자의 정명(正名) 사상이 출현한 것이다.

공자의 정명 사상은 상당히 오랜 기간 '名에 대한 자각'을 거쳐서야 비로소 출현할 수 있었다. 이때 '名에 대한 자각'이란 말이 뜻하는 것은, '名'의 가치가 결코 그 자체에 있지 않고 그것이 대표하는 어떤 의미에 달려 있다고 의식하게 됨을 말한다. '名'에 도대체 어떤 의미를 부과해야 '名'으로 전달되는 그 의미가 그 '實'을 대표하는 것이 되겠는가?[42] 『논어』「자로(子路)」편에서 공자가 말하는 정명은 '모든 일

42 우선 名과 禮는 분리될 수 없다. 『左傳』「莊公」 18년에 "十八年春, 虢公晉侯朝王, 王饗醴, 命之宥, 皆賜玉五瑴, 馬三十匹. 非禮也. 王命諸侯, 名位不同, 禮亦異數, 不以禮假人."이라고 하였다. 살펴보면 '非禮也' 이하는 『左傳』의 이 일에 대한 판단이다. 禮는 반드시 名位와 부합해야 하는 것이 정치적인 질서였다. 부합하지 않는다면 이것은 정치적 질서가 존중되지 않는다는 표시이므로 권력을 탐하는 마음을 품고 상하

의 이름을 바로잡아야 한다'는 의미를 내포한다. 『논어』「옹야(雍也)」편에서 "觚가 모가 난 술잔(觚)이 아니라면, 觚라고 부르겠는가, 觚라고 부르겠는가."[43]라고 했을 때에도, 구체적인 사물을 비유로 들어서 이름을 바로잡자는 의도가 배경으로 작용하고 있는 것이다.

그러므로 공자에게 정명은 당연히 정치윤리적인 것이다. '名'의 바름(正)을 만들어 내는 표준은 주어진 '位'에 정치윤리적인 가치를 부여하여 실천하라는 요구이다. 즉, 주어진 '位'에 대해서 응당 다해야 하는 책임을 요구한 것이다. 그래서 『논어』「안연(顔淵)」편에서 "군주는 군주다워야 하고, 신하는 신하다워야 하고, 아비는 아비다워야 하고, 자식은 자식다워야 한다."[44]라고 말한 것이야말로 정치상의 정명의 구체적인 내용이며, 『논어』「자로」편의 '정명'[45]의 맥락도 그와 함께 해석되어야 한다. 하지만 윤리적으로 요청되는 군도(君道)와 신도(臣道)만을 가지고 통치자에게 주어진 '名'과 '位'를 바로잡으려고 하는 것은 분명한 한계가 있었다. 왜냐하면 이름에 맞는 지위가 부여하는 '-다움' 안에 머물러야 하는 윤리적 당위는 당시의 군주와 그를 둘러싼 신하 간에 실질적인 이해 다툼이 발생하는 것을 막을 수 없었기 때문이다.

의 질서를 문란하게 할 수 있다. 그러나 위 단락의 서술에서 중점은 禮에 있지 名에 있지 않다(徐復觀, 代序, 3쪽 참조).

43 『論語』「雍也」: "觚不觚, 觚哉觚哉."

44 『論語』「顔淵」: "君君, 臣臣, 父父, 子子."

45 『論語』「子路」: "子路曰, 衛君待子而爲政, 子將奚先. 子曰, 必也正名乎. 子路曰, 有是哉. 子之迂也. 奚其正. 子曰, 野哉, 由也. 君子於其所不知, 蓋闕如也. 名不正則言不順, 言不順則事不成, 事不成則禮樂不興, 禮樂不興則刑罰不中, 刑罰不中則民無所措手足. 故君子名之, 必可言也, 言之必可行也. 君子於其言, 無所苟已矣."

그럼에도 불구하고 공자가 정명을 제기한 이후 전국 시대의 각 학파는 '名'에 대한 논의를 활발하게 진행하였다. 예를 들어, 『묵자』의 「경(經)」편 등을 포함하여 '名'과 '實'을 둘러싼 제자백가들의 여러 논의는 모두 기본적으로 정명에 관한 토론이라고 해도 과언이 아니다.[46] 서한 말엽에 출현했을 것으로 추정되는 『윤문자(尹文子)』 또한 여전히 정명의 주제를 다루고 있는 것을 보면, 그것이 오랜 기간 선진 시기 정치사상가들 사이의 주요 쟁점이었음을 짐작케 한다.[47]

그렇다면 소위 명가를 대표하는 공손룡의 『공손룡자』는 어떤 의의를 가지는 문헌인가.

서복관은 그 의의를 다음의 두 가지로 정리하였다. 첫째로, 전국 중기에 일시 극성했던 변론가들은 단지 결론만을 남기고 입론의 근거가 없는 채로 약간의 편린만이 있어서 후인들에게 수수께끼를 남기는데, 그에 비해 『공손룡자』는 비교적 분명한 주장이 긴 편폭으로

---

46 『莊子』「天下」편에서는 辯者들의 논리를 언급하였고, 『荀子』와 『呂氏春秋』에 「正名」편이 있고, 『春秋繁露』에 「深察名號」편이 있는 것이 모두 그 영향이다. 徐復觀은 『莊子』에서 말하는 '辯者'와 司馬談이 말하는 '名家'는 구별되어야 한다고 주장하였다. 그는 『漢書』「藝文志」에서 惠施와 公孫龍을 함께 '名家'로 분류하면서 혼란을 일으켰다고 지적하면서, 실제적인 의미에서 名學을 주도한 것은 公孫龍이었음을 강조하였다. 그러므로 名家의 진정한 대표는 公孫龍이라는 것이다(徐復觀, 代序, 8-10쪽 참조).

47 오랜 기간 변화를 거쳐서 완성된 『管子』에는 정명 문제에 대해 전문적인 편장이 없지만 몇몇 자료들은 이 학파가 名을 중시했음을 보여 준다. 『韓非子』는 法家의 집대성으로 老子의 말을 취하여 법의 근거로 삼았으므로 形名의 문제를 중시하였다. 「主道」편에 인용된 것으로 "有言者自爲名, 有事者自爲形. 形名參同, 君乃無事焉, 歸之其情." 등이 있다. 전국 중기 이후로 정치를 말하는 것은 모두 孔子의 정명 사상에서 영향을 받아 정명의 내용을 각각 기본 정치 사상의 규정에 적용하였다. 그러나 선진 시기의 정명 사상은 서한 말기에는 이미 모호해졌다(徐復觀, 代序, 6-7쪽 참조).

서술되어 있다는 점이다.[48] 그래서 『공손룡자』는 후대 연구자들에게 선진 시기 언어론의 면모를 구체적으로 보여 준다. 둘째로, 중국은 전통적으로 구체적인 것을 중시하고 추상적인 사변을 소홀히 하여, 체험을 심화시키고 논리적 추론에 취약한 편이다. 그러나 공손룡은 주로 '名'을 가지고 과감히 논의했기 때문에, 그의 변론은 언어 자체를 따라 전개되며 그것에 집중되는 경향이 있다.[49] 그래서 그는 중국 전통에서는 예외적으로 '높은 추상적인 능력'을 가지고 있다고 평가된다. 이렇듯 서복관은 『공손룡자』의 두 번째 의의를 매우 높게 평가한다. 서복관은 공손룡이 동 시기의 다른 사상가들을 곤란하게 할 수 있었던 것은 그의 변론이 엄밀한 사변 능력을 가지고 있어서 추리 작용을 발휘할 수 있었기 때문이며, 만약 공손룡의 변론을 형식논리로 구별하여 그것을 형식화한다면 그 안에 매우 높은 수준의 순수 사유법칙이 발견될 수도 있을 것이라고까지 평가한다.[50] 그런데 후대에 그것을 연구하는 학자들은 그 고유한 사상적 맥락을 이해하는 훈련은 결핍된 채 훈고학적으로만 어지럽게 늘어놓아 중요한 주제에서 벗어났고, 사회심의 주석부터 원래 『공손룡자』가 추구하는 방향과는 상반된 방향으로 해석하고 있다고 서복관은 강도 높게 비판한다.

---

48 예를 들어 『漢書』「藝文志」'名家者流'에 기록된 『鄧析』은 이미 鄧析子 본인에게서 나온 것이 아니고, 지금 볼 수 있는 것도 『漢書』에 기록된 옛 모습이 아니다.

49 徐復觀은 孔孫龍이 비록 白이 사물의 白이 되고, 堅이 사물의 堅이 되기 전에는 사람의 감관으로 알 수는 없지만 그들은 잠재되어 있는 것이지 존재하지 않는 것은 아니라고 보았다는 점에서, 그의 사고가 마치 플라톤이 말한 '共相〔이데아〕'과 같은 것이라고 해석한다(徐復觀, 代序, 18쪽 참조).

50 徐復觀은 孔孫龍의 논리가 고대 그리스의 형식논리에 매우 근접할 것이며, 그것이 중국 사상사에서 매우 독특한 위치를 점한다고 평가한다(徐復觀, 代序, 18쪽 참조).

그러나 필자가 보기에 서복관처럼 『공손룡자』가 높은 사변 능력과 추상성을 발휘했다고 평가하는 것은 재고해야 한다. 고대 중국의 사상에서 아리스토텔레스 방식의 '실체-속성', '보편-특수', '인식-대상', '주관-객관'의 엄격한 분리에 근거한 논리적 방식이 없다고 해서, 비논리적이라고 볼 수는 없기 때문이다. '구체-추상'의 분리가 전제되어 있지 않아도, 고대 중국 사상가들이 '이름'을 둘러싸고 논전을 벌일 여지는 충분히 있으며, 그들이 어떤 기반을 공유하고 논하느냐에 따라 그들 사이에서도 '시비'의 논쟁이 발생할 수 있음을 받아들여야 한다. 따라서 공손룡을 중국의 역사적 맥락에서 특이하고 도드라지게 부각시켜 추상론자로 만드는 일은 재고되어야 한다.

필자는 서복관이 정리한 『공손룡자』의 의의에 일부 동의한다. 첫 번째로 『공손룡자』는 당시의 명학의 면모를 알아볼 수 있는 비교적 긴 편폭의 전문 저작이라는 점에서 대단히 중요한 연구 가치를 갖는다. 그 중요성에 비해 국내에서 단편적인 연구 논문들이 발표되기는 했으나, 『공손룡자』 전문 번역서나 연구서가 나온 것은 미미하여, 더 활발한 연구가 진행되어야 할 것이다. 두 번째로, 서복관은 공손룡의 사변 능력을 들고 있으나, 필자의 견해는 조금 다르다. '사변'이라는 평가에는 '추상적인 이론화'라는 함의가 담기기 때문이다. 난해한 구문 속에 표현된 공손룡의 주장을 통하여 당시 사상가들이 활발하게 토론했던 주제가 과연 무엇인지, 그리고 그가 왜 그토록 비난받으면서도 '백마론'을 고집하였는지 살펴봄으로써, 연구가 취약했던 선진 시기 명학의 쟁점들을 보다 분명하게 밝혀 주는 일이 그를 추상적인 사변가로 보는 것보다 중요하다. 다만 대단히 실제적인 사건과 그에 대한 평가를 기록하던 선진 시기의 주류 학술과는 달리, 공손룡이 '名'

에 관한 주제를 집요하게 탐구하여 그것을 저술했다는 점은 높이 평가해야 한다.

또한 필자는 후대의 학자들처럼 선진 시기 '名'을 둘러싼 논전을 교감이나 훈고로만 해결하려고 하는 것에도 반대한다. 서복관의 지적처럼, 공손룡을 연구하는 중점은 어떻게 그가 운용한 사고의 법칙을 파악하는가, 그리고 어떻게 공손룡 입론의 '논리적 맥락'을 파악하여 그 길을 따라 들어갈 것인가에 있으며, 결코 문자적인 교감이나 훈고에 있지 않기 때문이다.

기존 연구의 주요 경향

오늘날 흔히 『공손룡자』는 중국의 전통적인 언어 연구나 문자 연구와는 달리, 서구의 논리학에 근접하는 나름의 논리와 사유를 보여 주는 중요한 중국 고대 문헌이라고 간주된다. 예를 들어, 아사노 유이치(淺野裕一)는 청대 말기까지 중국 전통 언어학자들이 문자를 포함한 언어를 언제나 감각적 경험에 토대한 실질을 전제로 작용해야 한다는 암묵적 동의하에 연구했다면, 공손룡이야말로 '인식과 대상', '보편과 특수' 등의 문제를 다룬 중요한 철학자로 간주되어야 한다고 주장하였다.[51] 서복관도 "공손룡의 변론은 주로 언어 자체를 따라 전개되고 구체적 경험 사물의 변론을 떠나 있다. 구체적 사물인 馬, 石 등

51 淺野裕一, 『古代中國の言語哲學』, 東京: 岩波書店, 2003.

과 그것들의 속성에 대해 공손룡은 서로 분리되어 독립적으로 존재할 수 있다고 여겼다. 이것은 플라톤이 말한 이데아(Idea, 共相)와 같은 것이다."라고 하였다.[52] 성중영(Chung-ying Cheng, 成中英)도 "공손룡은 분명히 馬와 白을 분리 결합할 수 있는 두 개의 다른 실체로 다룬다. 「지물론」의 논점에 따른다면, 공손룡을 해석하기 위해서는 플라톤적인 추상적 실재론(Platonic abstract ontology)이 의미 있고 필요한 것이다."라고 말하고 있다.[53]

공손룡을 위시한 중국 고대의 명가(名家)들을 이렇게 바라보는 시각은 현대의 아사노 유이치, 서복관, 성중영에 그치지 않는다. 이런 시각 자체는 이미 그들 이전에 어떤 특정한 역사적 맥락을 가지고 형성되었으며, 그 이후에 반복 재생산되었다고 해도 과언이 아니다. 그들의 선배는 양계초(梁啓超, 1873-1929)와 호적(胡適, 1891-1962)이다. 아편전쟁 이후 서구 열강과의 충돌에서 패배한 중국은 통렬한 자기반성을 거치면서 극복의 대안을 찾았다. 중국의 열등함은 여러 가지 방면에서 지적되었는데, 그중 중국 지식인들을 가장 자극했던 지적은 '중국인들에게는 논리가 없다'는 것이었다.[54]

---

52 徐復觀, 代序, 18쪽 참조.

53 Chung-ying Cheng, "Philosophical Significance of Gongsun Long: A New Interpretation of Theory of Zhi as Meaning and Reference", *Journal of Chinese Philosophy* 24, 1997, pp.139-177.

54 '비논리적인, 혹은 무논리적인 중국어, 중국인, 중국 문명'이라는 발상 자체는 16세기 말 예수회 선교사가 중국 선교를 위해 그들의 신학적 세계관을 설득하기 위하여 서구 논리학을 요청하는 과정에서 만들어졌다. 예를 들어, 마테오 리치(Matteo Ricci, 1552-1610)는 짐승과 달리 사람만이 가진 '이성적 능력〔靈才〕'으로 天主를 이해해야 한다고 주장하였다. 예수회 선교사들이 말한 '이성적 능력'이란 바로 올바른 논리적 추론에 의해 아는 것을 뜻하였으므로, 그들은 중국의 지식인들에게 서구적인 '논

19세기 말엽 중국이 서구 열강에게 뒤처졌다고 반성한 근대 중국 지식인들이 내놓은 대안은, 서구인의 시각을 답습하여 전통 시대 중국에는 '논리가 없었으나', 중국 고대에는 '서구의 형식논리에 못지 않은 논리'가 있었음을 증명하려는 것이었다. 그러한 노력은 양계초나 호적과 같은 영향력 있는 사상가에 의해 소위 '명가'의 저작에 대한 연구로 귀결되었다. 아편전쟁 이후 서구와 충돌하여 패한 뒤 중국의 전통을 반성하고 그들의 과학과 기술, 그리고 학술과 문화를 배워서 그것을 극복한다는 '지피지기(知彼知己)'의 전략을 세웠던 중국 근대 지식인들의 경우, 그것은 단순한 배움의 대상이 아니라 극복의 대상이기도 했는데, 호적과 양계초를 포함한 중국 근대 지식인들에게 그 배움과 극복의 대안으로 제시된 것은 바로 '로직(logic)', 즉 논리의 문제였다.

호적은 "철학이란 방법의 제약을 받는" 학문으로서 "철학의 발전은 논리적 방법의 발전에 의해 결정된다."[55]라고 단언할 정도로 논리를 중시하였다. 그는 동서양 철학사에서 많은 예증을 찾을 수 있다고 하면서 서양 철학사와 비교하여 중국 철학사를 살펴보면 기원전 3-4세기를 중국 고대 철학의 전성시대라고 일컫는다. 왜냐하면, 그 시기의 묵가(墨家)들이 다른 어떤 학파의 방법론보다 정밀하고 완전한 논리를 사용하려고 했기 때문이다. 호적에 의하면, 묵가들이 추구한 학문적 방법인 '명학(名學)'은 서양적인 개념의 실험과 추론, 귀납과 연

리학'을 가르치기 위해 노력을 기울였다(마테오 리치 지음, 송영배 외 옮김, 『천주실의』, 서울대학교출판부, 1999, 39-43쪽 참조).

55 胡適, 『先秦名學史』「導論」'邏輯與哲學' 참조.

역을 모두 중시한 과학적 방법이라고 평가되었다. 호적의 설명에 의하면, 유가와 묵가의 차이는 철학적 방법론, 즉 논리의 차이인데 묵자는 '진행 방법'을 중심 문제로 삼았으며, 사물· 제도· 학문 등 모든 분야에 있어서 반드시 그것들이 무엇을 위한 것인가를 묻고 그 유용성을 기준으로 선악을 판단했다. 그와 달리 공자는 다만 이상적 목적만을 말할 뿐, 왜 그래야 하며 어떤 방법으로 해야 하는지에 대해서는 문제 삼지 않았다. 이것이 근대 중국이 서양에 패배한 이후 중국의 전통에 대해 다시 반성하고 묵자에 주목해야 하는 이유였다.

묵가를 포함하여 고대 중국의 명가들이 주목을 받게 된 데에는 위와 같은 근대 중국의 역사적 맥락이 크게 작동하고 있다. 전통적으로 명가를 대표하는 『공손룡자』 역시 그러한 맥락에서 크게 벗어나지 않은 채로 연구되었다. 앞서도 말했듯이, 서복관은 공손룡의 변론을 형식논리로 구별하여 형식화하면 수준 높은 순수 사유법칙이 발견될 수도 있을 것이라고 평가했으니, 소위 '추상적 능력'을 가진 공손룡이 서구의 형식논리에 근접하는 논리를 가지고 '名'을 설명하고 있다는 것이다.[56] 『공손룡자』 「백마론」에 주석할 때에도 서복관은 "형

56 徐復觀은 西漢 시대 이래로 그를 진정하게 이해하는 사람은 없었으며 근대의 연구자들이 많아졌으나 譚戒甫와 같은 연구는 더욱더 암흑 속으로 빠트렸다고 비난한다. 그는 다음과 같이 주장한다. "선진 제자들의 저작은 모두 사상을 위주로 한 것인데 비하여 후대에 그것을 연구하는 학자들은 그것의 사상적 맥락을 이해하는 훈련은 결핍된 채 스스로 이해할 수 없으면 곧 훈고학적으로만 어지럽게 늘어놓아서 주제에서 더욱 멀어져 갔다. 그런 훈고학자들에게 『公孫龍子』는 고도의 추상사변성을 지닌 작품이므로 흥미를 유발할 수 없는 저작이다. 애석하게도 謝希深의 注부터 원래 『公孫龍子』가 추구하는 방향과는 상반된 방향으로 해석하고 있다. 선진 시기 가치 있는 많은 정치적· 윤리적 사상서들이 장기간 전통 시기의 학자들에게 오해되고 부회되었는데 이것도 그 하나의 예이다. 따라서 公孫龍을 연구하는 중점은 어떻게

식논리상의 全稱과 特稱 간의 관계로 해석하여, 馬는 全稱이고 白馬는 特稱이 된다."라고 단정한다.[57]

서복관의 이와 같은 이해는 지금까지도 『공손룡자』를 이해하기 위한 기본 틀이 되고 있다. 아사노 유이치가 중국 선진 시기에 공손룡이 서구적인 특성을 보이는 '인식론'과 '존재론' 등의 문제를 다루었던 중요한 철학자로 간주되어야 한다고 주장하는 맥락 또한 그것에서 크게 벗어나지 않는다. 아사노 유이치는 「백마론」에 대해서도 "공손룡이 堅과 白을 함께 하나의 石 가운데 내재하는 石 고유의 속성으로 보지 않고 堅과 白을 각각 모든 개체를 초월하여 독립적으로 존재하는 보편적 실체로서 파악한 점에 근거하여 이해해야 한다."라고 주장한다.[58]

하지만 우리는 여전히 명가들의 논전에서 그들이 말하는 '名'이 무엇이며, '實'은 정확히 무엇을 의미하는지 파악하지 못하고 있다. 서복관은 "순자가 共名·別名을 제기하여 객관 사물의 분류 계통을 인식하여 명의 분류 계통을 형성"하였다고 평가했지만, 이권은 "순자가 말하는 공명과 별명은 서양 형식논리학의 개념과 형이상학적 구도로는 제대로 해명되지 않는다. 그것은 오히려 오해를 낳은 장본인이다."[59]라고 지적하였다.

그가 운용한 사고의 법칙을 파악하는가에 달려 있거나, 혹은 어떻게 그의 입론의 '논리적 맥락〔理路〕'을 파악하여 그 길을 따라 들어갈 것인가에 달려 있으며, 결코 교감이나 훈고에 달려 있지 않다."(徐復觀, 代序, 18쪽 참조)

57 徐復觀, 8쪽 참조.

58 淺野裕一, 95-124쪽 참조.

59 이권, 「『荀子』「正名」편의 共名과 別名에 대한 고찰」, 『中國學報』 52, 한국중국학회, 2005. 또한 이권은 「惠施十事에 대한 고찰」(『철학논집』 25, 서강대학교 철학연구소,

우리가 고대의 텍스트를 연구 대상으로 삼을 때에는 후대의 반성적인 이론 틀을 섣불리 적용하는 것을 경계해야 한다. 왜냐하면, 후대의 '반성'은 후대를 살아가는 사람들의 필요와 목적에 의해 동 시기의 역사적·문화적 맥락 속에서 탄생하여 의미를 가지는 것이기 때문이다. 따라서 우리가 이 책에서 다루는 소위 '명가'라는 이름으로 불린 사상가들이 당대의 문제의식을 어떻게 공유하고 어떻게 극복하고 있는지를 동 시기의 여러 가지 사상적·철학적 혹은 언어적 맥락 속에서 탐색해 봐야 한다. 그래서 시대가 다른 연구방법론이나 시각으로 접근할 때 제대로 밝혀지지 못하거나 왜곡되는 점들이 있음에 유의해야 한다. 예를 들어, 문자학과 훈고학의 흥성은 마치 그 이전 시대의 모든 문헌 자료를 어원적인 접근법으로 이해할 수 있다는 낙관적인 전제를 바탕으로 하고 있다. 이 무렵 만들어진 어원론이 중국 고대 문헌 자료를 해석하는 데 기여하고는 있지만, 그것은 어디까지나 유가 경전 해석학의 도구였음을 잊지 말아야 한다. 선진 시기 유가적인 문헌 외에 다른 사상가들의 서술이 오랜 세월 제대로 연구되지 못했던 사정도 거기에 있다.

특히 묵가의 문헌이나 『공손룡자』 등의 전문 주석서는 청대 말엽에야 등장하였고, 중국 전통 학술 경향에서는 벗어나지만 서구 학술의 사고법에 근접하는 중국적인 고대 사유를 보여 준다고 해석되어 근대 이후에 더욱 주목받았다. 그래서 서구의 학술 방법론은 아직도

2011)에서 상대주의적 관점으로만 惠施의 十事를 이해하려 하지 말고 고대 중국의 철학적 흐름 속에서 당대의 문제의식을 어떻게 공유하고 있고, 어떻게 이탈하고 있는지 온전하게 설명해야 한다면서 고대 중국의 논리를 오해하는 서구적 관점에 대해 비판하였다.

명가의 저작을 해석하는 데 강력한 영향을 미치고 있다. 하지만 필자가 보기에, 고대 중국어의 논리와 구조는 결코 소위 '보편'과 '특수', '초월'과 '내재'의 존재론적 논리나, 서구의 문법이 기초하고 있는 형식논리로는 설명되기 어렵다.

만약 우리가 실체와 속성의 이분법을 가지고 접근하면, 공손룡의 '白馬非馬'를 해석하는 것에서부터, 공손룡의 의도와 맥락이 설명될 수 있는지 분명하지 않다. 우선 '白馬'를 '하얀' '말'로 정의하여 '白'은 '흼'을 대표하는 속성이라고 형용사적으로 해석하고, '馬'를 그 속성을 포함하는 전칭의 명사로 해석하는 것에 대해 말해 보자. 이것은 고대 중국에서 언어를 이해하고 있던 당대 사람들의 해석과 반드시 일치하지는 않을 것이다. 예컨대, 안기섭은 서구 근대 이후의 통사론적인 연구 방법을 적용해 본 결과 "고대 중국어에는 명사, 동사, 형용사의 구별은 존재하지 않는다."라고 결론짓는다.[60] 그의 결론은 지나친 비약이 아니다. 실제로 고대 중국의 텍스트에서 '白'은 '하얀'이라는 의미 외에도 '하얀 것'을 총칭하며, '하얗게 만들다'와 '하얗게 여기다'의 의미를 두루 포함한다. 그렇다면 '馬'는 명사이고 '白'은 형용사라는 구별은 무의미해진다. 그것은 '馬'의 경우도 마찬가지이다. '馬'는 '말'이라는 의미 외에도 '말과 같은', '말처럼 여기다' 등의 의미를 포함한다. '馬'는 얼마든지 속성을 나타내는 용어로 쓰일 수 있다.

그렇지만 『공손룡자』와 『묵경』을 위시하여 소위 중국 선진 시기 명가들을 바라보는 호적과 양계초의 시각은 한 세기가 넘어가도록

---

60 안기섭, 「古代漢語 實詞類 품사 분류의 非文法性에 관하여: 名詞 · 動詞 · 形容詞를 중심으로」, 『中國人文科學』 43, 중국인문학회, 2009.

크게 변하지 않고 후학들에게 계승되었다. 이러한 시각은 서구 논리의 우월함과 중국어의 열등함을 자인한다는 전제에 암묵적으로 동의한 셈이다. 요즘도 여전히 연구자들은 '인식과 대상', '보편과 특수', '실체와 속성' 등을 주제로 하여 고대 중국 명가 저작들에 대한 연구 성과를 내놓고 있다.

그러면 다시 한번 질문해 보자. 과연 '인식과 대상', '보편과 특수', '실체와 속성' 등의 개념이나 범주가 모든 언어의 차이를 뛰어넘을 수 있을 만큼 보편적인 것인가? 서구 논리학의 '보편성'이 선진 시기 고대 중국어에도 그대로 적용될 수 있는가? 예컨대, 에밀 벵베니스트(Emile Benveniste)는 "사유가 언어 구조와 합치할 때에만, 비로소 우리는 생각을 포착하는 것"이라고 말한다.[61] 다시 말해서 서구인들의 사유는 서구인들의 언어 구조와 합치하므로, 그들 자신의 생각을 이해하는 것이다. 만약 서구인들이 그들의 언어 구조와 합치하지 않는 언어를 만난다면, 그들은 그 언어의 생각을 포착하기 어렵다. 즉, '인식과 대상', '보편과 특수', '실체와 속성' 등의 개념으로 사유하는 서구인들의 언어는 '인식과 대상', '보편과 특수', '실체와 속성' 등의 범주를 가지고 있는데, 그와 같은 개념으로 사유하지 않는 언어는 당연히 그런 범주들을 필요로 하지 않는다.

또한 벵베니스트는 서양적 사유의 두 가지 특징을 다음과 같이 조명한다. 첫째는 논리 필연적인 범주들이 언어 사용을 통해 이미 무의식적으로 전제되어 있다는 점이다. 둘째는 서양의 종교적·철학적

61 에밀 벵베니스트 지음, 김현권 옮김, 『일반언어학의 여러 문제 1』, 지식을만드는지식, 2012, 115-117쪽 참조.

사유에서 '존재' 개념이 갖는 결정적인 중요성이다.[62] 즉, 서양은 전 역사를 통하여 눈앞에 나타나는 있는 현상〔가상〕들 너머에 있는 '존재'를 끊임없이 추구하였다.

논리 범주를 필연적으로 전제하는 것, 그리고 감각 세계 너머의 초월적 존재를 상상하는 것, 이 두 가지는 모두 중국적 사유와는 거리가 있다. 첫째로 중국인들은 언어 사용에 순수 논리적인 범주를 전제로 하지 않는다. 서구의 논리는 경험의 구체적 사실을 떼어 내고 순수 사유적인 추리 형식을 찾아가는 것이다. 그러나 중국인들의 언어 사용은 언제나 경험의 구체적 사실과 연계되어 있으며, 궁극적으로는 윤리적 가치와 관련하여 행위 실천과 일치되는 것을 추구한다.[63] 따라서 둘째로 감각과 경험을 넘어서는 초월의 존재가 상정되지 않으며, 이성과 감성도 명확히 구분되지 않는다.

그러므로 엄밀하게 말해서, 고대 중국어의 논리와 구조는 결코 보편과 특수, 초월과 내재의 논리나 형식논리로 설명될 수 없다. 서구의 사유가 요청하는 언어 형식을 가지고 있지 않기 때문이다. 따라서 우리는 아사노 유이치처럼 『공손룡자』의 「지물론」을 '실재개념론'으로, 「통변론」을 '보편과 특수'로 독해하는 일을 포기해야 한다. 서구의 사유가 무엇보다 변화하는 현상 세계를 넘어 불변의 초월적 존재를

---

62 에밀 벵베니스트, 120-137쪽 참조.

63 徐復觀은 다음과 같이 말하였다. "논리가 추구하는 것은 사유의 세계이고, 명학이 추구하는 것은 행위의 세계이다. 양자는 출발점에서 연관성이 있을 수 있는데, 예컨대 언어 표현의 정확함 및 경험 사실에서의 승인 가운데에 약간의 추리적 작용을 포함할 수 있기 때문이다. 그러나 시간이 지날수록 각자 다른 길을 가게 되었다. 중국 문화가 형식논리를 발전시키지 못한 것은 문화의 발전 정도와 관계가 있는 것이 아니라 문화의 성격 및 추구하는 방향과 관계가 있는 것이다."(徐復觀, 代序, 7쪽 참조)

상정하고 있다는 점은, 그들의 '보편'이 중국에서의 '보편'이 될 수 없음을 알게 해 준다. 양수명(梁漱溟)은 바로 이 점을 지적하였다. "중국의 형이상학적 문제는 서양이나 인도와 전혀 다르다. 중국인들은 부동하고 변화하지 않는 실체를 전혀 문제 삼지 않았다. 모든 중국 형이상학의 근본 사상은 전적으로 조화와 변화를 논구한 것이지, 결코 변하지 않는 실체를 문제 삼은 것이 아니다."[64] 자크 제르네(Jacques Gernet)도 다음과 같이 말한다. "존재나 실체에 관한 서양적 생각이 결코 보편적인 것일 수는 없다. 한문의 낱말들은 고정 불변하는 추상이 아니라 끊임없이 변화·율동하는 관념들을 제시하고 있다. 이 율동적 관념들은 오직 상보적 대립과 상호작용을 통하여 그때그때 상대적으로 다르게 규정될 뿐이다."[65]

『공손룡자』를 주해하는 필자의 입장

명학의 저술을 올바르게 이해하려면, 무조건 서양의 해석방법론에 의존할 것이 아니라, 그것들이 이야기하려는 요지에 귀를 기울여야 한다. 『공손룡자』는 왜 그런 방식으로 기술되었고, 무엇을 주장하려고 했던 것일까? 필자는 이 질문을 기초로 하여, 중국 고대의 문헌을 번

64 梁漱溟, 『東西文化及其哲學』, 上海: 商務印書館, 1929.

65 Jacques Gernet, *Chine et Christianisme*, Paris: Gallimard, 1982의 마지막 장 '언어와 사유'(322-333쪽) 부분의 송영배 번역 참조(송영배, 「유교와 그리스도교 사상: 언어의 차이와 사유의 차이」, 『종교·신학연구』 5, 서강대학교 종교·신학연구소, 1992, 275-288쪽).

구하면서 대면하는 어려움들에서 해법을 찾아가 보려고 한다.

실제로 필자는 『공손룡자』를 독해하면서 다음과 같은 몇 가지 어려움을 알게 되었다.

첫 번째는 논쟁에서 반론자의 용어와 주장하는 쪽의 용어의 뜻이 일치하지 않는 경우가 자주 있다는 점이다. 그중 하나는 서로가 의도적으로 뒤틀고 있는 경우이고, 다른 하나는 일부러 말꼬리를 잡기 위해서 엉뚱한 맥락에 집어넣는 경우이며, 또 다른 하나는 기표가 같으나 기의가 모호하여 어느 쪽으로든 해석이 가능한 경우이다. 예를 들어, '一'·'二'와 같은 말은 『묵경』에도 등장하는데, 『공손룡자』에도 자주 등장하여 해석하기가 대단히 힘들다.

두 번째는 반박과 주장의 입장에서 후대의 수입된 개념어로 확대 해석될 여지를 남기는 경우이다. 즉, 각각의 입장에서 논증이 현재 우리가 분명하게 이해하고 해석할 수 있는 구절과 일관된 체제를 남기지는 않았더라도, 일부의 구절이 후대 논리학 개념어의 힘을 빌려 해석될 가능성이 있는 경우를 말한다. 앞에서 예로 든 실체와 속성이나, 부분과 전체, 개체와 전체, 특수와 보편 등의 개념 쌍들이 적용되어 설명되면 설득력을 가지는 경우가 있다. 예를 들면, 『공손룡자』에서 '白'과 '馬'를 두고 분리(離)와 숨음(藏), 정해져 있지 않음(不定) 등의 용어를 사용하는데, 이때에는 마치 공손룡이 실체에서 속성을 분리하려는 것처럼 해석하는 것이 타당하게 느껴진다는 것이다. 그래서 대체로 「견백론」에서 '石'은 실체이고 '堅'과 '白'은 속성이며, 「백마론」에서 '馬'는 실체이고 '白'은 속성이라고 해석되는 경향이 강하다. 그러나 살펴보면 『공손룡자』의 어떤 구절에서도 돌만이 실체이고 굳음과 흼이 그것에 부속된 속성이라고 암시된 곳은 없다.[66] 이때 우리는 후대 주석가들의 주장을 어떻게 공손룡의 뜻을 설명하는 데 활용할 수 있을지 난감해진다.

세 번째는 중국 고대 명가들이 '아는 것'과 '그렇게 여기는 것'을 분명하게 구별하였는지 우리가 판단하기 어렵다는 것이다. 심지어 '그렇게 여기는 것'은 '그렇게 만드는 것'과도 기표상으로 선명하게 구별되어 드러나지 않는다. '白'의 예를 들어 보면 '희다', '흰 것', '흼', '하얗다고 여기다', '하얗게 만들다'가 모두 하나의 기표인 '白' 안에 들어 있다. 공손룡의 용어를 빌리면, 그 의미들은 아직 드러나지 않은 채로 '숨어 있다'. 그렇다면 아는 것은 '의미'를 아는 것인가, '이름'을 아는 것인가, 실제로 드러난 것과 이름이 일치할 때의 관계를 아는 것인가. 이 가운데 공손룡의 의도는 마지막 것일 가능성이 크다. '의미'나 '이름'이 독립적으로 존재함을 인정한 것은 아니기 때문이다. 그것은 「명실론」의 논변이 뒷받침해 준다. 그러므로 공손룡은 유명론자가 아니며, 그렇다고 실재론자라고 말할 수도 없다. 공손룡에게는 '이름' 너머에 숨어 있는 그 무엇이 주도적으로 실제의 모습을 결정하는 것은 아니기 때문이다. '숨음'은 아직 사물에 드러나지 않았을 뿐, 사

66 孔孫龍의 입장에서 해석하여 堅과 白을 예로 들어 보면, 실제로 드러남〔擧〕에서는 돌도 드러남이고, 흼도 드러남이다. 단지 그 둘이 감각자의 시공간에 동시에 드러날 뿐이다. 돌과 굳음도 마찬가지이다. 보고 있을 때 굳음을 알 수 없다고 하여, 즉 드러나지〔擧〕 않는다고 하여 완전히 굳음이 없는 것〔無堅〕은 아니며, 그것은 아직 드러나지 않은 채로 숨어 있다〔藏〕. 그러므로 孔孫龍의 주장에 의하면, 각각은 모두 숨은 채 분리되어 있다가 실제에서는 경우에 따라 결합하거나 분리되어 나타난다. 孔孫龍의 용어들은 그의 의도를 드러내기 위해 그 맥락에서 활용되었을 뿐이다. 이런 해석에 의하면 孔孫龍이 石만 실체이고 堅과 白은 속성이라고 구별했다고 단정하기 힘들다(「견백론」의 주해 부분 참조).

물을 드러나게 할 수는 없는 것이다. 그것이 공손룡이 말한 '원래부터 숨어 있음(自藏)'의 의미이다.

네 번째는 『공손룡자』를 통해서 '앎'의 단계에서 정신(神)의 작용을 인정했는지 확정하기 어렵다는 점이다. 「견백론」에서 공손룡은 보게 하는 것, 알게 하는 것이 무엇인가 하는 질문을 던지고 있는 셈이다. 그러나 그는 그것이 결코 어느 하나가 주도해서 드러나지 않는다는 점을 지적하였을 뿐이다. 즉, 보는 것에서 흼을 알고 만지는 것에서 굳음을 알지만, 보는 눈은 알지 못하며 보게 하는 빛도 알지 못하며, 만지는 손은 알지 못하며 두드리는 것으로도 알지 못한다고 하였다. 그렇다고 해서 정신이 아는 것도 아니라고 하였다. 공손룡에 의하면 그 모든 능력이 분리되어 있는 셈이다. 따라서 우리는 『공손룡자』에서 정신이나 마음(心)의 작용을 선불리 이야기하기는 어렵다.[67]

그렇다면 이상과 같은 실질적인 독해의 어려움을 앞에 두고, 어떤 방법으로 『공손룡자』를 이해할 것인가. 필자가 연구할 때 가장 기본으로 삼은 원칙은 무엇보다 중국 고대의 사유 방식으로 그들 언어 구조와 표현을 연구해서 설명해야 한다는 것이다. 즉, 중국 고대 전통 구문의 방법으로 문장을 구두하고, 용어의 의미를 당시의 맥락으로 가져가야 한다. 그래서 필자가 세운 『공손룡자』 주해 연구의 원칙 세 가지는 다음과 같다.

첫째, 공손룡이 말하지 않은 것을 가지고 확대 해석하지 않는다.

67 마음(心)의 종합 능력을 정확하게 알게 된 것은 荀子 때라고 알려져 있다. 그렇다면 墨家나 公孫龍은 아직 그것을 말할 수 있는 단계가 아닐 것이다. 이 때문에 명가의 논전에서 시기적인 주요 논점의 선후관계를 파악하는 일은 혼란스럽다. 이것은 대부분의 연구자에게서도 발견되는 단점이다.

이것은 서구적인 방법이든, 중국인의 연구이든, 후대의 다른 사유 개념의 틀에 고대의 언어와 생각을 끼워 맞추는 위험을 피하기 위해서이다. 이때 필요한 것은 되도록 『공손룡자』의 주장 안에 있는 정합성을 찾아가는 해석이다. 이를 위해 활용할 몇 가지 방법은 다음과 같다. 우선 공손룡의 입론 구성을 규명하려면 공손룡의 의도를 주도하는 테마를 견지해야 한다. 그래야만 각 편장별로 세부 논쟁에서 쟁점을 일관되게 정리해 나갈 수 있다. 그 다음으로는 전문용어 해석의 어려움을 극복하기 위해서, 최대한 일관된 의미를 찾아나가되 다른 맥락에 의지하지 않고 『공손룡자』 텍스트 안에서의 활용을 주로 참조한다. 특히 반론자의 용어 사용에서 힌트를 얻어, 반론자 측과 공손룡 측이 같은 용어를 사용하더라도 함의가 다르면 그것을 규명하면서 접근한다. 또한 문장 해석에서도 엄밀한 일관성의 논리만을 추구하다가 오히려 공손룡의 의도를 왜곡할 수 있기 때문에, '언어 사용의 수사적인 접근법'도 수용한다.[68]

둘째, 후대 주석가 및 번역가의 이론과 논리의 틀을 섣불리 적용하지 않는다. 현대의 연구자로서 당시의 사유를 이해할 수 없다면 '말할 수 없는 것', '말하지 않은 것'은 마지막까지 비워 두는 자세를 취한다. 그러나 본 주해서에서는 『공손룡자』 주석들을 모두 배제할 수 없으므로 선택적으로 활용하였다. 그 선택의 기준은 무엇보다 서양 논

---

68 여기에서 말하는 '언어 사용의 수사적인 접근법'이란 다음과 같은 것이다. 반론자와 孔孫龍이 서로 논쟁하는 과정에서 용어의 의미 사용을 각자 일관성 있게 유지하지 못하고, 상대방의 의미 지정을 이어받아 다시 자신의 주장을 펼치는 경우가 종종 발견된다. 그런 때에는 서로 간의 논쟁적인 대화를 통한 언어 사용에서 '수사적인' 의미 교환이 일어난다고 필자는 간주한다.

리학의 개입이 아직 이루어지지 않은 전통 시기의 주석들이 참고되어야 한다는 것이다. 그래서 송대 사희심의 주석과 청대 유월(兪樾)과 손이양(孫詒讓)의 주석은 전문을 번역하여 소개하였다. 물론 이들의 주석이라고 해서 공손룡의 의도를 가장 올바르게 전달하고 있다고 확정할 수는 없다. 그러나 적어도 전통적인 사유 방식을 통해『공손룡자』를 풀어내려고 했다는 점에서 충분히 참고할 만하다. 그 밖에 근대 이후의 주석가들은 필자가 보기에 참고할 만한 주장이 있거나 특히 주의해야 할 해석으로서 명시해야 할 경우에, 해당 부분을 인용하거나 요약하여 소개하였다.

셋째,『공손룡자』이외의 다른 편장을 번역과 주해의 근거로 제시할 때에는 적어도 같은 시기나 유사한 시기에 그 문제를 다루었던 자료에 국한하였다. 이것은 그 용어가 유통되던 시대의 사람들 사유 속에 작동하는 맥락을 최소한이라도 담보하기 위해서이다. 이때 유의할 것은 논쟁의 당사자들이 논박과 수사적 필요에 의해 같은 용어라도 다른 함의로 사용할 수 있다는 점이다. 따라서 같은 시기의 자료라 할지라도, 논쟁에서 주장이 다른 편에서는 다른 의미로 사용하고 있음도 고려할 것이다. 예컨대, 공손룡이나 공손룡의 반론자나 묵가들이 똑같이 '實'을 이야기해도 각 주장의 정합성 내에서는 그 자리가 다르며, 같이 '類'를 말해도 함의가 달라지는 지점이 있다. 그러므로 그 차이를 규명하는 일이 후대의 논리적 개념어를 대입시키는 일보다 훨씬 중요하다고 생각된다.

일러두기

1. 『公孫龍子』 주해의 저본으로 삼은 것은 다음의 세 가지이다. 明代 正統 연간(1445년)에 판각한 『道藏』(太淸部)본에 딸려 있는 『公孫龍子』, 明代 周子義 등이 편집하여 萬曆 연간(1577년)에 판각한 『子彙』본의 『公孫龍子』, 그리고 光緖 연간(1875년)에 湖北 崇文書局에서 판각한 『子書百家』본의 『公孫龍子』이다. 이들 판본에는 모두 謝希深의 注가 부가되어 있다.
2. 편별 구성은 다음과 같다. 편이 시작할 때 '간략 해제'를 두었고, 그 다음에 단락 구분에 따라 '원문'을 제시하고 그 아래 '교감'을 붙였으며, 다시 그 아래에 '한글 번역'과 '주석', 그리고 '해설'이 이어지게 하였다. 원문의 단락 구분은 모두 역자에 의한 것이다.
3. '원문'에 부가된 문장부호는 마침표, 쉼표, 물음표, 가운뎃점으로 제한하며, 모두 역자에 의한 것임을 밝힌다. '교감'은 謝希深, 兪樾, 孫詒讓의 注를 중심으로 하면서도 譚戒甫, 徐復觀 등 현대 주석가들의 견해도 아울러 참고하였다. '번역'은 원문을 한글로 풀이한 것인데, 맥락 이해의 필요에 따라 단어를 부가할 경우 ( )로 처리하였다. '해설'에서는 원문과 주석을 참고하여 역자의 의견을 밝혔다.
4. '주석'에서 謝希深, 兪樾, 孫詒讓의 주석을 번역하여 소개할 때에는 각주에 원문을 제시하였다. 주석에서는 해당되는 문장에 붙은 謝希深注를 가장 먼저 번역하여 소개한다. 근대 이후 주석가들 譚戒甫, 徐復觀, 淺野裕一 등의 교감 및 견해를 발췌하여 소개하거나 번역할 때에는 각 편 '주석'에서 처음 나오는 경우에만 인용의 출처 및 참고할 쪽수를 명기하였다(참고한 문헌의 서지사항은 본서 말미의 참고문헌 참조).
5. '참고자료'가 붙어 있는 편이 있는데, 그것은 『公孫龍子』 원문의 이해를 도울 수 있는 선진 시기 관련 자료 원문(예컨대 「跡府」에서), 혹은 후대 연구자의 참고할 만한 견해(예컨대 「指物論」 등에서)를 번역하여 붙인 것이다.
6. '부록'은 본서의 말미에서 子書百家本 『公孫龍子』에 딸려 있는 謝希深의 序를 번역하여 실은 것이다. 본 주해서는 謝希深의 모든 주석을 완역하였으므로, 謝希深의 序를 소개하여 그의 주석을 이해하는 참고자료로 삼고자 한다.

7. 번역어는 원칙적으로 적절한 우리말이 있을 때 활용한다. 한자 병기나 용어 표현에서 적절한 우리말로 치환할 수 없거나, 한자 그대로 두는 것이 독해에 더 도움이 된다면 한자를 사용한다. 예컨대 '指'는 우리말로 바꾸면 오해가 가중되고, 또한 白, 馬 등은 한자 표기가 오히려 이해를 돕기 때문에 그대로 사용한다. 경우에 따라 '우리말 번역〔원어〕'의 방법도 사용한다. 예를 들어 '잘못된 언어 사용〔狂擧〕'과 같은 경우이다. 이때에도 우리말 풀이는 맥락에 따라 다양하게 활용된다.

8. 역대 주석가의 이름을 표기하는 법은 다음과 같이 정한다. 본서에서 다루는 주석가와 연구자 가운데에는 전통 시대와 근대 이후의 학자가 섞여 있어서, 근대 이후 연구자를 중국어로 부르고 전통 시기의 연구자를 우리 한자음으로 구분하여 표기하면 오히려 혼란이 가중되므로, 중국인의 경우에는 모두 우리 한자 독음으로 통일하여 호칭한다. 단, 일본인과 서구인은 원어에 충실한 한글 발음으로 표기한다.

公孫龍子

공손룡자

1. 적부(跡府)

○ 간략 해제

『공손룡자』 6편 가운데 가장 먼저 나오는 「적부」의 앞부분은 공손룡에 대해 약술한 단락이며, 뒷부분에는 공손룡이 논진을 벌인 일화가 실려 있다.

담계보는 『공손룡자』에서 「적부」 이외의 모든 편이 「백마론」, 「지물론」 등 편명이 '論'으로 끝나고 「적부」가 가장 앞에 나오는 것을 이유로 들어서, 「적부」가 공손룡의 원래 저작이 아니라 그의 주장을 계승한 후대 학자들의 기록일 따름이라고 주장한다.[1] 실제로 『공손룡자』보다 훨씬 후대의 저작인 『공총자』에는 「적부」와 유사한 편장이

---

1 譚戒甫, 『公孫龍子形名發微』, 北京: 中華書局, 1963/1987, 7-17쪽 참조.

譚戒甫의 『公孫龍子形名發微』는 1957년 科學出版社에서 출판되었다가, 후에 北京 中華書局에서 '新編諸子集成' 시리즈로 1963년 출판되었고 1987년에 다시 中華書局에서 2쇄가 발행되었다. 필자가 참조한 판본은 1987년 中華書局 발행의 2쇄본이다.

필자는 본 주해서를 작성할 때 譚戒甫와 徐復觀의 책은 대부분의 주석을 비교 검토하여 참고하였으므로, 이 두 책에 한해서는 각 편이 시작되는 곳에서만 전체 편 주석의 해당 쪽수를 밝히는 것으로 한다.

고스란히 실려 있다.[2] 그런데 『공총자』는 이미 오래전부터 진위를 의심받았던 저작이다. 원래 이 책은 공자의 구세손인 공부(孔鮒)[3]가 지은 것으로 알려져 있었으나 인물을 고증하기 힘들다는 지적이 있고,[4] 송대(宋代)의 주희(朱熹, 1130-1200)는 『공총자』의 문장 기세가 약하여 서한(西漢) 시대의 글이라고 보기 어려우니, 후대의 사람들이 이전의 문장을 모아서 만들어 놓은 것이 아닐까 하고 의심하였다.[5] 그래서 담계보는 「적부」 중에서도 첫 문단 이후의 단락은 『공총자』를 베껴서 만들어진 것이라고 주장하였다.

이에 대하여 서복관은 다음과 같이 설명한다. 「적부」의 뒷부분에 나오는 공손룡과 공천(孔穿)의 이야기가 비록 『공총자』와 대체로 비슷하긴 하지만, 분명하게 차이가 있다. 「적부」가 두 종류의 이야기로 구성되어 공손룡에게 유리한 결론으로 이끌어 가는 것에 비하여, 『공총자』 「공손룡」편은 그와 유사한 두 가지 이야기를 가지고 하나의 이야기를 만들어 가감함으로써 공천에게 매우 유리한 결론으로 끌어간다. 그 둘은 문자가 구성된 편제도 다르다. 『공총자』 「공손룡」편은 「적부」와 유사한 두 가지 이야기 뒤에 '異日, 平原君會衆賓, 而延子高'

---

2 본서 「跡府」편의 번역과 주해 뒤에, 『孔叢子』에 수록된 公孫龍 관련 원문과 번역을 실어서 참고자료로 삼는다.

3 孔鮒는 秦始皇의 시대에 활동한 것으로 알려져 있다.

4 『四庫全書總目提要』: "晁公武讀書志云, 漢志無孔叢子, 儒家有孔臧十篇, 雜家有孔甲盤盂書二十六篇, 其獨治篇, 鮒或稱孔甲, 意者, 孔叢子即孔甲盤盂, 連叢即孔臧書. 案漢書藝文志顏師古注, 謂孔甲, 黃帝之史. 或云夏后孔甲, 似皆非, 則孔叢非盤盂. 又志於儒家孔臧十篇外, 詩賦家別出孔臧賦二十篇, 今連叢有賦, 則亦非儒家之孔臧, 公武未免附會."

5 『四庫全書總目提要』: "朱子語類, 謂孔叢子文氣軟弱, 不似西漢文字, 蓋其後人集先世遺文而成之者."

로 시작하는 총 460자를 더하여, 공손룡이 공자를 인용하면서 평한 초왕(楚王)의 말에 대해 그것이 '白馬非馬'의 논점과 합치한다고 여기면서도 특별히 상세하게 반박하는 문장을 더하고 있다. 이로부터 보면 『공총자』를 편찬한 사람이 『공손룡자』 「적부」에서 소재를 취하고 내용을 변경한 것이 분명하다. 또한 『공총자』 「공손룡」편의 '公孫龍又與子高記論於平原君所'로 시작하는 또 하나의 이야기가 『여씨춘추』 「음사(淫辭)」편에서 소재를 취하고 윤색을 가했던 경우와 완전히 똑같다.

게다가 알려진 대로 『공총자』가 진승(陳勝, ?-B.C. 208) 시기의 박사였던 공부(孔鮒)의 손에 의해 나온 것이 아님은 분명하다. 이 책은 맨 처음 『수서(隋書)』 「경적지(經籍志)」에 기록되었으며, 공손룡의 말을 반박하는 것으로 고증해 보아도 대단히 명리(名理)에 능한 논변이다. 그래서 현대의 고실(顧實), 나근택(羅根澤) 등은 삼국 시대의 왕숙(王肅, 195-256)에게서 나왔다고 여긴다. 하지만 책의 내용에서 공자 가문의 몇 가지 이야기가 매우 잘못되어 있는 것을 보면, 왕숙이 역사적 사실에 그처럼 우매할 수는 결코 없을 것이다. 이는 왕숙과 밀접한 관계에 있는 『공자가어(孔子家語)』로 증명할 수 있다. 그러므로 고실과 나근택의 주장은 실로 경솔한 억측이다. 「적부」의 주요 내용과 관련 자료들을 비교하고 살펴보면, 「적부」가 전국 시대 말기나 서한 시대 초엽에 명가의 후학들이 공손룡을 위해 편찬한 소박한 전기임을 알 수 있다.

청대 장종원(章宗源, 1752-1800)은 「적부」의 단락이 유향(B.C. 77-6)이 지은 『별록(別錄)』의 문장과 유사하다고 고증했지만, 그것 또한 믿기 어렵다. 아마도 유향이 문헌을 교정할 때에 「적부」편이 이미 있었던 것 같고, 그래서 나머지 5편과 함께 전체 책을 구성하는 일부분이라고 여겨서 그것으로 편목의 순서를 삼았다고 하는 것이 대체로 큰 무리 없는 설명일 것이다.[6]

이상과 같은 서복관의 설명을 정리하면 다음과 같다. 「적부」는 전국 시대 말기나 서한 시대 초기에 공손룡의 입장에 우호적인 후학들이 편찬한 전기이며, 유향이 『공손룡자』 문헌을 교정할 때에는 이미 전체 책 속에 들어가 있었고 가장 앞에 자리하고 있었을 것이라는 것이다. 「적부」 자체가 공손룡이 직접 저술한 것이 아니라는 의심에 대해, 서복관의 설명은 가장 설득력이 있다.

이런 논란에 가장 큰 빌미를 제공한 것은 『공총자』 「공손룡」편의 문장이 「적부」의 문장과 정확하게 겹치는 부분이 있다는 점이다. 그런데 대체로 청대까지 학자들이 『공총자』의 저자와 저작 시기를 확신하지 못한 것을 보면, 그것의 일부를 그대로 베낀 듯한 『공손룡자』 「적부」도 그 진위를 의심받지 않을 수 없었다. 그러나 한편으로 서한 시기나 혹은 그 이후까지도, 전해오는 저술의 편장을 임의로 발췌하고 필사하여 또 다른 저술을 생산하는 것에 거리낌이 없던 고대의 저작 성향을 고려한다면, 어떤 것이 어떤 것을 베꼈는지는 확신하기 힘들다. 따라서 고대의 저술에서 유사한 기술이 발견될 때 겹치는 부분을 포함한 전체 책이 시대가 앞선다고 해서, 어떤 것이 다른 저술의 원류라고 확정하기는 몹시 어렵다. 이 말은 결국 서로 다른 원류를

---

6 徐復觀, 『公孫龍子講疏』, 臺北: 臺灣學生書局, 1979(4版), 1-6쪽 참조.

徐復觀의 『公孫龍子講疏』는 臺灣學生書局에서 民國55년(1966)에 초판이 인쇄되었고, 民國68년(1979)에 같은 출판사에서 4版이 출판되었다. 필자가 참조한 판본은 1979년의 4판이며, 각주에서 밝힌 쪽수 역시 1979년 판본의 것이다.

가진 자료들을 나름의 의도에 따라 취사선택하여 생산된 저작들의 경우에는, 또다시 그것을 그 저작 생산자의 맥락에 따라 해석해 내야 한다는 것을 뜻한다. 단적으로 『공총자』 편찬자들의 의도는 『공손룡자』 편찬자들의 의도와 결코 같을 수 없다는 것을 기억해야 한다. 실제로 「적부」와 겹치는 부분의 해당 원문을 잘 비교해 보면 『공총자』의 주장 속에 있는 문장과 『공손룡자』의 주장 속에 있는 문장은 명백하게 다른 입장에서 독해된다.

따라서 필자는 「적부」가 다른 5편의 '論'과 같이 『공손룡자』의 맥락을 잇고 있다는 점에 비추어 「적부」를 독해해야 한다고 본다. 다만 『공총자』에 정확하게 겹치는 단락이 있으니 그것을 고려하여, 후대인의 첨삭을 거쳐 「적부」의 문장에 후대인의 사상이 삽입되어 있는 것에 주의해야 할 것이다.

「적부」는 모두 세 단락으로 나누어 번역한다. 원문의 번역, 주석 및 해설 뒤에는 『공총자』 「공손룡」편의 원문과 번역, 그리고 『여씨춘추』 「선식람(先識覽)」의 공손룡 관련 문단의 원문과 번역을 참고자료로 덧붙인다.

跡府(1)

[1]

公孫龍, 六國時辯士也. 疾名實之散亂, 因資材之所長, 爲守白之論.(2) 假物取譬, 以守白辯, 謂白馬爲非馬也. 白馬爲非馬者, 言白, 所以名色, 言馬, 所以名形也. 色非形, 形非色也.(3)

夫言色, 則形不當與. 言形, 則色不宜從. 今合以爲物, 非也.(4) 如求白馬於廐中, 無有, 而有驪色之馬, 然不可以應有白馬也.(5) 不可以應有白馬, 則所求之馬亡矣, 亡則白馬竟非馬. 欲推是辯, 以正名實, 而化天下焉.(6)

【 교감 】 앞 문단 끝부분의 '色非形, 形非色也'를 담계보는 '色形, 非形, 非色也'로 고쳐서 해석하였다.

번역

공손룡은 육국 시대의 변사이다. 명실(名實)이 어지럽혀지는 것을 싫어하여, 타고난 재주의 장점을 이용하여 수백(守白)의 논(論)을 완성하였다. 사물을 빌려 비유를 취하고〔假物取譬〕 수백으로 변론하기를, '백마는 말이 아니다〔白馬爲非馬〕'라고 하였다. 백마가 말이 아닌 이유는, '白'을 말하면 그것으로 색(色)을 이름 붙인 것이고, '馬'라고 말하면 그것으로 형(形)을 이름 붙인 것이기 때문이다. 색은 형이 아니고, 형은 색이 아니다.7

색(만)을 말할 때에는 형이 그곳에 함께 해당할 수 없고, 형(만)을 말할 때에는 색이 마땅히 따라야 하는 것이 아니다. 만약 (白馬를 馬와) 합하여 하나의 물(物)로 삼는다면 그것은 잘못된 것이다. 예컨대 (다음과 같이 변론한다.) 마구간에서 흰말을 찾는데 (흰말이) 있지 않고, 검은색 말이 있기는 하지만 흰말이 있는 것에 대응할 수 없다. 흰말이 있는 것에 대응할 수 없다면, 찾으려는 말이 없는 것과 같다. (찾는 말이) 없다면, 백마는 결국 말이 아니다. (공손룡은) 이러한 변론을 미루어 나가 그것을 가지고 명실을 바로잡고 세상을 교화하려고 하였다.

주석

(1) 사희심은 '跡府'라는 편명에 관해 다음과 같이 주석하고 있다. "府는 '모으다[聚]'라는 뜻이다. (공손룡이) 논전을 벌였던 일을 서술하여 편 가운데 모아 놓았으며, 그것을 가지고 이름을 삼은 것이다."[8]

'跡府'에 대해 유월은 다음과 같이 말하였다. "『楚辭』「惜誦」편에 '言與行其可迹兮(말과 행실은 자취를 밟을 수 있네)'라는 말이 있고, 주석에 '이전에 했던 일이 迹이 된다[所履爲迹]'고 하였다. 여기서의 '跡'은 '迹'과 같다. 이 뒤에 나오는 여러 편도 모두 공손룡의 언행을 말한 것이나, 오직 이 편만은 孔穿과 문답하는 것으로 되어 있으니, 하나의 사례를 실제로 들어 놓았기 때문에 '跡'이라고 말한 것이다. '府'는 '모

---

7 이곳의 '色非形, 形非色也'를 譚戒甫의 교감에 따라 고치면 '色形, 非形, 非色也'가 된다. 즉, 譚戒甫는 "色形이 합해진 것은 形도 아니고 色도 아니다."라고 해석하였다. 譚戒甫의 해석이 더 나은 것 같으나, 원문은 고치지 않고 주석에서만 소개한다.

8 謝希深注: "府, 聚也. 述作論事之跡, 聚之於篇中, 因以名篇."

으다〔聚〕'라는 뜻이다. 그의 사적을 여기에 갖추어 놓았다는 뜻이다."[9]

(2) 사희심의 주석은 다음과 같다. "사물은 저마다 재질〔材〕을 가지고 있으니, 성인에 의해 물질적 바탕〔資〕으로 사용된다. 무릇 모든 재질〔材〕은 설명됨〔辯〕이 다르니, 그것에 붙이는 이름〔名〕은 그 장점에 기대야 한다. 그런데 옳고 그름이 바뀌고 나쁜 것이 올바른 것을 없앤다면, 상주고 벌함〔賞罰〕은 天子로부터 나오지 않고, 권위와 복록이 權臣에게서 나오게 된다. 공손룡은 현명한 왕이 나타나지 않음에 상심하고, 이름과 기물〔名器〕이 실질에서 어긋남을 싫어하였다. 그래서 指物을 빌려서 '옳고 그름〔是非〕'을 섞어 놓고, 白馬에 의지하여 '밖의 사물과 안의 자아〔物我〕'를 나란하게〔齊〕 만들었으니, 그가 바란 것은 당시의 군주가 깨달아서 名實의 관계를 바로잡는〔正〕 것이었다."[10]

'爲守白之論'의 '守白'이라는 말에 대하여 유월은 다음과 같이 주석하였다. "守라는 말은 '고집하여 지킨다〔執守〕'는 뜻이다. 흰 것을 고집하여 말을 찾으므로 守白이라고 하였다. 무릇 道는 집착이 있어서는 안 된다. 어진 것〔仁〕에 집착하여 사람을 구하면, 정의로운 선비〔義士〕는 이르지 않는다. 지혜로운 것〔智〕에 집착하여 사람을 구하면, 용

---

9 兪樾注: "樾謹按, 楚辭惜誦篇, 言與行其可迹兮. 注曰, 所履爲迹. 迹與跡同. 下諸篇皆其言也. 獨此篇記公孫龍與孔穿相問難, 是實擧一事, 故謂之跡. 府者, 聚也. 言其事跡具此也."

兪樾, 「公孫龍子」, 『諸子平議補錄』 卷5, 臺北: 世界書局, 1958, 26-33쪽 참조. 兪樾의 책은 1924년 念劬堂本이 있다고 하지만, 필자가 참조한 판본은 1958년 世界書局本이다.

10 謝希深注: "物各有材, 聖人之所資用者也. 夫衆材殊辯, 名恃所長, 更相是非, 以邪削正, 其賞罰不由天子, 威福出自權臣. 公孫龍傷明王之不興, 疾名器之乖實. 乃假指物以混是非, 寄白馬而齊物我, 冀時君之有悟而正名實焉."

감한 선비〔勇士〕는 오지 않는다. 그래서 공손룡에게 守白의 論이 있는 것이다."[11]

그러나 담계보는 이 주장이 잘못되었다고 하면서 다음과 같이 말하였다. 「백마론」에서 '有白馬, 不可謂無馬者, 離白之謂也. 不離者, 有白馬不可謂有馬也'라고 하였는데, 혹자가 백마를 말이라고 여기는 것을 '離白'이라고 질의한 것에 대하여, 공손룡이 백마는 말이 아니라고 하면서 '不離白'을 말하였으니, '不離白'이 곧 '守白'이다. '離白'과 '守白'은 상대되는 말이다.[12]

서복관은 바로 다음 문장의 '以守白辯'이라는 말에 가장 큰 의의가 있다고 하면서 다음과 같이 주장한다. 보통 사람들은 '白'에 대하여 그것이 '自性의 독립된 존재'이며, 그 밖에도 '形', '色', '堅' 등이 모두 그러함을 미루어 인식하지 못한다. 공손룡은 '白'과 '堅' 등이 모두 자성의 독립 존재이며 서로 분리될〔相離〕 수 있다고 주장하였다. '守白'은 '白의 독립성'을 주장한다는 뜻이다. 이것은 공손룡이 당시의 학자들과 변론을 벌인 가장 큰 주제였다. 『수서』「경적지」에서 공손룡이 『수백론』을 지었다고 하고 성현영의 『장자』「천하」편의 소(疏)에서 공손룡이 『수백론』을 저술했다고 한 것은 모두 이로부터 온 것이다.[13]

(3) 담계보는 '公孫龍, 六國時辯士也'부터 '色非形, 形非色也'까지 『태평어람』 권464에 인용된 환담(桓譚)의 『신론』을 근거로 하여, 이 문단

11 俞樾注: "樾謹按, 守之言執守也. 執白以求馬, 是謂守白. 夫道不可以有執也. 執仁以求人, 義士不至. 執智以求人, 勇士不來. 故公孫龍有守白之論也."

12 譚戒甫, 7-17쪽 참조.

13 徐復觀, 1-6쪽 참조.

을 후대 공손룡의 지류에 속하는 환담이 지은 것이라고 말하였다.[14]

서복관은 이에 대하여 다음과 같이 말하였다. 『태평어람』에 인용된 환담의 말이 비록 이 편의 앞 단락과 대략 비슷하다고 하지만 실은 상세하고 소략함의 차이가 있다. 만약 이 편의 앞 단락이 환담의 말에서 취한 것이라면, 반드시 또 다른 어떤 한 사람을 가정하여 환담의 말에 보충하였을 것이다. 그러나 상례로 미루어 보면 그럴 가능성은 대단히 낮다. 그러므로 차라리 환담이 이 단락의 말을 취했다고 하는 것이 더 실상에 맞을 것이다.

담계보는 '色非形, 形非色也'를 '色形, 非形, 非色也'로 고쳐 놓았다. 그렇게 되면 '색과 형이 (결합된 것은) 형도 아니고 색도 아니다'라고 해석된다. 담계보는 현행 판본에 '色非形, 形非色也'로 되어 있는 것은 그 의미가 분명하지 않을 뿐 아니라 지시하고자 하는 뜻도 아니라고 주장한다. 이 구절은 위의 '白馬非馬'를 계승하여 한 말이며, 백마가 말이 아님(白馬非馬)은 또한 백마가 백이 아님(白馬非白)을 말하는 것이므로, '色形, 非形, 非色也'라고 말하였다는 것이다. 담계보에 의하면, 중간에 '形非'의 두 글자가 도치되어 위아래 문장의 맥락이 이어지지 않는다는 것이다.

---

14 『太平御覽』 卷464: "桓譚新論曰, 公孫龍, 六國時辯士也. 爲堅白之論, 假物取譬, 謂白馬爲非馬. 非馬者, 言白所以名色, 馬所以名形也. 色非形, 形非色."

번역은 다음과 같다. "환담의 『신론』에서 말하였다. '공손룡은 육국 시대의 변사이다. 堅白의 주장을 하여 사물을 빌려서 비유를 취하고 백마는 말이 아니라고 하였다. (백마가) 말이 아닌 이유는 白은 色을 이름 붙인 것이고 馬는 形을 이름 붙인 것이기 때문이다. 색은 형이 아니고, 형은 색이 아니다.'"

(4) 서복관은 '夫言色, 則形不當與. 言形, 則色不宜從. 今合以爲物, 非也'를 다음과 같이 풀이하였다. 공손룡은 '白馬'는 하나의 물건에 연관되고 '馬'는 또 다른 하나에 연관되므로, '白馬'와 '馬'를 혼합하여 같은 물건으로 삼을 수 없다는 입장이다. 또한 색과 형이 합해진 하나의 물건('白馬'처럼)도 옳지 않다고 비난하였다. 그러므로 이 구절과 이 뒤에서 '白馬非馬'에 대해 해석한 것은 전부 오해이다.

이에 대한 담계보의 주장은 다음과 같다. '白馬'는 색과 형을 합하여 한 말이다. '白馬를 白이라고 하는 것'은 '색형을 색이라고 하는 것〔以色形爲色〕'이 되니 옳지 않다. 그러므로 색만을 말하면 형이 그곳에 함께 해당하는 곳이 없게 된다〔言色, 則形不當與〕. 또한 '白馬를 馬라고 하는 것'은 '색형을 형이라고 하는 것'이 되니 옳지 않다. 그러므로 형만을 말하면 색이 마땅히 따라야 하는 것은 아니다〔言形, 則色不宜從〕. '色形'과 '白馬'는 본래 두 가지인데, 지금 나누어 '爲白', '爲馬'라 하면서 두 가지를 합하여 하나의 물건으로 삼으려고 하니, 그것은 잘못된 것이다.

필자의 생각으로는 담계보의 주장이 서복관의 주장보다 나은 것 같다. 서복관처럼 공손룡이 색과 형이 합해진 '白馬'를 옳지 않다고 주장한 것은 아니기 때문이다. 서복관이 이 구절을 그렇게 해석하다 보니, 뒤에 나오는 구절까지도 모두 부정하게 되었다. 그러나 그것은 공손룡의 논지에 어긋난다. 공손룡은 색형이 합해진 '白馬'를 색만 있는 '白'으로도 볼 수 없고, 형만 있는 '馬'로도 볼 수 없으니, '白馬'와 '白', 혹은 '白馬'와 '馬' 두 가지를 합하여 같은 것으로 간주함은 옳지 않다고 주장한다. 그런데 필자와 담계보의 해석이 결정적으로 다른 점은 '合以爲物, 非也'를 해석할 때 무엇과 무엇을 합해서 같은 물건으로 여기는지에 관한 것이다. 필자가 '白馬'와 '白', 혹은 '白馬'와 '馬'의 두 가지를 합해서 같은 물건으로 보는 것은 잘못되었다고 해석하는 것에 비하여, 담계보는 '爲白'과 '爲馬'를 합해서 하나의 물건인 '白馬'로 여기는 것이 잘못되었다고 보고 있다.

(5) 담계보는 '驪色之馬'에 대하여 다음과 같이 주석하였다. 「통변론」에서 '驪色'이 바르게 예를 든 것〔正擧〕이 아니라 하고, 「백마론」에서도 단지 '黃馬'나 '黃·黑馬'를 말하였으며, 『장자』 「천하」편에 '黃馬驪牛三'이라 하면서 '四'라고 하지는 않았으므로, 원래는 이곳에서 '驪'를 마땅히 제거해야만 한다. 따라서 담계보는 '驪色之馬'라고 쓴 것이 공손룡의 본의가 아니라고 주장하였다.

필자가 살펴본 바에 의하면, 검은색을 나타내는 말 중에 '黑'이 있고 그것이 「백마론」에서도 사용된 것을 보면, 여기에서 '驪色'을 말한 것은 이상하게 여겨진다. 그러나 담계보처럼 '驪色'이 '正色'이 아니기 때문에 검은색 말을 지칭하는 데 사용될 수 없다는 주장은 지나친 억측인 것 같다. '黑色'이나 '驪色'은 동의어로 호환될 수 있었던 것이 아닐까 한다.

(6) 사희심의 주석은 다음과 같다. "말의 몸〔體〕은 다르지 않으나, 黃과 白에 의해 비로소 달라진다. 이것과 저것을 서로 밀어붙이면〔相推〕, 옳고 그름〔是非〕이 하나로 섞여 버린다. 그래서 이처럼 변론하여 名實을 바로잡으려는 것이다."[15]

---

15 謝希深注: "馬體不殊, 黃白乃異. 彼此相推, 是非混一, 故以斯辯而正名實."

‘正名實, 而化天下’라는 구절이 이 단락의 마지막에서 공손룡 변론의 최종 목적을 밝히고 있다.

해설

필자가 보기에 서복관처럼 ‘白’ 등을 독립된 존재로 이해하는 것은 플라톤의 이데아론을 빌려서 ‘白馬’의 ‘白’을 설명하려는 입장에서 나온 것 같다. 그보다는 유월이나 담계보처럼 ‘白馬’에서 ‘白’을 분리해 낼 수는 없기 때문에 공손룡이 ‘白’을 고집하려는 것이며, 그 때문에 ‘守白’이라는 말이 만들어진 것으로 이해하는 것이 좋겠다.

‘色非形, 形非色也’의 구절을 담계보는 ‘色形, 非形, 非色也’로 고쳐 놓았는데, 필자가 보기에 담계보의 주장은 일리가 있다. 형이 색이 아니고, 색이 형이 아님을 굳이 이곳에서 말할 필요가 없기 때문이다. ‘白馬’를 두고 둘을 분리할 수 없음은 ‘白馬’에서 ‘白’을 떼어 내는 것이나 ‘馬’를 떼어 내는 것이 모두 불가능하다는 뜻이 된다. 즉, 담계보의 말처럼 ‘白馬非馬’는 ‘白馬非白’과 똑같은 이유에서 성립한다. 따라서 ‘色形’은 색인 ‘白’과 형인 ‘馬’의 결합으로서, ‘白馬’는 색도 아니고 형도 아니다.

이 단락의 마지막 부분에서 ‘正名實’을 이야기한 것은 『공손룡자』가 「명실론」으로 끝맺고 있다는 점과도 연관된다. 또한 이 구절을 통하여 대체로 전국시대 제자들의 변론이 궁극적으로는 올바른 명실 관계의 확립을 통해 세상을 올바르게 변화시키고자 함을 목적으로 삼고 있다는 바로 그 점에, 공손룡도 맥락을 함께하고 있음을 확인할 수 있다. ‘名實’과 ‘天下’에 대한 관심이야말로 시대를 관통하는 중심

화두였다. 그런 점에서 공손룡이 변론만을 위한 변론가라고 섣불리 단정하는 것은 옳지 않다.

[2]

龍與孔穿會趙平原君家. 穿曰, 素聞先生高誼, 願爲弟子久. 但不取先生以白馬爲非馬耳. 請去此術, 則穿請爲弟子. 龍曰, 先生之言悖 龍之所以爲名者,(1) 乃以白馬之論爾. 今使龍去之, 則無以敎焉. 且欲師之者, 以智與學不如也. 今使龍去之, 此先敎而後師之也. 先敎而後師之者, 悖.

且白馬非馬, 乃仲尼之所取.(2) 龍聞楚王張繁弱之弓, 載忘歸之矢, 以射蛟兕於雲夢之圃. 而喪其弓, 左右請求之, 王曰, 止 楚王遺弓, 楚人得之, 又何求焉. 仲尼聞之曰, 楚王仁義而未遂也. 亦曰人亡弓, 人得之而已, 何必楚. 若此, 仲尼異楚人於所謂人.(3) 夫是仲尼異楚人於所謂人, 而非龍異白馬於所謂馬, 悖. 先生修儒術, 而非仲尼之所取, 欲學, 而使龍去所敎, 則雖百龍, 固不能當前矣. 孔穿無以應焉.(4)

【 교감 】 '以白馬爲非馬'가 나오는 구절이 『공총자』에는 모두 마지막 '馬'자 앞에 '白'자가 더해져 '以白馬爲非白馬'라고 되어 있다. 이것으로 보면, 『공총자』가 『공손룡자』를 이해하지 못하고 후대에 「적부」를 베낀 것일 가능성이 크다.

번역

공손룡이 공천을 조나라 평원군의 집에서 만났다. 공천이 다음과 같이 말하였다. "평소 선생님의 높은 의론을 들었기에, 제자가 되기를 원한 지 오래되었습니다. 그러나 선생님의 '백마는 말이 아니다〔白馬

非白)'라는 주장만은 취하지 않으려 하니, 청컨대 그 논술〔術〕을 버리신다면 제가 제자 되기를 청하겠습니다." 공손룡이 다음과 같이 대답하였다. "선생의 말씀은 어긋난 것〔悖〕입니다. 제가 이름을 얻게 된 까닭은 바로 백마의 주장〔白馬之論〕 때문입니다. 그런데 제게 그것을 버리게 하면 (저는) 가르칠 것이 없습니다. (그것은) 또한 스승으로 삼으려는 이가 앎〔智〕과 학문〔學〕에서 (배우려는 자)보다 못한 것입니다. (그러므로) 이제 제게 그것을 버리라고 하면, 이는 먼저 가르쳐 놓고, 그 후에 스승 삼는 것입니다. 먼저 가르치고 그 후에 스승으로 삼는 것은 (앞뒤가) 어긋난 것〔悖〕입니다.

게다가 (저의) 백마가 말이 아니라는 주장은 공자〔仲尼〕께서도 취하신 것입니다. 저는 다음과 같은 이야기를 들은 적이 있습니다. 초나라 왕이 번약(繁弱)의 활을 당기고 망귀(忘歸)의 화살을 재어서 운몽(雲夢)의 들판에서 교시(蛟兕)를 쏘았는데, (그만) 활을 잃어버리게 되었습니다. 주위에서 그것을 찾으려고 하자, 왕이 말하기를 '그만두어라, 초왕(楚王)의 잃어버린 활을 초인(楚人)이 얻을 것인데 또 무엇을 찾겠는가?'라고 하였습니다. 공자가 그 말을 듣고 '초왕이 인의(仁義)롭기는 하지만 아직 완성된 것은 아니구나. 그저 사람이 활을 잃었는데 사람이 그것을 얻으면 그뿐인 것을, 반드시 초나라 사람이어야 하는가〔人亡弓, 人得之而已, 何必楚〕!'라고 하였습니다. 위의 이야기와 같이 공자는 초인(楚人)을 인(人)과 다르게 여겼습니다. 공자께서도 초인을 인과 다르게 여겼는데, 제가 백마를 말과 다르게 여기는 것을 비난한다면, 그것은 (앞뒤가) 어긋난 것〔悖〕입니다. 선생은 유가의 학술〔儒術〕을 익히고서도 공자가 취한 것을 비난하고, 배우고자 하면서도 제게 가르칠 바를 없애라고 하니, 저(공손룡) 같은 이가 백 사람이 되어도 그 앞에 당할 수가 없을 것입니다." 공천은 그 말에 대답할 수가 없었다.

주석

(1) 서복관은 '龍之所以爲名者'의 '名'이 '명예, 명성'의 뜻이 아니라 '名實'의 '名'이라고 풀이하였다. 공손룡의 「명실론」의 입장에서 「백마론」을 이해하자면, 이 풀이도 틀렸다고 할 수는 없을 것이다. 그러나 공천이 애초에 질문할 때 '素聞先生高誼(평소 선생님의 높은 의론을 소문으로 들어왔다)'라고 한 말에 근거해 본다면, 공손룡이 그것에 '龍之所以爲名者(제가 이름 있는 사람이 되었던 까닭은)'라고 답하였으니, 이때의 '名'을 공손룡이 얻은 '유명한 평판'으로 풀이해도 무리가 없다. 질문자와 대답하는 자의 입장에 따라 두 가지 풀이가 가능하다고 보고 서복관의 풀이를 참고해 둔다.

(2) 사회심의 주석은 다음과 같다. "공자께서 '반드시 이름을 바로잡아야〔正名〕 한다'고 말씀하셨다. 공손룡은 白馬의 주장으로 名實을 바로잡고자 하였으므로, 공자에게도 받아들여졌을 것이다."[16]

(3) 사회심의 주석은 다음과 같다. "초왕은 활을 잃어서 초나라를 이롭게 한다고 여겼지만 그것으로 세상을 두루 구제할〔兼濟天下〕 수는

16 謝希深注: "仲尼曰, 必也正名乎. 龍以白馬正名實, 故仲尼之所取."

없었다. 그래서 (공자가) 仁義는 아직 완성하지 못하였다고 말한 것이다. 人君이 되어 오직 편당만을 사사로이 여기고 가까이 한다면, 그것은 마치 '白을 고집하여〔守白〕' 말을 찾음으로써 단지 백마만이 대응하게 되는 것과 같다. 초왕이 말하는 사람〔所謂人〕은 초나라(의 사람)이다. 공자가 말하는 사람〔所謂人〕은 천하(의 사람들)이다. 그러므로 '白을 떼어 내고〔離白〕' 말을 찾게 되어 많은 말들이 올 수 있게 된다. 楚를 잊고 사람〔人〕들을 이롭게 하려 하면 온 세상이 모두 그에 응할 것이다."[17]

사회심의 주석은 공자의 입장에서 '異楚人於所謂人'을 해석하고 있다. 공자는 이로움을 베풀어야 하는 대상이 사사로운 집단 안의 사람들뿐만이 아니라 세상 전체로 확대되어야 '인의'가 실현된다고 보았다는 것이다. 그러나 필자가 보기에 공손룡의 논리적 입장은 다르다. 아무리 큰 제후국이라 해도 초(楚) 지방의 사람을 부를 때 '초인'이라 부를 뿐, '인'이라 부르지 않는다. '초인'을 말하는 것과 '인'을 말하는 것은 분명하게 구별되어야 한다는 것이 공손룡의 입장이다.

(4) 사희심의 주석은 다음과 같다."성인의 가르침은 비록 각각 다르시만〔殊〕 그 귀착점은 다르지 않다〔不異〕. 옳지 못한 선비는 가르침에

---

17 謝希深注: "楚王失弓, 因以利楚, 不能兼濟天下. 故曰, 仁義未遂也. 人君唯私其黨附之, 亦如守白求馬, 獨有白馬來應. 楚王所謂人者, 楚國也, 仲尼所謂人者, 天下也. 故離白以求馬, 衆馬皆至矣. 忘楚以利人, 天下感應矣."

이곳 謝希深注 원문은 교정이 필요하다. 王啓湘의 校注에는 '天下感應矣'의 '感' 자가 '咸'의 잘못이라고 하였다. '感' 자가 '咸'이 되는 것이 맞다면, 이 경우에는 '모두'의 뜻이다. 따라서 '咸'의 뜻으로 번역한다.

얽매여 널리 통하지 못하게 되니, 그렇게 되면 자신이 익힌 것에만 안주하고 깨닫지 못한 바는 무너뜨리려고 한다. 그러므로 비록 그의 현명함이 공손룡의 백 배라고 해도 그를 앞에 두고 스승 삼을 수는 없다. 이는 또한 마치 '白'을 고집하면서 '馬'를 구하는 것과 같으니, 잃게 되는 것이 많을 것이다."[18]

해설

사희심이 '異楚人於所謂人'을 '守白', '離白'과 연관시켜 공손룡의 '白馬非馬論'을 해석하는 것은 공손룡의 논점을 비껴간 풀이라고 여겨진다. 공손룡은 '白馬'를 찾는 상황과 '말'을 찾는 상황은 결코 같지 않다는 주장을 하려고 한 것이다. 그러므로 공손룡이 공자의 말을 인용한 의도는, 어디까지나 공자가 말한 '초나라 사람(楚人)은 초나라 사람을 부를 때 사용할 뿐이며, 사람을 부를 때에는 그렇지 않다'는 점에서 공천의 어폐를 증명하고자 한 것이다. 그는 유가 학술의 종주인 공자조차도 인정한 논점을 부정하는 것이, 유가임을 자처하는 공천 자신에게 어긋난 일(悖)임을 지적하고자 하였다.

서복관은 이에 대해 다음과 같이 주장한다. 사희심의 주석이 공자의 의도를 잘 해석한 것은 맞지만, 공손룡의 '白馬非馬'의 논변이 그곳에 의도가 있지 않음은 알지 못했다. 공손룡은 공자가 주장한 '異楚人於所謂人'이 자신의 '白馬非馬'의 논점과 부합한다고 주장하려는 것

18 謝希深注: "聖教雖殊, 其歸不異. 曲士束於教, 不能博通, 則安其所習, 毁所不悟. 故雖賢倍百龍, 不能當前為師, 亦如守白求馬, 所喪多矣."

이다. 그 기본 정신은 공자와 전혀 대응하지 않는다.

필자는 이 구절에 대한 서복관의 풀이에 기본적으로 동의한다. 그러나 공자에게서 기원한 '兼濟天下'나 '仁義의 실현' 같은 유가적 기본 정신이 공손룡의 '化天下'나 '正名實'과 전혀 대응하지 않는다고 보는 것은 옳지 않다고 생각한다. 공자 이후 어떤 사상가든 '兼濟天下'의 정신을 벗어나기는 힘들었다. 다만 공손룡은 '올바른 이름의 정립(正名)'이라는 목적을 '名'에 초점을 맞추어 완성하려고 주력하였다. 전국시대에 수없이 갈라지는 사상 유파별 차이는 '평화로운 세상(治世)'을 추구하는 기본 정신을 바탕으로 그것을 어떻게 실현해 나갈 것인가 하는 방법론의 차이일 것이다. 공손룡의 사상을 재조명해야 하는 이유도 여기에 있다.

[3]

公孫龍, 趙平原君之客也. 孔穿, 孔子之葉也. 穿與龍會, 穿謂龍曰, 臣居魯, 側聞下風, 高先生之智, 說先生之行,(1) 願受業之日久矣, 乃今得見. 然所不取先生者, 獨不取先生之以白馬爲非馬耳. 請去白馬非馬之學, 穿請爲弟子.

公孫龍口, 先生之言, 悖. 龍之學, 以白馬爲非馬者也.(2) 使龍去之, 則龍無以敎. 無以敎, 而乃學於龍也者, 悖. 且夫欲學於龍者, 以智與學焉爲不逮也. 今敎龍去白馬非馬, 是先敎而後師之也. 先敎而後師之, 不可.

先生之所以敎龍者, 似齊王之謂尹文也. 齊王之謂尹文曰, 寡人甚好士, 以齊國無士, 何也.(3) 尹文曰, 願聞大王之所謂士者. 齊王無以應. 尹文曰, 今有人於此, 事君則忠, 事親則孝, 交友則信, 處鄕則順. 有此四行, 可謂士乎? 齊王曰, 善. 此眞吾所謂士也. 尹文曰, 王得此人, 肯以爲臣乎? 王曰, 所願而不可得也. 是時, 齊王好勇,(4) 於是尹文曰, 使此人廣庭大衆之中, 見侵侮而終不敢鬪, 王將以爲臣乎? 王曰, 鉅士也,(5) 見侮而不鬪, 辱也. 辱, 則寡人不以爲臣矣. 尹文曰, 唯見辱而不鬪,(6) 未失其四行也. 是人未失其四行, 其所以爲士也.(7) 然而王一以爲臣, 一不以爲臣, 則向之所謂士者, 乃非士乎? 齊王無以應.

尹文曰, 今有人君, 將理其國, 人有非, 則非之. 無非, 則亦非之. 有功, 則賞之. 無功, 則亦賞之. 而怨人之不理也, 可乎?(8) 齊王曰, 不可. 尹文曰, 臣竊觀下吏之理齊, 其方若此矣. 王曰, 寡人理國, 信若先生之言, 人雖不理, 寡人不敢怨也. 意未至然與?(9) 尹文曰, 言之, 敢無說乎?(10) 王之令曰, 殺人者死, 傷人者刑. 人有畏王之令者, 見侮而終不敢鬪, 是全王之令也. 而王曰, 見侮而不敢鬪者, 辱也. 謂之辱, 非之也. 無非, 而王辱之, 故因除籍不以爲臣也. 不以爲臣者, 罰之也. 此無罪而王罰之也. 且王辱不敢鬪者, 必榮敢鬪者也. 榮敢鬪者, 無是而王是之,(11) 必以爲臣矣. 必以爲臣者, 賞之也. 彼無功而王賞之. 王之所賞, 吏之所誅也. 上之所是, 而法之所非也. 賞罰是非, 相與四謬, 雖十黃帝, 不能理也. 齊王無以應焉.(12)

故龍以子之言有似齊王.(13) 子知難白馬之非馬, 不知所以難之說. 以此猶知好士之名, 而不知察士之類.(14)

【 교감 】 첫 문단의 '高先生之智, 說先生之行'에서 '說'자는 '悅'자로 독해한다. 둘째 문단의 '以白馬爲非馬者也'에서 '者'자는 도장본에 따랐으나, 담계보는 '者'를 '著'로 바꾸어 풀이한다. 유월은 '以齊國無士, 何也'에서의 '以'자를 '如'자가 잘못된 것이라 하고, 담계보는 '以'자를 '而'자로 풀이한다. 번역은 담계보를 따른다. 셋째 문단의 '鉅士也'에서 '鉅'는 '詎', '也'는 '耶'와 같은 뜻으로 풀이

한다. '唯見辱而不鬪'에서 유월은 이곳의 '唯'자가 '雖'자가 되어야 한다고 했는데, 그를 따른다. '其所以爲士也'에서 유월은 이 구절에 '是未失'의 세 글자가 빠졌으니, '其是未失所以爲士也'로 바꾸어야 한다 하였고, 서복관은 '未失'을 중간에 삽입하여 '其未失所以爲士也'로 교정하였다.

넷째 문단의 '今有人君, 將理其國, 人有非, 則非之. 無非, 則亦非之. 有功, 則賞之. 無功, 則亦賞之. 而怨人之不理也, 可乎' 부분의 '理'자와 '人'자가 『呂氏春秋』「正名」편에는 각각 '治'자와 '民'자로 되어 있다. '意未至然與'에서 담계보는 '意'자를 '抑'자로 풀이한다. '榮敢鬪者, 無是而王是之'가 도장본 등 고본에는 '榮敢鬪者, 是而王是之'라고 되어 있는데, 유월은 그것이 '榮敢鬪者, 是之也, 無是而王是之'로 고쳐져야 한다고 하였고, 담계보는 '榮敢鬪者, 無是而王是之'라 고쳤는데, 여기에서는 담계보를 따른다.

번역

공손룡은 조나라 평원군의 객이었다. 공천은 공자의 후예였다. 공천이 공손룡을 만났는데, 그가 공손룡에게 다음과 같이 말하였다. "신이 노나라에 거하면서 귀하의 소문을 귀 기울여 듣게 되어, 선생의 앎(智)을 고귀하게 여기고 선생의 행실을 좋아하여 (선생에게) 수업 받기를 원한 지 오래되었습니다. 이제 만나뵙게 되었으나 선생에게 취하고 싶지 않은 점이 있으니, 유독 선생이 백마는 말이 아니라고 한 주장만은 취하지 않으려 합니다. 청컨대 백마비마의 학문을 버리신다면, 공천이 제자 되기를 청하겠습니다."

공손룡은 다음과 같이 대답하였다. "선생의 말은 (앞뒤가) 어긋난 것(悖)입니다. 저 공손룡의 학문은 (바로) 백마가 말이 아니라고 여기는 것입니다. 만약 제게 그것을 버리게 한다면 저는 가르칠 것이 없습니다. (제게) 가르칠 것이 없는데도 저에게 배우려고 한다면, 그것은 어긋난 것입니다. 또한 제게 배우기를 바라는 이유는 지혜와 학문에서 그에 미치지 못하기 때문입니다. 그런데 이제 저에게 '白馬非馬'를 버리라고 가르치는 것은, 먼저 가르치고 그 후에 스승을 삼겠다는 뜻입니다. 먼저 가르치고 그 후에 스승으로 삼는 것은 불가합니다.

선생이 저에게 가르치고자 하는 바는 제왕(齊王)이 윤문(尹文)에게 한 말과 유사합니다. 제왕이 윤문에게 말했습니다. '과인은 대단히 선비를 좋아하는데, 제나라에 선비가 없는 것은 무엇 때문입니까?' 윤문이 대답하기를, '대왕께서 말하는 선비에 대해 듣고 싶습니다.'라고 하자, 제왕은 응답할 수가 없었습니다. 윤문이 말하기를 '여기 어떤 사람이 있는데 군주 섬기기를 충성으로 하고, 어버이 섬기기를 효성으로 하고, 벗과 사귀기를 신의로 하고, 사람들의 마을에서 대처하기를 순종으로 하여, 이 네 가지 행실을 갖추었다면 그 사람을 선비라고 할 수 있습니까?'라고 하자, 제왕이 '좋구나! 그 사람이 진정으로 내가 말하는 선비다.'라고 대답하였습니다. 윤문이 다시 말하기를 '왕께서 그 사람을 얻으면 신하로 삼으시겠습니까?'라고 묻자, 왕이 '원하는 바이지만 얻을 수가 없다.'라고 대답하였습니다. 당시에 제왕은 용감함을 좋아하였기에, 그래서 윤문이 말하기를 '그 사람을 넓은 뜰에 많은 사람들 속에 있게 하고 모욕을 당하게 하였는데도, 끝내 싸우려 들지 않으면 왕은 장차 그를 신하로 삼으시겠습니까?'라고 하자, 왕이 '그가 어찌 선비이겠는가. 모욕을 당하고도 싸우지 않으면 욕된 사람이고, 욕된 사람이면 과인은 그를 신하 삼지 않을 것이다.' 라고 말하였습니다. 윤문이 다시 묻기를 '(그 사람은) 오직 모욕당하고도 싸우려 들지 않을 뿐, (앞서 말한) 네 가지 행실을 잃지 않았습니다. 그 사람이 네 가지 행실을 잃지 않았으니 선비가 될 수 있으나, 왕께서는 한 번은 신하를 삼는다 하시고 한 번은 신하를 삼지 않는다 하시니, 지난번에 말한 선비는 선비가 아닌 것인지요?'라고 하자, 제왕이 응답하지 못하였습니다.

윤문이 다시 묻기를 '지금 인군(人君)이 있어서 장차 나라를 다스리려는데, 사람들에게 잘못이 있으면 잘못한다 하고, 잘못이 없어도 또한 잘못한다고 합니다. 공이 있으면 상을 주고 공이 없어도 또한 상을 줍니다. 그러면서도 사람들이 다스려지지 않음을 원망한다면 옳은 일입니까?'라고 하자, 제왕이 대답하기를 '옳지 않다.'라고 하였습니다. 윤문이 말하기를 '신이 보건대 아래 관리들이 제나라를 다스리는 것이 대략 그와 같습니다.'라고 하였습니다. 그러자 제왕이 말하기를 '과인이 나라를 다스리는 것이 진실로 선생의 말과 같다면, 사람들이 비록 다스려지지 않아도 과인이 감히 원망할 수 없을 것이다. 생각건대 아직 그렇게 되지는 않은 것이 아닌가?'라고 하였습니다. 윤문은 다음과 같이 대답했습니다. '(신이) 말을 꺼냈으니 감히 설명하지 않을 수 있겠습니까? 왕의 명령에 사람을 죽인 자는 죽이고 상해한 자는 형벌을 받으라 하면, 사람들은 왕의 명령을 두려워하여 모욕을 당하고도 끝내 싸우려 들지 않을 것인데, 이는 왕의 명령을 온전히 지키려 하기 때문입니다. 그런데 왕이 말하기를, 모욕당하고도 감히 싸우지 않는 자를 욕된 사람이라고 여기고, 그를 욕된 사람이라고 부른다면 (이는) 잘못했다 여기는 것입니다. 잘못한 것이 아닌데도 왕이 그를 욕되다고 여기기 때문에 직분을 제거하고 그를 신하로 삼지 않습니다. 그를 신하로 삼지 않는 것은 그에게 벌을 주는 것입니다. 이는 죄가 없는데도 왕께서 벌을 주는 것입니다. 또한 왕께서 감히 싸우지 않는 자를 욕되다고 여기신다면 반드시 용감하게 싸우는 이를 영예롭게 여길 것입니다. 용감하게 싸우는 이에게 영예를 주는 것은, 옳은 바가 없는데도 왕이 옳다 여기는 것이니, 반드시 그를 신하 삼게 될 것입니다. 반드시 그를 신하로 삼는 것은 그에게 상을 주는 일입니다. 그 사람은 공이 없는데도 왕께서 상을 주시니, 왕이 상을 주는 사람은 관리들에게는 처벌해야 할 사람입니다. 이는 주상이 옳다 여기는 바가 법에서 아니라고 여기는 바가 되는 것입니다. 상벌(賞罰)과 시비(是非)의 네 가지가 서로 잘못되면, 황제가 열 명이 된다 해도 다스릴 수 없을 것입니다.' (윤문의 말에) 제왕은 응답을 하지 못하였습니다.

그러므로 저는 그대의 말이 제왕과 비슷한 점이 있다고 여깁니다. 그대는 백마가 말이 아니라는 주장을 비난할 줄만 알지, 왜 비난하는지 설명할 줄을 모릅니다. 이는 마치 (제왕이) 선비를 좋아한다는 이름만을 알 뿐, 선비의 유를 살필 줄 모르는 것과 같습니다."

주석

(1) '高先生之智, 說先生之行'은 '선생님의 지식을 높이 받들고, 선생님의 행실을 좋아한다'라는 뜻이다. 그렇다면 여기서의 '說'자는 좋아한다는 뜻의 '悅'자로 바꾸어도 좋다. 서복관은 '悅'자를 원문에 제시하였다. 그러나 '說'자의 자형을 그대로 두고 '좋아한다'고 풀이되면서 '열'로 발음되는 고문의 사례가 많이 있으니,[19] 이곳에서도 굳이 글자를 바꾸지 않아도 될 것 같다.

---

19 대표적으로 『論語』 「學而」편의 '不亦說乎'를 들 수 있다.

(2) '以白馬爲非馬者也'의 '者'자는 원래 도장본에 이렇게 되어 있다. 그러나 담계보는 '者'자를 '著'자로 바꾸고 '著'로 써야만 앞 구절에서 공손룡이 유명한 사람이 되었다고 말한 뜻이 된다고 풀이하였다. 진례본(陳澧本)을 포함한 모든 원문에 이 구절이 '者'로 되어 있으나, 담계보의 풀이도 일리가 있어 참고한다. 만약 담계보의 주장대로 '著'로 바꾸면 '以白馬爲非馬著也'는 '백마를 말이 아닌 것으로 여겨서 (이름이) 드러나 유명해졌다'의 뜻이 된다.

(3) 유월은 '以齊國無士, 何也'의 '以'자를 '如'자가 잘못된 것이라고 하였고,[20] 담계보는 '以'자가 '而'와 같은 뜻이라고 하였다. 필자는 유월보다 담계보의 주장이 문장을 더 순리적으로 해석하게 한다고 본다. 이 문장은 제나라 왕이 자신은 대단히 선비를 좋아하는데 왜 제나라에는 선비가 없느냐고 묻는 것이므로, '以'자는 역접의 연사인 '而'로 풀이하는 것이 좋겠다.

(4) 사희심의 주석은 다음과 같다. "聖人께서 선비를 활용하실 때에는, 각자 그 재주를 따라서 활용하시며, 버리고 취하는 바가 없다. 齊王에게 선비 구하기를 좋아한다는 것은, 또한 마치 白을 고집하면서 (馬를 구하기를) 명령하는 것과 같으니, 그가 어떻게 선비를 얻을 수 있겠는가."[21]

---

20 兪樾注: "樾謹按, 以字乃如字之誤."

21 謝希深注: "聖人之用士也, 各因其材而用之, 無所去取也. 齊王以所好求士, 亦如守白命焉, 豈得士乎."

(5) 서복관에 의하면, '鉅士也'의 '鉅'는 '詎'와 같은 뜻으로 '어찌'라는 반문의 조사이며, '也'는 '耶'와 같이 의문의 종결사이다. 즉, '그 사람을 어찌 선비라고 할 수 있겠는가'의 뜻이다.

(6) 유월은 '唯見辱而不鬪'의 '唯' 자가 '雖' 자가 되어야 하며, 옛날에는 두 글자가 통용되었다고 하였다.[22] 『여씨춘추』「정명」편에는 '雖見侮而不鬪'라고 되어 있다.[23]

(7) 유월은 '其所以爲士也' 구절에 '是未失'의 세 글자가 빠져 있는데, 『여씨춘추』「정명」편에 의거하여 보충해야 한다고 하였다.[24] 담계보도 똑같이 교정하고 있다. 서복관은 '未失'을 중간에 삽입하여 '其未失所以爲士也'로 교정하였다. '是未失'을 보충하든, '未失'을 보충하든 두 가지 모두 '그가 선비가 될 수 있는 자질을 아직 잃지 않았는데'로 해석될 수 있다. 필자가 보기에, 한문의 문장은 가능태를 표시하는 표지가 없어도 해석할 수 있으므로, '是未失'을 삽입하지 않고 '그가 선비가 될 수 있는데도'라고 해석하더라도 문맥에는 크게 차이가 없다고 본다. 단지 앞의 '是人未失其四行'과 호응하여 '是未失'을 보충하겠다고 한다면 틀렸다고 할 수가 없고, 『여씨춘추』「정명」편의 문장 근거

---

22 兪樾注: "樾謹按, 唯當爲雖. 古書通用. 說見王氏引之經傳釋詞. 呂氏春秋正名篇, 正作雖見侮而不鬪."

23 『呂氏春秋』「先識覽」「正名」: "尹文曰, 雖見侮而不鬪, 未失其四行也."

24 兪樾注: "其所以爲士也. 上脫是未失三字. 當據呂氏春秋補."
『呂氏春秋』「先識覽」「正名」: "尹文曰, 雖見侮而不鬪, 未失其四行也. 未失其四行者, 是未失其所以爲士一矣."

가 있으므로 충분히 참고할 가치가 있다고 생각한다.

(8) '今有人君, 將理其國, 人有非, 則非之. 無非, 則亦非之. 有功, 則賞之. 無功, 則亦賞之. 而怨人之不理也, 可乎'는 『여씨춘추』「정명」편에는 '今有人於此, 將治其國, 民有非則非之, 民無非則非之, 民有罪則罰之, 民無罪則罰之, 而惡民之難治, 可乎'라고 되어 있다. 이곳에는 「적부」에서의 '理'자와 '人'자가 '治'자와 '民'자로 되어 있다. 이에 대하여 담계보와 서복관 모두, 그것이 당대(唐代)의 피휘자(避諱字)였기 때문에 고쳐진 것이 아닐까 하였다. 서복관은 『당서』「예문지」'명가(名家)'에 '公孫龍子 三卷, 陳嗣古注'라고 하고, '賈大隱注 一卷'이라 한 것에 근거하여, 진사고와 가대은의 주가 모두 전하지 않지만 그렇게 문자를 고치게 된 것은 그 두 사람들에 의한 것이라고 말하였다. 이들이 당대에 만들어진 주석서라면 서복관의 주장은 일리가 있다.

(9) 사희심의 주석은 다음과 같다. "속에 품은 뜻의 사사로움은 아직 큰 도가 될 수 없다."[25]

담계보는 '意未至然與'에서 '意'자를 '抑'과 같은 뜻으로 보았다. '抑'은 '어쩌면, 아마도, 아니' 정도의 뜻을 가진 조사로, 어주를 전환하기 위해서 사용된다. '意'를 '抑'으로 해석하면, 이 구절은 '어쩌면 아직 그렇게 되지는 않겠지요'라는 뜻이 된다. 『여씨춘추』「정명」편에는 '意者未至然乎'라고 되어 있으니, '아마도 -일 것이다'의 뜻으로 새길 수

---

25 謝希深注: "意之所私, 未之大道."

있을 것이다. 그러나 한편으로는 여기서의 '意'는 '혼자서 품고 있는 생각', 즉 사적으로 가진 의지나 의도 등으로도 풀이될 수 있다.

유월은 다음과 같이 말하였다. "살펴본 바에 의하면, 『呂氏春秋』에는 '意者未至然乎'라고 되어 있다. 宋의 사희심은 주석하기를, '속의 뜻에서 생각한 바〔意之所思〕는 아직 大道가 될 수 없다'고 하였는데, 이는 원래의 의미를 잃은 것이다."[26]

(10) 사희심의 주석은 다음과 같다. "이미 제나라가 올바른 정치를 잃었다〔失政〕고 말해 놓았으니, 어찌 감히 그 이유를 설명하지 않을 수 있는가."[27]

(11) '榮敢鬪者, 無是而王是之'는 도장본 등에 '榮敢鬪者, 是而王是之'라고 되어 있다. 유월은 그것이 '榮敢鬪者, 是之也, 無是而王是之'로 고쳐져야 한다고 주장하면서 다음과 같이 말하였다. "'榮敢鬪者, 是而王是之'는 '榮敢鬪者, 是之也, 無是而王是之'가 되어야 한다. '彼無功而王賞之'는 '此無功而王賞之也'로 고쳐야 한다. 그와 같이 해야 앞의 문장과 상대가 된다. 또 살펴보면, 앞에서 나온 '無非而王辱之'는 '無非而王非之'라고 해야만 여기에서의 '無是而王是之'와 상대가 된다."[28] 담

26 兪樾注: "樾謹按, 呂氏春秋作意者未至然乎. 宋謝希聲注曰, 意之所思, 未之大道, 失其旨矣." 이곳에는 오자가 두 군데 있다. '宋謝希聲注曰'에서 '聲'은 '深'자가 되어야 하고, '意之所思'의 '思'는 '私'자가 되어야 한다. 그러나 여기에서는 '思'자를 그대로 두고 번역한다. 兪樾 자신이 오해한 것에 바탕을 두고 주석하였는지 확인할 길이 없기 때문이다.

27 謝希深注: "旣言齊國失政, 敢不說其由乎."

28 兪樾注: "樾謹按, 榮敢鬪者是而王是之, 當作榮敢鬪者, 是之也, 無是而王是之. 彼無功

계보는 '榮敢鬪者, 無是而王是之'라 하여 '無'자를 '是而王是之' 앞에 더하였다. 유월의 고증에 비하여 담계보의 고증이 간단하고 문맥에 맞으니, 그 편을 따르고 번역도 그에 따른다.

(12) 사희심의 주석은 다음과 같다. "군주가 法을 돌아보지 않으면, 나라에 올바른 정치〔政〕가 없어진다. 그러므로 성인다움이 黃帝의 열 배라고 해도 혼란스러움을 구제할 수가 없다."[29]

(13) '故龍以子之言有似齊王'에 대해 유월은 다음과 같이 말하였다. "齊王은 용감함〔勇〕을 고집하여 선비〔士〕를 구하고자 하니, 단지 용감한 선비〔勇士〕를 구할 수 있을 뿐, 충효와 신의를 갖춘 선비를 구할 수는 없다. 孔穿은 흰 것〔白〕을 고집하여 말〔馬〕을 구하니, 단지 白馬를 얻을 수 있을 뿐, 노랗거나 검은 말을 얻을 수는 없다. 그러므로 비슷한 점〔似〕이 있다고 여겼다."[30]

'故龍以子之言有似齊王'은 '공손룡이 공천의 말이 제왕의 말과 유사하다고 여겼다'는 뜻이다. 공손룡의 입장에서 어떤 점이 공천과 제왕이 유사한가. 공천은 '白馬論'을 버리면 공손룡을 스승 삼겠다고 하였으나, 공손룡에게서 '白馬論'을 버리면 배울 것이 없어진다. 결국 공천은 공손룡에게서 배울 뜻이 없었고, 그가 이름이 있다는 명성에 빗

而王賞之, 當作此無功而王賞之也. 如此則與上文相對矣. 又按上文無非而王辱之, 當作無非而王非之. 與此文無是而王是之相對."

29 謝希深注: "君不顧法, 則國無政. 故聖倍十黃帝, 不能救其亂也."

30 俞樾注: "樾謹按, 齊王執勇以求士, 止可以得勇士, 而不可以得忠孝信順之士. 孔穿執白以求馬, 止可以得白馬, 而不可以得黃黑之馬, 故以爲有似也."

대어 '白馬論'을 비난하려는 목적을 가지고 있었는지도 모른다. 그와 비교하여 제왕은 선비를 구한다고 하지만, 실은 과감하게 싸울 용사를 구하는 것이지, 충효를 갖춘 선비를 구하고자 하는 것이 아니었다. 공천과 제왕의 공통점은 표면에 드러난 말과 마음에 원래 가지고 있는 생각이 전혀 일치하지 않는다는 것이다. 그러므로 공손룡의 입장에서 말하면, 공천은 '白馬論'을 비난할 생각만 있지 어떻게 비난할 수 있을지 모르고, 제왕은 '선비를 아낀다(好士)'는 허울 좋은 이름을 가지려고 할 뿐 어떻게 선비를 분별해야 할지에 대해서는 모르고 있는 셈이다. 공손룡은 그 차이를 정확하게 지적함으로써, 말과 실제로 생각하는 것이 어떻게 어긋나고 있는지 논변하고 있다.

(14) 사희심의 주석은 다음과 같다. "선비 가운데 선함과 악함의 類를 잘 살펴서, 그의 능력을 인정하고 올바른 일을 맡긴다."[31]

해설

이 단락 앞부분의 이야기는 단락 [2]와 같다. 다만, 제왕과 윤문의 이야기가 새롭게 첨가되어 있다. 서복관은 이에 대해 다음과 같이 주장한다. 「적부」의 이 이야기는 원래 『여씨춘추』「정명」편에 나오는 것이며,[32] 현행본 『윤문자』에는 그런 이야기가 없다. 그런데 『공손룡자』

---

31 謝希深注: "察士之善惡類, 能而任之."

32 『呂氏春秋』「先識覽」「正名」에는 尹文이 齊王을 만나 대화한 이야기가 나온다. 그 대목을 번역하여 「跡府」 뒤에 참고자료로 추가하였다.

「적부」와 『여씨춘추』「정명」편의 문장은 다소간 차이가 있다. 이 이야기가 「적부」의 단락 [2] 뒤에 덧붙어져 있는 이유는 아마도 『한서』「예문지」에서 "『윤문자』는 1편이다."라고 한 아래에 "제선왕에게 유세하였으며, 공손룡보다 앞서 있다."라고 한 구절 때문인 것 같다.[33] 이야기 속에서 윤문의 말은 『여씨춘추』「정명」편의 주요 내용을 이루고 있다. 이 내용을 어떤 호사가가 「적부」편 앞의 이야기와 합치고, 다시 「적부」에 집어넣은 것이 아닐까 한다. 따라서 「적부」는 원래 단락 [2]의 '孔穿無以應焉'에서 끝나야 할 것이다.

위와 같은 서복관의 주장을 따르면, 「적부」에 드러나 있는 공손룡과 윤문의 관계는 후대인의 조작이다. 그렇다면 윤문의 주장이 과연 공손룡의 것과 같은지 따져 봐야 한다. 필자가 보기에, 만약 이 둘이 사상 계열이 다른 주장이라면 서복관의 주장은 일리가 있다. 즉, 「적부」의 단락 [3]은 완전히 공손룡을 이해하지 못한 후대인이 첨가한 것이 맞을 것이다. 그러나 한편 또 하나의 가능성은, 실제로 공손룡이 윤문의 논리를 자신의 주장을 뒷받침하기 위해 적극적으로 활용했을 수도 있다는 점이다. 앞 단락에서 공손룡이 공천과는 당시 학술의 계열이 차이가 있어도, 공자의 말을 인용하여 자신의 논리를 증명하려고 한 것처럼 말이다. 그래서 서복관과 달리 담계보는 윤문을 공손룡처럼 등석(鄧析) 등의 형명가(形名家) 계열을 계승하는 사상가로 보고 있다.[34] 만약 그렇다면 윤문의 이야기가 이곳에 섞여 있는 것이 이상할 이유는 없다. 게다가 『공총자』에도 윤문의 이야기가 포함

33 『漢書』「藝文志」: "尹文子一篇. 說齊宣王, 先公孫龍."

34 譚戒甫, 104-113쪽.

되어 있으니, 공손룡과 공천의 만남을 기술하는 기록에서 처음부터 함께 있었을 가능성도 배제할 수는 없을 것이다.

참고자료

『공총자(孔叢子)』「공손룡(公孫龍)」[35]

公孫龍者, 平原君之客也. 好刑名, 以白馬爲非(白)[36]馬. 或謂子高[37]曰, 此人小辨而毁太道, 子盍往正諸. 子高曰, 大道之悖, 天下之交往也. 吾何病焉. 或曰, 雖然, 子爲天下故往也.

子高適趙, 與龍會平原君家, 謂之曰, 僕居魯, 遂聞下風而高先生之行也. 願受業之日久矣. 然所不取於先生者, 獨不取先生以白馬爲非(白)馬爾. 誠去非白馬之學, 則穿請爲弟子. 公孫龍曰, 先生之言, 悖也. 龍之學, 正以白馬非(白)馬者也. 今使龍去之, 則龍無以教矣. 令龍爲無以教而乃學於龍, 不亦悖乎. 且夫學於龍者, 以智與學不逮也, 今教龍去白馬非(白)馬, 是先教也而後師之, 不可也. 先生之所教龍者, 似齊王之問尹文也. 齊王曰, 寡人甚好士, 而齊國無士. 尹文曰, 今有人於此, 事君則忠, 事親則孝, 交友則信, 處鄕則順, 有此四行者, 可謂士乎? 王曰, 善. 是眞吾所謂士者也. 尹文曰, 王得此人, 肯以爲臣乎? 王曰, 所願, 不可得也. 尹文曰, 使此人於廣庭大衆之中, 見侮而不敢鬬, 王將以爲臣乎. 王曰,

---

35 여기에서는 公孫龍과 관련된 문단만을 번역하여 제시하였다.

36 원문에는 이곳에 '白'자가 더해져 있으나, '白馬非白馬'가 아니라 '白馬非馬'가 올바른 것으로 생각된다. 따라서 이하 '(白)'이라고 괄호 안에 넣어서 표기하고 '白'의 뜻을 빼고 번역한다.

37 子高는 孔穿의 字이다. 그는 孔箕의 아들이며 孔伋, 즉 공자의 손자로 알려진 子思의 玄孫이다.

夫士也, 見侮而不鬪, 是辱則寡人不以爲臣矣. 尹文曰, 雖見侮而不鬪, 是未失所以爲士也. 然而王不以爲臣, 則鄕所謂士者, 乃非士乎. 夫王之令, 殺人者死, 傷人者刑, 民有畏王令, 故見侮終不敢鬪, 是全王之法也, 而王不以爲臣, 是罰之也. 且王以不敢鬪爲辱, 必以敢鬪爲榮, 是王之所賞, 吏之所罰也. 上之所是, 法之所非也. 賞罰是非, 相與曲謬, 雖古黃帝固所不能治也. 齊王無以應. 且白馬非(白)馬者, 乃子先君仲尼之所取也. 龍聞楚王張繁弱之弓, 載忘歸之矢, 以射蛟兕於雲夢之圃, 反而喪其弓. 左右請求之, 王曰, 止也. 楚人遺弓, 楚人得之, 又何求乎. 仲尼聞之曰, 楚王仁義而未遂. 亦曰人得之而已矣, 何必楚乎. 若是者, 仲尼異楚人於所謂人也. 夫是仲尼之異楚人於所謂人, 而非龍之異白馬於謂馬, 悖也. 先生好儒術而非仲尼之所取也, 欲學而使龍去所以教, 雖百龍之智, 固不能當前也. 子高莫之應, 退而告人曰, 言非而博, 巧而不理, 此固吾所不答也.

異日, 平原君會衆賓, 而延子高. 平原君曰, 先生聖人之後也, 不遠千里來顧臨之, 欲去夫公孫子白馬之學. 今是非未分, 而先生翻然欲高逝, 可乎? 子高曰, 理之至精者, 則自明之. 豈任穿之退哉. 平原君曰, 至精之說, 可得聞乎. 答曰, 其說皆取之經傳, 不敢以意. 春秋記六鶂退飛, 覩之則六, 察之則鶂. 鶂猶馬也, 六猶白也, 覩之得見其白, 察之則知其馬. 色以名別, 內由外顯, 謂之白馬, 名實當矣. 若以絲麻加之女工爲緇, 素青黃, 色名雖殊, 其質則一. 是以詩有素絲, 不曰絲素. 禮有緇布, 不曰布緇. 驪牛[38]玄武, 此類甚衆, 先舉其色, 後名其質, 萬物之所同, 聖賢之所常

---

38 원문에는 '牛' 편방에 '麗'가 결합된 글자이지만, 『莊子』「天下」편에 '黃馬驪牛三'이라는 구절이 있는 것으로 보아, '驪牛(검은 소)'라는 말이 아닐까 하여 '驪'자로 고치고

也. 君子之謂貴當物理, 不貴繁辭, 若尹文之折齊王之所言, 與其法錯故也. 穿之所説於公孫子, 高其智, 悦其行也. 去白馬之説, 智行固存, 是則穿未失其所師者也. 稱此云云, 沒其理矣. 是楚王之言, 楚人亡弓, 楚人得之, 先君夫子探其本意, 欲以示廣其實, 狹之故曰不如亦曰人得之而已也. 是則異楚王之所謂楚, 非異楚王之所謂人也. 以此爲喩, 乃相擊切矣. 凡言人者, 總謂人也. 亦猶言馬者, 總謂馬也. 楚自國也, 白自色也, 欲廣其人, 宜在去楚, 欲正名色, 不宜去白. 忱察此理, 則公孫之辨, 破矣. 平原君曰, 先生言於理, 善矣. 因顧謂衆賓曰, 公孫子能答此乎? 燕客史由對曰, 辭則有焉, 理則否矣. 公孫龍又與子高記論於平原君所, 辨理至於臧三耳. 公孫龍言臧之三耳, 甚辨析. 子高弗應, 俄而辭出.

明日復見平原君, 曰, 疇昔公孫之言, 信辨也, 先生實以爲何如? 答曰, 然幾能臧三耳矣. 雖然實難, 僕願得又問於君, 今爲臧三耳, 甚難而實非也, 謂臧兩耳, 甚易而實是也. 不知君將從易而是者乎, 亦從難而非者乎? 平原君弗能應. 明日謂公孫龍曰, 公無復與孔子高辨事也. 其人理勝於辭, 公辭勝於理, 辭勝於理, 終必受詘.

번역

공손룡은 평원군의 객이었다. '刑名'(논변)을 좋아하여, '白馬'를 '馬'가 아니라고 주장하였다. 어떤 사람이 자고(子高: 공천)에게 말하였다. "이 사람은 변론을 좀 잘한다 하여 대도를 어지럽히고 있습니다. 어

번역한다.

째서 그대가 가서 바로잡아 주지 않으십니까?" 자고가 대답하였다. "대도가 어그러진 것은 온 세상이 두루 그렇게 되어 버린 탓인데, 내가 어찌 그것을 안타깝게 여기리오." 어떤 사람이 대답했다. "그렇기는 하지만, 그대는 온 세상을 위하는 사람이니, 그에게 가 보시지요."

자고가 조(趙)나라로 가서 평원군의 집에서 공손룡을 만났다. 그에게 말하기를, "제가 노(魯)나라에 있을 때 소문을 익히 들어 선생의 행실이 높다는 것을 알고 있었고, 수업을 들어 보고자 한 지 오래되었습니다. 그러나 선생에게서 취하고 싶지 않은 것이 있으니, 유독 선생께서 '白馬'를 '馬'가 아니라고 하신 주장입니다. 만약 '白馬'의 학술을 없애 주신다면 제가 진심으로 제자 되기를 청하겠습니다."라고 하였다.

공손룡은 다음과 같이 대답하였다. "선생의 말씀은 잘못된 것입니다. 저의 학술은 바로 '白馬非馬論'이기 때문입니다. 이제 만약 저에게 그것을 없애라고 한다면 저는 가르칠 것이 없습니다. 저에게 가르칠 것이 없는데도 계속 저에게 배우려고 한다는 것은 잘못된 일이 아니겠습니까? 또한 저에게 배우고자 하는 사람은 대체로 지능과 학식이 모자라야 하는데, 배우려는 자가 우선 저에게 '白馬非馬論'을 제거하라고 가르치려 한다면, 이는 먼저 가르치고 그 후에 저를 스승으로 삼겠다는 것이니, 옳지 않습니다.

선생께서 제게 가르치려고 한 것은 제왕(齊王)이 윤문에게 물었던 것과 같습니다. 제왕이 말하였습니다. '과인은 선비(士)를 대단히 좋아하는데, 제나라에는 선비가 없구나.' 윤문이 물었습니다. '여기 어떤 사람이 있어서 군주를 섬기는 일은 충성스럽고 어버이를 섬기는 일은 효성스러우며 친구를 사귐에 신의가 있고 마을에서 거처함에 순종스럽다면, 이런 네 가지 덕행을 가진 이를 선비라고 말할 수 있을까요?' 왕은 '좋구나! 그 사람이 진짜 내가 말하는 선비다.'라고 하였습니다. 윤문이 다시 '왕께서 그런 사람을 얻으면 신하로 삼으시겠습니까?'라고 묻자, 왕은 '진실로 원하지만 얻을 수가 없구나!'라고 대답하였습니다. 윤문이 다시 물었습니다. '만약 그 사람이 넓은 뜰에 많은 사람들이 모인 가운데에서 모욕을 당하고도 감히 싸우지 못한다면, 왕께서 그를 신하로 삼으시겠습니까?' 왕이 대답하였습니다. '무릇 선비라면 수모를 당하고 싸우지 않음은 욕스러운 일이니, 과인은 그를 신하로 삼지 않을 것이다.' 윤문이 답하였습니다. '수모를 당하고도 싸우지 않음은 아직 선비다움을 잃지 않은 것입니다. 그러나 왕께서 그를 신하로 삼지 않으신다 하시니, 아까 선비라고 말씀하신 것은 선비가 아닌 것인지요. 왕께서 명령을 내리시기를, 사람을 죽인 자에게는 죽임을 내리고, 사람을 상해한 자는 형벌을 준다고 하셔서 백성들은 왕의 명령이 두려워 수모를 당해도 끝내 감히 싸울 수가 없습니다. 이는 왕의 법령을 온전하게 하려는 것인데도 왕께서 그를 신하 삼지 않으신다면, 이는 그를 벌주는 것입니다. 또한 왕께서 감히 싸우지 않음을 욕스러운 일로 여기신다면, 반드시 용감하게 싸우는 일이 영광스러운 일이 될 터이니, 이는 왕께서 상을 주시는 일이 관리들은 벌을 주어야 하는 일이 되어 버립니다. 위에서는 옳다 하지만, 법에서는 그르다고 합니다. 상벌과 시비가 서로 얽혀 잘못되면 상고 시대의 황제(黃帝)라도 다스릴 수가 없을 것입니다.' 제왕은 대답할 수가 없었습니다.

그리고 '白馬非馬論'은 그대의 선조이신 공자(中尼)께서도 취했던 것입니다. 저는 이런 이야기를 들었습니다. 초왕(楚王)이 활시위를 당겨 화살을 얹어서, 운몽(雲夢)의 사냥터에서 동물을 쏘았는데, 돌아오다가 그만 활을 잃어버렸습니다. 주위의 신하들이 찾으려고 하자 왕이 말하기를 '그만두어라. 초나라 사람이 활을 잃었으면 초나라 사람이 그것을 얻을 텐데 굳이 무엇을 찾겠는가.'라고 하였습니다. 공자가 그 말을 듣고 말하였습니다. '초왕은 인의(仁義)를 가졌으나 아직 완성되지 않았구나. 그냥 사람이 얻을 것이라고만 하면 되었지, 굳이 초나라를 언급하였는가.' 그처럼 말하였다면, 공자도 초나라 사람과 사람을 구별한 것입니다. 공자가 초인을 인과 구별한 것은 옳다 여기면서도, 제가 '白馬'를 '馬'와 구별한 것은 틀렸다고 여기는 것은 잘못된 것입니다. 선생은 유가의 학술을 좋아하지만 공자가 취한 것을 비난한 셈이고, 배우고자 하면서도 제게 가르칠 것을 없애려고 하였으니, 저의 지혜를 백 배나 더하여도 그대를 당할 수는 없습니다."

자고는 그 말에 응대하지 못하였다. 물러나와 다른 사람에 말하기를 "그의 말이 잘못되었으나 비유가 넓고, 교묘하게 둘러대었으나 이치에 닿지 않는다. 그래서 내가 답하지 않은 것이다."라고 하였다.

다른 날에 평원군이 여러 손님들을 모아 놓고 자고를 초대하였다. 평원군이 말하였다. "선생은 성인의 후손으로 천리를 멀다 않고 제게 찾아오셔서, 공손룡의 '白馬'의 학술을 제거하고자 하십니다. 그런데 시비가 아직 가려지지 않았는데, 선생께서 홀연히 고고하게 떠나려 하신다면 옳은 일인지요?" 자고가 대답하였다. "이치가 지극히 정확한 것은 스스로 밝혀집니다. 어찌 제가 물러나는 것을 탓하시는지요."

평원군이 말했다. "지극히 정확하다는 설명을 들어 볼 수 있을까요?" 자고가 다음과 같이 대답하였다. "그 설명은 모두 경전에서 취하는 것이며, 감히 제 뜻으로 하는 것이 아닙니다. 『춘추(春秋)』에 '여섯 마리 물새가 날아서 물러난다(六鶂退飛)'고 기록되어 있는데, 그것을 보니 여섯 마리였고 세밀히 관찰하니 물새였습니다. 물새는 '馬'와 같고 여섯은 '白'과 같습니다. 보아서 흰색을 얻고 자세히 관찰하니 '馬'인 것을 알게 됩니다. 색은 그 이름으로 구별하고 안에 들어 있는 것은 밖으로 드러나서 그것을 '白馬'라고 부르게 되면, 이름과 실상은 들어맞습니다(名實當). 만약 삼마실을 여자 직공에게 주어서 검은 비단을 짜게 한다면, 실은 청색과 황색으로 그 이름이 비록 다르더라도 그 바탕(質)은 같습니다. 그 때문에 『시(詩)』에 흰실(素絲)이라는 말은 있어도 실이 희다(絲素)고는 하지 않고, 『예(禮)』에 검은 베(緇布)라고는 해도 베가 검다(布緇)고는 하지 않습니다. 검은 소(驪牛)는 검다(玄武) 등과 같이 그런 예는 매우 많습니다. 먼저 그 색을 들고 그 바탕을 이름 붙이는 것은 만물이 모두 그러하고 성현도 올바르게 여기는 것입니다(萬物之所同, 聖賢之所常). 군자들은 사물의 이치에 마땅한 것을 귀하게 여기고, 번거롭게 언사를 구사하는 것을 귀하게 여기지 않는다 했습니다.

윤문이 제왕의 말에 대해서 제어한 것은 그 법이 잘못되었기 때문입니다. 제가 공손룡을 좋아했던 것은 그의 지혜를 높이 받들고 그 행실을 기뻐했기 때문이었습니다. 그에게서 '白馬'의 학설을 없애더라도 그의 지혜와 행실은 여전히 남아 있을 테니 그래서 제가 그를 스승으로 삼고자 하는 뜻을 잃지 않았던 것입니다. 그러나 그가 그때 그렇게 말했던 것은 이치를 잃은 것입니다. 초왕의 말, 즉 '초인이 활을 잃었는데 초인이 얻으리라.' 한 것에 대해, 선조이신 공자께서는 그의 본뜻을 헤아려 실제를 넓혀 보이고자 하신 것입니다. 초왕이 그것을 좁혀서 말하였기에 그냥 '사람이 얻으리라.'고 말하느니만 못하다고 말씀하신 것입니다. 이는 초왕이 말한 '楚'를 구별하자는 것이지, 초왕이 말한 사람을 구별하자는 것이 아닙니다. 그러나 이렇게 비유를 계속하게 되면 서로 공격하는 일만 격렬해질 것입니다. 대체로 사람을 말하면 함께 묶어서 사람을 말하는 것〔總謂人〕이고 말을 말할 때 함께 묶어서 말을 말하는 것〔總謂馬〕과 같습니다. 초는 애초에 나라이고, '白'은 애초에 색깔이니, 초의 사람을 넓히려면 '楚'를 제거하는 것이 맞고, 색의 이름을 바로잡으려면 '白'을 제거하는 것은 맞지 않습니다. 이런 이치를 깊이 살핀다면 공손룡의 논변은 깨어질 것입니다."

평원군이 말하기를, "선생의 말씀은 이치에서 아주 훌륭하군요." 라고 하면서, 모인 손님들을 돌아보며 "공손룡이 이것에 답할 수 있을까요?"라고 물었다. 연(燕)나라 객인 사유(史由)가 대답하였다. "논변의 말은 갖출 수 있겠으나 이치에 맞추기는 힘들 것 같군요." 공손룡이 다시 자고와 평원군이 있는 곳에서 논변을 벌였다. 변론이 '臧三耳'에까지 이르렀다. 공손룡이 '장(臧)에게는 귀가 세 개 있다.'라고 변론하였는데 대단히 분석적이었다. 자고는 그에 응하지 않고 잠시 후에 논변을 사양하고 나가 버렸다.

그 다음 날 평원군을 만났는데, 평원군이 다시 물었다. "어제 공손룡이 말한 것은 진실로 변론을 잘한 것이더군요. 그런데 선생은 실제는 어떻다고 생각하시오?" 자고가 대답하였다. "아마도 장에게 귀가 세 개 있을 수 있겠지요. 그러나 비록 그렇더라도 실제를 밝히기는 어려우니 제가 또다시 군에게 묻겠습니다. 지금 장에게 귀가 세 개인데 그것을 변론하기는 지극히 어렵고, 실제로도 아닙니다. 그런데 장에게 귀가 두 개 있다고 하면 대단히 쉽고, 실제로도 맞습니다. 군께서는 쉽고 옳은 것을 따르겠습니까, 아니면 어렵고 아닌 것을 따르겠습니까?" 평원군은 그 질문에 대답하지 못하였다. 다음날 평원군이 공손룡에게 말하였다. "공께서는 더 이상 자고와 변론하지 마시오. 그는 이치가 언사보다 뛰어나고, 공은 언사가 이치보다 뛰어납니다. 언사가 이치보다 뛰어나면 끝내는 쫓겨나게 될 것입니다."

『여씨춘추(呂氏春秋)』「선식람(先識覽)」「정명(正名)」[39]

尹文見齊王. 齊王謂尹文曰, 寡人甚好士. 尹文曰, 願聞何謂士. 王未有以應. 尹文曰, 今有人於此, 事親則孝, 事君則忠, 交友則信, 居鄉則悌, 有此四行者, 可謂士乎? 齊王曰, 此眞所謂士已. 尹文曰, 王得若人, 肯以爲臣乎? 王曰, 所願而不能得也. 尹文曰, 使若人於廟朝中, 深見侮而不鬪, 王將以爲臣乎? 王曰, 否. 大夫見侮而不鬪, 則是辱也. 辱則寡人弗以爲臣矣. 尹文曰, 雖見侮而不鬪, 未失其四行也. 未失其四行者, 是未失其所以爲士一矣. 未失其所以爲士一, 而王以爲臣, 失其所以爲士一, 而王不以爲臣, 則嚮之所謂士者乃士乎?[40] 王無以應. 尹文曰, 今有人於此, 將治其國, 民有非則非之, 民無非則非之, 民有罪則罰之, 民無罪則罰之, 而惡民之難治, 可乎? 王曰, 不可. 尹文曰, 竊觀下吏之治齊也, 方若此也. 王曰, 使寡人治, 信若是, 則民雖不治, 寡人弗怨也. 意者未至然乎? 尹文曰, 言之不敢無說. 請言其說. 王之令曰, 殺人者死, 傷人者刑. 民有畏王之令, 深見侮而不敢鬪者, 是全王之令也, 而王曰見侮而不敢鬪, 是辱也. 夫謂之辱者, 非此之謂也, 以爲臣不以爲臣者罪之也, 此無罪而王罰之也.[41] 齊王無以應.

---

39 전문은 아니며 「跡府」와 관련된 것만 발췌하여 번역한 것이다.

40 '未失其四行者, 是未失其所以爲士一矣. 未失其所以爲士一, 而王以爲臣, 失其所以爲士一, 而王不以爲臣, 則嚮之所謂士者乃士乎'는 중복되고 잘못된 글자가 많다. 문맥에 따라 '未失其四行者, 是未失其所以爲士矣. 未失其所以爲士, 而王一以爲臣, 一不以爲臣, 則嚮之所謂士者乃非士乎'로 고치고 번역한다.

41 '夫謂之辱者, 非此之謂也, 以爲臣不以爲臣者罪之也, 此無罪而王罰之也'는 누락되거나 잘못된 구절이 많다. 「跡府」의 문장을 참고하여 '夫謂之辱者, 非之也. 此無非而王非之也. 因除其籍, 不以爲臣, 不以爲臣者, 罪之也, 此無罪而王罰之也'로 고치고 번역하였다.

번역

윤문이 제왕을 만났다. 제왕이 윤문에게 말하였다. "과인은 선비〔士〕를 매우 좋아합니다." 윤문이 대답하였다. "어떤 이를 두고 선비〔士〕라고 말하시는지 듣고 싶습니다." 왕은 그 말에 응답하지 못하였다.

그러자 윤문이 말하였다. "여기에 어떤 사람이 있습니다. 어버이를 섬기기에 효성스럽고, 군주를 섬기기에 충성스러우며, 벗을 사귀기에 신의가 있으며, 마을에 사는 사람들에게 공경스럽게 대합니다. 이런 네 가지 행실을 갖춘 사람이라면 선비라고 할 수 있을까요?" 제왕이 대답하였다. "그것은 바로 제가 말한 선비이겠군요."

윤문이 다시 물었다. "왕께서 만약 그런 사람을 얻는다면, 기꺼이 신하로 삼으시겠습니까?" 왕이 대답했다. "과인이 원하는 바이지만, 그런 사람을 얻을 수가 없군요." 윤문이 말하였다. "만약 그런 사람이 조묘와 조정에서 심하게 모욕을 당했는데도 싸우려 들지 않는다면, 그래도 왕께서는 그를 신하로 삼으시렵니까?" 왕이 대답했다. "아닙니다. 대장부가 모욕을 당하고도 싸우지 않는 것은 치욕스러운 일이지요. 치욕스러운 사람이라면 과인은 그를 신하로 삼지 않을 것입니다." 윤문이 말하였다. "비록 모욕을 당하고도 싸우지는 않았지만, 그는 여전히 (앞에서 말한) 네 가지 행실을 잃지는 않았습니다. 이 네 가지 행실을 잃지 않았다면, 이는 그가 선비가 되는 방도를 아직 잃지 않은 것입니다. 선비가 되는 방도를 아직 잃지 않았는데도, 왕께서는 한 번은 신하로 삼겠다고 하시고, 한 번은 신하로 삼지 않겠다고 하시면, 아까 처음 말씀하신 선비는 선비가 아닌가요?" 왕은 응답할 수가 없었다.

윤문이 말하였다. "지금 여기 어떤 사람이 있습니다. 그가 장차

나라를 다스리려고 할 때 백성에게 잘못이 있어서 그것을 비난하고 백성에게 잘못이 없는데도 그것을 비난하며, 백성에게 죄가 있어서 그것을 벌하고 백성에게 죄가 없어도 그것을 벌한다면, 그러면서도 백성들을 다스리기 힘들다고 싫어한다면, 그것이 옳은 일일까요?" 왕이 대답했다. "옳지 않습니다." 윤문이 말하였다. "제가 살펴보니, 아래 관리들이 제나라를 다스리는 일이 바로 그와 같습니다." 왕이 말하였다. "만약 과인이 나라를 다스리는 것이 진실로 그와 같다면, 백성들이 비록 다스려지지 않더라도 과인은 결코 원망하지 않을 것이오. 그런데 아직 그런 지경에까지 이른 것은 아니겠지요?" 윤문이 대답하였다. "말을 해 놓고 감히 그것을 설명해 드리지 않을 수는 없군요. 그 말을 설명해 드리기를 청합니다. 왕이 내린 명령에, 사람을 죽인 자는 죽이고 사람을 상해한 자에게는 형벌을 내린다고 하였습니다. 백성들은 왕의 명령을 두려워하여, 심하게 모욕을 당해도 감히 싸우지 않는 이가 있는데, 이는 왕의 명령을 온전히 따르기 때문입니다. 그런데도 왕께서는 모욕을 당해도 감히 싸우지 않으니 그것은 치욕스러운 일이라고 말씀하셨습니다. 무릇 그것을 일컬어 치욕스럽다 한 것은 그 행위를 비난하는 것입니다. 그에게는 비난할 것이 없는데도 왕께서는 그를 비난하시고, 그의 명단을 없애고 그를 신하로 삼지 않습니다. 신하로 삼지 않는다는 것은 그에게 죄를 주는 것입니다. 그것은 그에게 죄가 없는데도 왕께서 그를 벌주는 것이 됩니다." 제왕은 그 말에 응답하지 못하였다.

2. 백마론(白馬論)

간략 해제

「백마론」은 다음과 같은 다섯 개의 논점으로 구성되었다는 데에 연구자들의 의견이 대체로 일치한다. 첫째, '命色'과 '命形'은 같지 않다. 둘째, '白馬'를 구하는 것은 '馬'를 구하는 것이 아니다. 셋째, '馬에 白을 함께 가진 馬(馬與白馬)'는 그냥 '馬'가 있는 것으로 여겨질 수 없다. 넷째, '白馬'가 있는 것을 '馬'가 있는 것으로 여기면서도 '白馬'가 있는 것을 곧 '黃馬'가 있는 것으로 여기는 것이 틀렸다고 한다면, 이것은 앞뒤가 어긋나는 이야기이다. 다섯째, 색이 정해지지 않은 말(無去取於色)은 색이 정해진 말(有去取於色)과 같지 않다.[1] 이하에서는 위의 논점에 따라 「백마론」의 본문을 크게 다섯 단락으로 나누어 번역하고 해설하였다.

---

1 Chung-ying Cheng, "Philosophical Significance of Gongsun Long: A New Interpretation of Theory of Zhi as Meaning and Reference", *Journal of Chinese Philosophy* 24, 1997, pp.139-177 참조.

白馬論

[1]

반론자: 白馬非馬, 可乎?

공손룡: 曰, 可.(1)

반론자: 曰, 何哉?

공손룡: 曰, 馬者, 所以命形也. 白者, 所以命色也. 命色者, 非命形也. 故曰, 白馬非馬.(2)

【 교감 】 담계보는 '命色者, 非命形也'를 '命色形非命形也'와 같이 바꾸어야 한다고 하였다.[2]

번역

반론자: 白馬는 馬가 아니라고 하는데, 그것이 가능한가?

공손룡: 가능하다.

반론자: 무엇 때문인가?

공손룡: '馬'는 그것으로 형태를 이름 붙인 것(命形)이다. '白'은 그것으로 색채를 이름 붙인 것(命色)이다. 색채를 이름 붙인 것(命色)은 형태를 이름 붙인 것(命形)이 아니다. 그러므로 白馬는 馬가 아니라고 한 것이다.

2 譚戒甫, 24-31쪽. 이하 「白馬論」에 나오는 譚戒甫의 주석은 출처가 동일함.

주석

(1) 사희심의 주석은 다음과 같다. "무릇 微言을 드러내어 王道를 밝힐 때에는, 모두 묻는 말과 대답하는 말을 세워서 주고받게 한다. 하나의 물건을 빌려서 만물 변화의 기본으로 삼으며, 말로 논의하는 것에 기대어 상대와 나의 오류를 바로잡는다. 그러므로 (이곳은) '白馬'를 들어서 '같고 다름〔同異〕'이 섞여 있음을 보인 것이다."[3]

사희심에 의하면, 우선 이곳은 반론과 대답으로 구성되어 있고, 상대와 나의 오류를 바로잡기 위하여 '白馬'를 들어서 무엇이 같고 다른지 보여 주려고 한 것이다.

서복관은 「백마론」이 「견백론」에서 말한 "(만물은) 따로 떨어져 있기 때문에 바르다〔獨而正〕."라는 주장의 중요한 예증이라고 분석한다.[4]

아사노 유이치는 이곳의 문답에서, '白馬'가 '馬'가 아니라는 주장은 어떻게 성립할 수 있는가 하는 질문을 제기하여 객이 논전을 시작하자, 먼저 공손룡은 그것이 성립 가능하다고 응납하였다고 풀이한다.[5]

(2) 사희심의 주석은 다음과 같다. "馬形이라는 것은 만물의 형태를 비유하는 것으로, 모두 바탕으로 쓰이는 것이다. 馬色이라는 것은 '만물의 갖가지 유'에 두루 해당하는 것으로, 각각 가까움과 멂〔親疎〕이

---

3 謝希深注: "夫闡微言明王道, 莫不立賓主, 致往復. 假一物以爲萬化之宗, 寄言論而齊彼我之謬. 故擧白馬以混同異."

4 徐復觀, 7-12쪽. 이하 「白馬論」에 나오는 徐復觀의 주석은 출처가 동일함.

5 浅野裕一, 『古代中國の言語哲學』, 東京: 岩波書店, 2003, 95-124쪽. 이하 「白馬論」에 나오는 浅野裕一의 주석은 출처가 동일함.

있다. 그것을 가지고 만물을 길러주면 天下가 귀의하지만, 親踈를 마음에 두고 다른 사람을 대하면 海內가 반발한다. 비유하자면 색을 떼어 내고 馬를 명명하면〔離色命馬〕 여러 말이 대응하게 되지만, 白을 고집하면서 馬를 구하면〔守白求馬〕 오직 白馬만을 얻을 수 있는 것과 같다. 따라서 형태를 명명하고서도 오직 백색 하나를 고집하려는 것은 여러 말이 (대응하도록) 명명하는 것이 아니다."[6]

서복관은 공손룡이 '白馬'라는 말에 '命色'과 '命形'의 두 가지 뜻이 겸해 있다고 여긴다고 풀이한다. '馬'는 '命形'의 말일 뿐이니, 만약 '白馬'를 '馬'로 여긴다면 '色+形=形'이 되어서 등호가 성립할 수 없다. 그러므로 '白馬非馬'의 형식은 '白(色)+馬(形)≠馬'가 된다고 분석한다.

아사노 유이치도 대체로 유사한 견해를 보이는데, 그는 다음과 같이 설명한다. 반론자가 '白馬非馬論'의 성립 근거를 묻자 공손룡은 다음과 같이 논거를 제시한다. '馬'는 형상을 구별하기 위한 명칭이고, 이것에 대하여 '白'은 색채를 구별하기 위한 명칭이다. 색채를 명명한 '白'과 형상을 명명한 '馬'는 동일하지 않다. 그러므로 '白馬는 馬가 아니다'. 이 설명에서는 '所以命形-馬'와 '所以命色-白'의 차이가 '白馬非馬'라는 결론으로 직결된다. 공손룡의 의도는 '白'과 '馬'가 서로 인식의 위상을 달리한 독립적인 개념이므로 '馬' 개념 중에는 '白' 개념이 포함되지 않는다는 것을 지적하려는 것이다. 그렇다면 '白馬' 개념은 '馬' 개념과 '白' 개념에 의한 복합 개념이며, 한편으로 '馬' 개념은 색채

6 謝希深注: "馬形者, 喻萬物之形, 皆材用也. 馬色者, 況萬物種類, 各有親踈也. 以養萬物, 則天下歸, 存親踈以待人, 則海內叛. 譬如離色命馬, 衆馬斯應, 守白求馬, 唯得白馬. 故命形而守一白色者, 非命衆馬也."

개념을 포함하지 않는 형상에 의한 단일 개념이기 때문에 필연적으로 '白馬' 개념과 '馬' 개념은 다르다는 결론이 도출된다.

해설

사회심은 '馬' 범위의 넓고 좁음을 '衆馬'와 '白馬'로 나누어 설명한다. 사회심에 의하면, 애초에 '馬'라는 형태는 우리가 논하게 될 바탕 재질로서의 사물을 비유한다. 그런데 색은 모든 유(類)에 해당되지만, 사람마다 좋아하는 바와 싫어하는 바(親踈)로 나뉜다. 통치자가 그것을 잘 맞추어 정치를 하면 사람들이 귀의하지만, 어느 하나를 고집하면 세상에서는 반발이 거세어진다. 그래서 '衆馬'라고 넓게 호칭하는 것과 '白馬'를 고집하는 것은 같은 것이 아니라는 것이다.

필자가 보기에는, 서복관의 분석은 옳지 않다. 왜냐하면 공손룡의 의도 속에서 색과 형은 그렇게 자명한 등호 관계로 성립되어 있지 않기 때문이다. 공손룡은 색이 더해진 형을 형이 아니라고 여겼다기보다는, 색을 지정해서 부르는 것과 색을 지정하지 않고 부르는 것이 같지 않다고 여긴 것이다. 물론 아사노 유이치처럼 색채성과 형상성을 추상화하여 논의하면 이 단락이 수월하게 해석되는 점이 있다. 그러나 공손룡의 '命色'과 '命形'은 '命白馬'와 '命馬'를 구분하려는 것에서 나온 것이지, '色의 추상성'과 '馬의 형상성'에 초점이 있는 것 같지는 않다. 필자가 살펴본 바에 의하면, 공손룡은 '白馬'가 곧 '命色의 이름'이라고 규정한 적이 없다. '命色'과 '命形'이 다르므로 어느 한쪽이 다른 한쪽을 포함할 수 없고 그래서 합해진 이름 '白馬'는 단일한 이름 '馬'와는 다르다는 것이다. 아사노 유이치의 '단일 개념과 복합 개념'

논의는 재고할 여지가 많다.

[2]

반론자: 曰, 有白馬, 不可謂無馬也. 不可謂無馬者, 非馬也?[7] 有白馬爲有馬, 白之非馬, 何也?[8](1)

공손룡: 曰, 求馬, 黃·黑馬皆可致. 求白馬, 黃·黑馬不可致.[9] 使白馬乃馬也, 是所求, 一也, 所求一者, 白者不異馬也.[10] 所求不異, 如黃·黑馬, 有可有不可, 何也? 可與不可, 其相非明. 故黃·黑馬, 一也, 而可以應有馬, 而不可以應有白馬, 是白馬之非馬, 審矣.[11](2)

【 교감 】 유월은 반론자의 '非馬也'에서 '也'를 '耶'로 풀이해야 한다고 하였다. 서복관은 '白之'의 '之'자는 '馬'자가 잘못된 것이라고 하면서, '白之非馬'는 '白馬非馬'가 되어야 한다고 주장하였다. 또한 유월은 공손룡의 말인 '所求一'에서 '一'은 '不異'라는 말과 같다고 하였다. 담계보는 '而可以應有馬'의 '而'는 '乃'와 같은 뜻이라고 하였다.

---

7 주석 (1)의 謝希深注 ①이 붙은 곳이다.
8 주석 (1)의 謝希深注 ②가 붙은 곳이다.
9 주석 (2)의 謝希深注 ①이 붙은 곳이다.
10 주석 (2)의 謝希深注 ②가 붙은 곳이다.
11 주석 (2)의 謝希深注 ③이 붙은 곳이다.

번역

반론자: 白馬가 있다면 馬가 없다〔無馬〕고 말할 수 없다. 馬가 없다고 말할 수 없는데, (그러면 白馬는) 馬가 아닌가? (그러므로) 白馬가 있다면 馬가 있다〔有馬〕고 여기게 된다. (그런데도) 白이 있다 하여 馬가 아니라고 하는 것은 무엇 때문인가?

공손룡: 馬를 구하면, 黃馬와 黑馬가 모두 이를 수 있다. (그러나) 白馬를 구하면, 黃馬와 黑馬는 이를 수 없다. 만약 白馬가 곧 馬라면, 이것은 구하는 것〔所求〕이 같은 것〔一〕이다. 구하는 것이 같다는 것은 하얗게 여겨진 것〔白者〕(즉, 白馬)을 馬와 다르지 않게 여긴다는 뜻이다. 그런데 구하는 것이 다르지 않은데, 예컨대 黃馬와 黑馬를 (비교하여 구하는 경우에) (白馬는) 가능하지만〔可〕, (黃馬와 黑馬는) 불가한 것〔不可〕이 되니, 그것은 무엇 때문인가? '可'와 '不可'는 서로 어긋남〔相非〕이 분명하다. 그러므로 黃馬와 黑馬를 (白馬와) 같은 것으로 여기면, '馬가 있음'에는 응할 수 있다. 그러나 '白馬가 있음'에는 응할 수 없다. 이것으로 '白馬가 馬가 아님'을 분명하게 살펴볼 수 있다.

주석

(1) 사희심의 주석 ①은 다음과 같다. "이미 白馬가 있으니 馬가 없다〔無馬〕고 말할 수 없다. 그렇다면 白馬가 어떻게 馬가 아닌가."[12]

12 謝希深注 ①: "旣有白馬, 不可謂之無馬, 則白馬豈非馬乎."

사회심의 주석 ②는 다음과 같다. "(게다가) 白과 馬는 연이어 있는데, 白이 있다 하여 馬가 아니라는 것은 무엇 때문인가."[13]

유월은 '有白馬, 不可謂無馬也. 不可謂無馬者, 非馬也'에 대하여 다음과 같이 주석하였다. "非馬也는 非馬邪가 되어야 한다. 예전에는 '也'자와 '邪'자가 통용되었다. 이 문장은 논박하는 사람의 말로, 다음과 같은 뜻이다. 白馬가 있다면 無馬라고 말할 수 없다. 이미 無馬라고 말할 수 없는데 어찌 馬가 아닌가(豈非馬)."[14]

서복관 또한 '非馬也. 當作非馬耶. 古也耶通用'이라고 한 유월의 말을 인용하고 그의 교감에 찬동하였다. 그러나 서복관은 여기의 '白之非馬'에서, '白之'의 '之'는 '馬'자가 잘못된 것으로 보고 '白馬非馬'로 교정하였다. '白之非馬'는 너무 당연하여 본래부터 문제 삼을 일이 아니라는 것이다. 서복관이 해석한 반론자의 의도는 다음과 같다. 현실적으로 세상에 실제로 '白馬'가 있다. '실제로 있는 白馬'를 가지고 '馬가 없다'고 여길 수 없다. 세상에 '실제로 있는 白馬'에 대해서 '馬가 없다'고 말할 수 없으니 그것은 '馬가 있다'고 말하는 것이다. 이미 '馬가 있다'고 말한다면 어떻게 '馬'가 아니라고 말할 수 있는가? 이로부터 '白馬가 있으면 곧 馬가 있음'을 알 수 있다. 그런데 당신이 '白馬'는 '馬'가 아니라고 하는 것은 무엇 때문인가?

아사노 유이치는 다음과 같이 설명한다. 이전에 공손룡이 '白馬非馬'의 논거로서 '馬'개념과 '白'개념의 인식상 차이를 들어 놓은 것에

---

13 謝希深注 ②: "白與馬連, 而白非馬, 何故."

14 兪樾注: "樾謹按, 非馬也, 當作非馬邪. 古也邪通用. 此難者之辭. 言有白馬不可謂無馬. 既不可謂無馬, 豈非馬邪."

대하여 객은 다음과 같이 반론한다. 지금 여기 '白馬'가 존재한다면 그것을 '馬가 존재하지 않는다'고 말할 수 없다. '馬가 존재하지 않는다'고 말할 수 없는 이상, 그것이 '馬'가 아니라고 주장할 수는 없지 않은가. 이처럼 '白馬의 존재'는 동시에 '馬의 존재'를 의미하는 것이다. 그럼에도 불구하고 당신이 '白'은 '馬'가 아니라고 한 근거는 도대체 무엇인가. 반론자는 '白馬'를 '白의 속성이 내재하는 馬'로 파악한다. 그 때문에 그에게 '白'이라는 색채 개념은 잠재적으로 '馬' 개념 속에 포함되어 '白' 개념과 '馬' 개념 간에 공손룡과 같은 단절이 일어나지 않는다. 이 점을 객은 구체적인 개체로서 '白馬'의 존재를 설정하는 수법으로 논증하려는 것이다. 한 마리 '白馬'의 몸에는 '白이라는 색깔'과 '馬라는 형상'이 상호 배제되지 않고 합하여 공존한다. 이처럼 개체로서의 '白馬'가 동시에 그대로 개체로서의 '馬'인 이상, '白馬'의 '白'은 '白馬'가 '馬'인 것을 어떻게 해서도 방해할 수 없다. 즉, '命色으로서의 白'이 '馬'와는 완전히 개별적 존재로서 '白馬'와 '馬'를 나눌 수 있을 만큼 독자적으로 작용할 수 없다. 그렇다면 '白'은 본래 '馬' 개념 속에 잠재되어 있다고 생각되므로 '白'이 '馬' 가운데 포함되어 있지 않기 때문에 '白馬는 馬가 아니다'라는 논거는 성립하지 않는다. 이상이 객의 논리 전개이다. '白之非馬, 何也'의 원문에 대해 지금까지 많은 연구자들이 '白之非馬'로는 의미가 통하지 않으므로 '白' 자 다음에 '馬' 자를 보충하여 '白馬之非馬'로 교정하는 경우가 많았다. 그러나 이곳의 객의 발언은 앞의 '命色者非命形也'의 주장을 따른 반문이고, '白之非馬, 何也'를 이은 공손룡의 대답으로서 '所求一者, 白者不異馬也'라는 표현이 바로 다음에 등장한다. 더욱이 뒤에서는 '故白者非馬也'라는 공손룡의 말이 있으므로 이들 세 군데가 일관될 수 있도록 '馬' 자가 빠져서는 안 된다고 생각한다.

(2) 사희심의 주석 ①은 다음과 같다. “모든 物은 가까운 것〔親者〕이 적고 먼 것〔踈者〕이 많다. 마치 白이 여러 색깔과 (친소가 있는 것과) 같다. 그러므로 白을 떼고 馬를 구하면 황마와 흑마가 모두 이른다. 그런데 白을 가지고 馬를 명명하면 여러 색은 제거된다. 회유하는 길〔懷柔之道〕도 또한 그것에서 연유한다.”[15]

사희심의 주석 ②는 다음과 같다. “만약 가설하여 백마가 있음을 곧 ‘馬가 있는 것’으로 여긴다고 하자. 그러나 그것은 하나의 馬일 뿐인데, 그 재질〔材〕이 여러 馬와 다르지 않다고 여기게 된다. 마치 군주가 사사롭게 (가까이 하는 이)가 그 한 사람일 뿐인데, 그의 현명함이 여러 사람과 다르지 않다고 여기는 것과 같다. 사람의 마음이 한 군주에게서 항상됨을 기할 수 없으니, 마치 ‘馬形’이 하나의 색에서만 온전해지지는 않는 것과 같다. 그러므로 군주가 자기를 사랑하면 그에 아부하고 군주가 자기를 소홀하게 대하면 그에 반발한다. 어찌 자신과 친한 무리라 하여 사사로이 대하고 천하를 소홀히 할 수 있겠는가.”[16]

사희심의 주석 ③은 다음과 같다. “만약 黃馬와 黑馬 또한 각각 하나의 馬로 있고, 그것이 또한 馬가 있음과 다르지 않다고 여긴다 하자. 그러나 그것이 여러 馬가 있음에 대응할 수는 없고, 또한 白馬

---

15 謝希深注 ①: “凡物, 親者少, 踈者多. 如一白之於衆色也. 故離白求馬, 黃黑皆至. 以白命馬, 衆色成去. 懷柔之道, 亦由此也.”

16 謝希深注 ②: “設使白馬, 乃爲有馬者. 但是一馬耳. 其材不異衆馬也. 猶君之所私者, 但是一人耳. 其賢不異衆人也. 人心不常於一君, 亦猶馬形不專於一色. 故君之愛己則附之, 君之踈己則叛之, 何可私其親黨而踈於天下乎.”

가 있음에 대응할 수는 없다. 무엇 때문인가? 白은 黃이 아니고 黃은 白이 아니며, 五色은 서로 아님〔相非〕이 분명하기 때문이다. 군주가 이미 사적으로 사람을 대하면 사람들 또한 사적으로 군주를 배반할 것이니 어떻게 君命에 응하려 하겠는가. 그러므로 '白을 고집하여 馬를 命하는 것'은 '여러 馬를 이르게 할 수 있음'이 아님이 분명하다."[17]

유월은 '使白馬乃馬也, 是所求, 一也, 所求一者, 白者不異馬也'에 대하여 다음과 같이 주석하였다. "一이라는 말은 다르지 않다〔不異〕고 말하는 것과 같다. 만약 白馬가 곧 馬라면 白馬를 구하는 것은 곧 馬를 구하는 것이 된다. 그러므로 '白者不異馬'라고 한 것이다."[18] 또한 '所求不異, 如黃·黑馬, 有可有不可, 何也'에 대하여 다음과 같이 주석하였다. "이 문장의 뜻은 다음과 같다. 구하는 것이 기왕 다르지 않다면, 白馬를 구할 때 黃馬가 응해도 되고〔可〕, 黑馬가 응해도 또한 된다〔可〕. 그런데 그것은 '可함도 있고 不可함도 있는 것'만 같지 않으니, 무엇 때문인가. 그것은 白馬가 馬가 아니기 때문이다."[19]

서복관은 다음과 같이 해석한다. '白者不異馬也'의 '白者'는 구어의 '白的'과 같으니, 즉 '白馬'를 가리켜 말한 것이다. '如黃·黑馬有可有不可'의 '如'는 '而'로 해석된다. '故黃·黑馬一也'이 '一也'는 '白馬'의 경우와 같다는 뜻이다. 살펴보면 이 대답은 두 개의 층차로 나뉠 수 있

---

17 謝希深注 ③: "如黃黑馬亦各一馬, 不異馬也, 而不可以應衆馬. 不可以應白馬者, 何哉. 白非黃, 黃非白, 五色相非分明矣. 君旣私以待人, 人亦私以叛君, 寧肯應君命乎. 故守白命馬者, 非能致衆馬, 審矣."

18 兪樾注: "樾謹按, 一猶言不異也. 使白馬而卽是馬, 則是求白馬卽是求馬. 故曰, 白者不異馬也."

19 兪樾注: "樾謹按, 此言所求旣不異, 則求白馬以黃馬應可也. 以黑馬應亦可也. 而無如其有可有不可, 何也. 此白馬所以非馬也."

다. 앞의 층차는 현실에 나아가 답변하는 것이고, 뒤의 층차는 이름과 개념의 관념으로 답변하는 것이다. 그 뜻은 다음과 같다. 만약 '馬라는 이름'을 들어 '馬'를 구한다면 '갖가지 색깔의 馬'가 '馬'라는 명사 안에 모두 포괄되어 '갖가지 색깔의 馬'가 올 수 있다. 만약 '白馬라는 이름'으로 '馬'를 구하면 '白馬'는 올 수 있지만 '白馬' 이외의 말은 올 수 없다. 이것은 현실적으로 그렇다. 만약 '白馬'가 '馬'와 같다면 '求白馬'와 '求馬'는 구하는 결과가 마땅히 같아야 한다(是所求一也). 구하는 결과가 같은 것은 처음에는 '白馬'라는 말이 '馬'와 다르지 않음을 증명할 수 있다(白者不異馬也). 만약 구하는 결과가 다르지 않다면(所求不異) '갖가지 색깔의 馬'를 '馬라는 이름'으로 불러올 수 있는데 '白馬라는 이름'으로는 불러올 수 없는 이유가 무엇인가(如黃黑馬有可有不可, 何也). '可'와 '不可'의 두 개념이 상호 배척하는 것은 매우 분명하다(可與不可, 其相非明). 그러므로 '黃·黑馬'의 경우는 '白馬'의 경우와 같다. 그런데 당신의 주장에 의하면 '黃·黑馬'도 '馬가 있다'고 할 수 있다(可以應有馬). 그러나 있는 것은 '黃·黑馬'이고 '白馬가 있다'고 응대할 수 없으니(不可以應有白馬), '白馬'는 '馬'가 아님이 분명하다. 만약 이 단락을 형식논리상 전칭과 특칭의 관계로 해석한다면 '馬'는 전칭이고 '白馬'는 특칭이 된다. 그러므로 '馬'는 '모든 색이 있는 馬'를 포함할 수 있고, '白馬'는 '흰색의 馬'만을 포함하며 '흰색 이외의 馬'는 포함할 수 없다. 그러나 공손룡이 '白馬非馬'의 명제를 건립한 중점이 특칭과 전칭의 구별에 있다면, '특칭의 馬'는 '전칭의 馬'에 포함되어야 한다. 그러므로 '白馬'가 비록 '馬'의 전부는 아니지만 여전히 '馬' 가운데 하나이므로 '白馬'를 '馬'가 아니라고 할 수는 없다. 하지만 공손룡이 중점을 둔 것은 전칭과 특칭의 포함 내용이 아니라 '可與不可'의 서로 배척되는 두 가지 개념으로 '白馬非馬'를 증명하는 것이니, 곧 '白馬'와 '馬'는 각각 독립적인 개념이며 관련이 없음을 증명하려는 것이다.

아사노 유이치는 다음과 같이 해석한다. 구체적 개체로서 '白馬' 가운데에도 '白' 개념과 '馬' 개념이 중복해서 공존하는 근거를 보아 낼 수 있다는 객에 대항하여, 공손룡은 '白' 개념이 '馬' 개념 중에 포함되지 않으므로 '白馬'가 '馬'와 동일하지 않다는 것을 이번에는 '집합론'적으로 논증하려고 시도한다. '馬'를 구하는 경우에는 '黃馬'와 '黑馬'도 모두 연결되어 올 수 있다. 그런데 '白馬'를 구하는 경우에는 '黃馬'와 '黑馬'는 연결되어 올 수 없다. 만약 '白馬'가 '馬'와 완전히 동일하다고 규정하면 '馬'의 경우나 '白馬'의 경우가 구하는 대상이 완전히 중복되어 같아질 것이다. 이처럼 구하는 대상이 완전히 중복되면 '白' 개념은 하등 독자적인 의미를 가지지 않고 '馬' 개념 속에서 해소되어 버리는 결과가 된다. 그런데 구하는 대상이 완전히 동일해짐에도 불구하고, '黃馬'나 '黑馬'이 예처럼 '馬'를 구하는 경우에 대상으로서 적합하고 '白馬'를 구하는 경우 대상으로 적합하지 않다면 도대체 무엇 때문인가. 원래 '黃馬'나 '黑馬' 자체에 어떤 변화가 생긴 것은 아니다. 그럼에도 '馬'가 존재하는 경우와는 합치하고 '白馬'가 존재하는 경우와는 합치하지 않는다고 한다면, 역시 '白' 개념은 '馬' 개념 중에 포함되지 않는 것이다. 이상의 경우로부터 '白馬'가 '馬'가 아님은 분명하다. 반론자는 '有白馬, 不可謂無馬也'라고 하여 '白馬와 馬의 있고 없음', 즉 구체적 개체로서 '白馬와 馬의 존재'를 문제 삼았다. 공손룡은 이것에 대항하여 '可以應有馬, 而不可以應有白馬'라고 하여 역시 개체로서 '馬와 白馬의 존재'를 논거로 삼았다. 공손룡의 의도는 '白馬와 馬의 차이'를 분명하게 하기 위하여 똑같이 '馬의 존재'를 논하면서도 반론자처럼 한 마리 '白馬'를 대상으로 국한하는 것을 피하고 새롭게 '黃馬'와 '黑馬'를 더하여 집합론적인 논증 형태를 취한다. 이 집합론적 논증 수단은 『공손룡자』의 「통변론」에 보이는 것 같은, 이른바 '同異之辯'처럼 만물에 대한 분류법을 적용한 사고이다. '馬' 개념은 흰색이라는 색채 한정을 포함하지 않으므로 '白馬'보다 내포가 줄어든다. 그 때문에 '馬' 개념(이 경우는 類 개념에 해당)의 외연은 '白馬' 개념(이 경우는 種 개념에 해당)의 외연보다 확대되어 이 두 개념 사이에는 당연히 '黃馬'나 '黑馬'의 예처럼 외연의 차이〔種差〕가 생긴다. 공손룡은 이러한 조작에 의해 외연의 차이를 가진 유일한 원인이 바로 '白馬'의 '白'이므로 '命色者로서의 白'이 '命形者로서의 馬'와 완전히 개별적인 개념임을 입증하려는 것이다.

해설

우선 사희심은 앞의 문장을 반론자의 것으로 보고 해석하기를, '白馬가 있음'이 '馬가 없음〔無馬〕'에 해당할 수 없고, 게다가 '白'과 '馬'가 연이어 있으니 '白'이라고 해서 '馬'가 아니라고 하는 이유가 무엇인지 묻는다. 유월의 해석도 크게 다르지 않으며, 다만 이곳의 '非馬也'를 의문으로 해석해야 한다고 강조하였을 뿐이다.

서복관은 반론자의 문장에서 '白之非馬'를 '白馬非馬'로 바꾸어 해석하고 있다. 그러나 필자는 '白之非馬'에서 '之'를 '馬'로 바꾸는 것은 옳지 않다고 생각한다. 물론 반론자가 '白馬非馬'를 공격하고 있는 것은 사실이다. 하지만 이곳은 반론자가 '白'이 '馬'에 붙어 있다고 해서 그것을 '馬'가 아니라고 하는 이유가 무엇인지를 묻는 질문으로 독해되어야 한다. 사회심의 '白與馬連'이 오히려 공손룡의 원의에 가까운 듯이 보인다. 즉, '白之'는 조금 더 동사적으로 풀어야 한다. '희다고 해서', '희게 여긴다고 해서' 등으로 해석하는 것이 좋겠다.

반론자가 보기에 '白'이 있건 없건, 어떤 경우에도 '馬가 있음〔有馬〕'에는 변화가 없다. '馬가 없음〔無馬〕'과는 다르다. 그러므로 흰 것이 '馬'에 붙어 있다 해서 '馬'가 아니라고 할 수는 없다는 것이다. 필자의 해석은 '白之非馬'를 교감하는 부분에서 아사노 유이치와 일치하지만, 아사노 유이치처럼 '白과 馬의 관계'를 '속성과 개체'로 구분하는 것에는 반대한다.

공손룡의 답변에 대한 사회심의 주석은 통치자가 가지고 있어야 할 태도를 '親疎의 관점'으로 해석하고 있다. '白馬'를 특정해서 그것만 가까이 하고 부르면 오직 '白馬'만이 응할 뿐, 다른 말들이 응할 수 없다. 그러니 '白馬'를 부르는 것과 '馬'를 부르는 것은 다르고, 또한 그것은 군주가 특정인만을 가까이 하여 다른 사람들이 반발하게 되는 것과 같다. '馬'에 대해 고르게 대하지 않는 태도는 통치자가 천하 사람들에게 대하는 태도와 연관된다는 해석이다. 이것이 공손룡의 원의에 부합하는가는 알 수 없다. 그러나 '白'을 개체에 대응하는 속성으로 해석하는 것보다는 중국적인 사고나 논리에 근접하는 것 같다.

유월의 주석은 조금 난해하다. 특히 '有可有不可'의 해석이 어렵다. 이 구절은 다른 주석가들도 마찬가지이다. 필자가 보기에는 그 다음 구절의 '可與不可, 其相非明'에서 해석의 실마리를 찾아야 한다. 공손룡의 답변은 이런 뜻이다. 구하는 것이 '白馬'와 '馬'가 다르지 않고 완전히 같은 것이라면, '黃馬'나 '黑馬'도 마찬가지이다. 그런데 실은 '白馬'를 구하게 되면 '白馬'는 가능하고〔可〕, '黃·黑馬'는 아무리 있다

해도 불가하므로〔不可〕 그렇게 '可'와 '不可'로 나뉜다. 따라서 '白馬를 구함'이 '馬를 구함'이라고 할 수는 없다. 그래서 '白馬'는 '馬'가 아니라는 것이다. 유월 또한 애초에 공손룡의 전제, 즉 '白馬'를 '馬'와 완전히 일치시키려면 '黃馬'와 '黑馬'도 '馬'와 일치시켜야 한다고 주석하였다. 그래야만 '可'가 성립하는데, '不可'함이 있는 이유는 '白馬'가 '馬'가 아니기 때문이라는 것이다.

살펴보면 유월의 주석을 통해 중요한 점이 포착된다. 논박하는 사람들은 '非馬'를 '無馬'로 해석하고 있다는 점이다. 그들에게 '有白馬'는 곧 '有馬'이며, 그것은 '不可謂無馬'로 연결된다고 해석한다. 반면에 공손룡에게는 '有白馬'는 '非有馬'이며, 그것이 '白馬非馬'로 연결된다. 공손룡은 '非有馬'가 '無馬'로 직결된다는 말을 한 적이 없다. 다르지 않다〔不異〕는 것은 곧 같다〔一〕는 뜻이다. '白馬'가 곧 '黃馬', '黑馬'가 될 수 없으니, 곧 '馬가 될 수는 없다〔非馬〕'. '白馬'를 곧 '馬'라고 하면, '白'도 곧 '馬'와 다르지 않게 된다. 유월의 해석이 공손룡의 원의에 가장 근접하게 설명하는 것 같다.

서복관의 전칭과 특칭, 아사노 유이치의 내포와 외연 등의 집합론적인 설명 방식은 받아들이기 힘들다. 공손룡이 '白馬와 馬의 포함관계'를 염두에 두고 논자에 답변하고 있다는 증거를 찾을 수 없기 때문이다. 서복관의 해석은 '전칭과 특칭 간의 관계'로까지 나아가는데, 부분과 전체의 관계가 논의 속에 배어 있는 것을 완전히 부정할 수는 없으나, 공손룡은 그것에 초점을 두기보다는 '白馬'를 '馬'라고 놓았을 때의 전제가 끝까지 일관성 있게 적용되지 않으므로, '白馬는 馬가 아님'을 증명하려고 한 것 같다. 따라서 공손룡은 전체를 구성하는 부분으로서 같고 다름을 말하려고 하는 것이 아니다. 아사노 유이치는 내포와 외연의 개념을 활용하는데, 이것 역시 서양 형식논리의 범주론에 근거한 것이다. 개체와 속성의 개념 또한 마찬가지이다. 이를 공손룡에게 바로 적용하기는 조심스럽다. 이 단락에서 분명한 것은 공손룡이 '可와 不可의 상호 모순된 결과'가 논자의 전제로부터 도출될 수 있음을 지적하여 '白馬가 馬가 아님'을 증명하려는 것이다.

한편 성중영은 '의도(intention)'라는 개념을 도입하여, 공손룡에게는 '의도적 맥락'이 작동하고 있으며, '白馬를 구하려는 의도'가 있는 이에게는 오직 '白馬'만이 해당하므로 '馬를 구하려는 의도'와 일치하지는 않는다고 설명한다. 그래서 공손룡에게 '白馬는 馬가 아닌 것'이 된다.

필자의 생각에는 이곳에서 '의도'의 개념을 도입하는 것은 참고할 가치가 있다. 공손룡에게 '화자의 의도'는 의심 없이 전제되어 있기 때문이다. 다시 말해서 '白馬를 구하려는 의도'를 가진 사람에게 아무 '馬'나 가져다줄 수는 없었지만, '馬를 구하려는' 사람에게 '白馬'를 가져다줄 수는 있다.

그러나 주의해야 되는 것은 그렇다고 해서 공손룡이 '馬'가 전체이고 '白馬'가 부분이라거나, 내포와 외연의 관계를 문제 삼거나, '馬'는 개체이고 '白'은 속성이라는 등의 문제에 천착하지 않았다는 점이다. 공손룡은 의도에 일치하는 결과물을 가져다주는 것과 그렇지 못한 것은 절대로 같지 않다는 점을 강조하고자 했을 뿐이다.

[3]

반론자: 曰, 以馬之有色爲非馬, 天下非有無色之馬也. 天下無馬, 可乎?(1)

공손룡: 曰, 馬固有色, 故有白馬. 使馬無色, 有馬如已耳, 安取白馬? 故白者非馬也.[20] 白馬者, 馬與白也. 馬與白馬也, 故曰, 白馬非馬也.[21](2)

【 교감 】 사희심은 '有馬如已耳'의 '如'가 '而'와 같다고 하였다. 반면에 서복관은 '如己'의 '如'자를 '而'자로 해석하는 것은 틀린 것이며 이 글자는 '己'자로 써야 하며 '已'자로 쓰면 안 된다고 주장하고, '如己'의 '己'는 '馬'를 가리켜 말한 것이라고 주장하였다. 즉, '如己'는 '馬 자신과 같다'는 뜻이 되어, 구절은 '馬가 있으며, 馬 자신이 될 뿐이다'라고 해석된다는 것이다. 그러나 본고에서는 그 해석을 수용하지 않고 '-일 뿐이다'로 해석한다.

담계보는 '白馬者, 馬與白也. 馬與白馬也'를 '白馬者, 馬與白也. 白與馬也'로 바꾸어 놓았다. '白'자가 뒤의 '馬'자에 잘못 옮겨져서 '白馬'가 되고, 다시 '馬'자가 구절 앞에 더해졌다는 것이다. 담계보는 이런 교정을 다음 단락의 '馬未與白爲馬, 白未與馬爲白'으로 증명할 수 있다고 하였다. 서복관도 담계보와 같은 의견이다. 그러나 본고에서는 원문을 고치지 않고 그대로 해석한다. 특히 '馬與白也. 馬與白馬也'에 나오는 '與'자는 주의 깊게 번역되어야 하는데, 이 부분에 대해서는 해설에서 상술하겠다.

번역

반론자: 馬가 색을 가지고 있다 하여, 馬가 아니라고〔非馬〕 여기는데, 그러나 천하에 색이 없는 馬는 없다. 세상에 馬가 없다〔無馬〕

20 주석 (2)의 謝希深注 ①이 붙은 곳이다.

21 주석 (2)의 謝希深注 ②가 붙은 곳이다.

고 한다면 그것이 가능한가?"

공손룡: 馬에 본래 색이 있다고 여기므로, 白馬가 있다고 하는 것이다. 만약 馬에 색이 없다고 여기면, 馬가 있다고 하면 그뿐일 것이다. (그때에는) 어디에서 白馬를 취할 것인가? 그러므로 白이라고 여겨진 것〔白者〕(즉, 白馬)은 馬가 아니다. 白馬는 馬가 白과 함께한 것을 말한다. 즉, 馬가 白과 함께한 이후의 馬이다. 그러므로 白馬는 馬가 아니라고 하는 것이다.

주석

(1) 사회심의 주석은 다음과 같다. "馬가 색이 있다는 것〔馬有色〕을 가지고 '馬가 아니다〔非馬〕'라고 여기는데, 천하에 馬가 모두 색이 있으니 어떻게 馬가 없다〔無馬〕고 하는가. 마치 사람들이 모두 親踈가 있다고 해서 사람이 없다〔無人〕고 말할 수 없는 것과 같다."[22]

서복관의 해석은 다음과 같다. 이 문장은 반론자의 말이다. 만약 '白馬'가 '馬'가 아니라면 이것은 '모든 색이 있는 馬'가 '馬'가 아니라고 여기는 것이다. '천하의 馬'는 모두 색이 있으니 '색이 없는 馬'는 없다. '색이 있는 馬'가 '馬'가 아니라고 여기면 이것은 '천하에 馬가 없는 것'이 된다. 천하에 본래 '馬'가 있는데 '馬'가 없는 것으로 여기면 가능한 것인가.

아사노 유이치는 다음과 같이 해석한다. '白' 개념이 '馬' 개념 중에 포함되지 않는다는 공손룡에 대하여, 반론자는 색채 개념에 의한 색

---

22 謝希深注: "以馬有色爲非馬者, 天下馬皆有色, 豈無馬乎. 猶人皆有親踈, 不可謂無人也."

채의 한정이 본래 '馬' 개념 중에 포함되어 있다는 것을 다음과 같이 반박한다. 앞의 과정으로부터 당신은 '白馬'가 색채를 한정하고 있기 때문에 '馬'가 아니라고 대답했는데, 만약 색채를 한정하는 것에 의하여 그것이 '馬'가 아니라고 말한다면 실제로 존재하는 '馬'는 이미 색이 있기 때문에 그것들은 모두 '馬'가 아닌 것이 된다. 한편, 이 세상에 무색투명한 '馬'는 없으므로 결국 세계에는 모든 '馬'가 존재하지 않는다고 결론지어도 좋은가. 반론자의 질문은 반론자가 사용하는 '白馬' 개념과 '馬' 개념이 항상 구체적으로 개체로서의 '白馬'와 '馬'를 염두에 둔다는 것을 가장 선명하게 이야기해 준다. 이런 전제에 서 있기 때문에 실제로 '馬'가 모두 색이 있고 '無色之馬'는 실재하지 않는 이상 '馬' 개념은 이미 그 내부에 색채 한정을 포함하고 있다. 여기에서 반론자는 설사 '馬'가 '馬'라고 표시되어도 그것은 결코 '馬'가 '無色'임을 의미하는 것이 아니라 그 가운데 색채 개념이 잠재적으로 내속되어 있다는 것임을 확신시키려 한다. 따라서 반론자는 '白馬'와 '馬'의 차이는 색채 한정이 현재적(顯在的)으로 표시되어 있는가, 잠재적으로 포괄되어 있는가의 차이에 불과하므로, 희다는 색채 한정이 '白馬'와 '馬'를 결정적으로 구분한다고 생각할 수 없다고 주장한다.

(2) 사희심의 주석 ①은 다음과 같다. "如는 而와 같다. 馬는 모두 색이 있으므로 白馬가 있다고 할 뿐이다. 만약 '馬'가 원래 색이 없는 것으로 여긴다면 오직 馬가 있다고 여길 뿐이니, 그때에는 그저 '馬'라고 부를 뿐이다. 어디에서 白馬를 취하겠는가. 마치 사람이 반드시 갖가지 類에 따라서 태어나기 때문에, 화이의 구별(華夷之別)이 있는 것과 같다. 만약 원래 氏族의 (구별이) 없다 여기고 오직 사람만 있다고 한

다면, 어디에서 친소를 취하겠는가. 그러므로 희다고 여겨진 것〔白者〕은 저절로 희게 여겨진 것〔白〕이며, 馬라고 여겨진 것이 아니다."[23]

사희심의 주석 ②는 다음과 같다. "희다고 여겨진 것〔白〕이 이미 '馬'로 여겨진 것이 아니라면, '白'과 '馬'는 두 가지 물건〔二物〕이다. 두 가지 물건을 합하여 공동의 체〔共體〕로 삼는다면, 한쪽으로 치우쳐서 '馬'라고 말할 수는 없다. 그러므로 '馬'를 가지고 희다고 일컫는다면, 그것은 白馬라고 여긴 것이며, 馬가 아니라고〔非馬〕 여긴 것이다."[24]

유월은 '白馬者, 馬與白也. 馬與白馬也'에 대하여 다음과 같이 주석하였다. "이 두 구절에는 각각 하나의 구절이 포함되어 있다. '馬與白也'는 '白與馬也'라고도 말할 수 있다. '馬與白馬也'는 또한 '白馬與馬也'라고도 말할 수 있다. 결국 '白'과 '馬'를 떼어 놓고〔離〕 말한 것이다."[25]

서복관은 다음과 같이 해석한다. 일반 주석가들은 '如已'의 '如' 자를 '而'로 해석하는데 아마도 틀린 것 같다. 이 글자는 '己' 자로 써야 하며 '已' 자로 쓰면 안 된다. '如己'의 '己'는 '馬'를 가리켜 말한 것이다. '如己'는 '馬' 자신과 같다는 뜻이다. '馬與白馬也'는 '白與馬也'가 잘못된 것이다. 살펴보면 다음 문장에서 반론자가 '白未與馬爲白'이라고 말한 것으로 증명할 수 있다. 앞에서는 '白馬'의 개념이 반드시 '馬'

---

23 謝希深注 ①: "如, 而也. 馬皆有色, 故有白馬耳. 若使馬原無色, 而獨有馬而已, 則馬耳. 安取白馬乎. 如人者必因種類而生, 故有華夷之別. 若使元無氏族而獨有人者, 安取親踈乎. 故白者, 自是白, 非馬者也."

24 謝希深注 ②: "白既非馬, 則白與馬二物矣. 合二物以共體, 則不可偏謂之馬. 故以馬而喻白, 則白馬爲非馬也."

25 俞樾注: "樾謹按, 此兩句中各包一句. 其曰馬與白也, 則亦可曰白與馬也. 其曰馬與白馬也, 則亦可曰白馬與馬也. 總之離白與馬言之也."

의 개념을 배척한다고 하여 '白馬非馬'를 증명하였다. 이곳에서는 반대로 '馬'의 개념이 반드시 '白馬'의 개념을 배척한다고 하여 '白馬非馬'를 증명한다. 그 뜻은 다음과 같다. '馬'에는 본래 색이 있으므로 비로소 '白馬'가 있다. 그러나 '馬'라는 말은 어떤 색도 포함하지 않는다. '馬'에 색이 없다고 가정하면 모든 '馬'는 마치 '馬라는 말이 표시하는 馬'가 된다(有馬如已耳). 이때 다시 어디에서 '白馬'를 취할 것인가. '白馬'를 배척하는 것은 그곳에 '白의 요소(因素)'가 더해져 있고 '白'은 '馬'가 아니기 때문이다(故白者非馬也). 이른바 '白馬'는 '馬가 白과 결합한 것'이며, 혹은 '白이 馬와 결합한 것'이다. 이미 말했듯이 '白'이 '馬'가 아니라면 '馬'가 '白'과 결합되어 있거나, '白'이 '馬'와 결합되어 있으므로 따라서 '白馬'의 개념 가운데에는 실로 '白'이라는 '馬가 아닌 요소'가 포함되어 있으니 '白馬'는 '馬'가 아니라고 말하는 것이다.

아사노 유이치는 다음과 같이 말한다. 객은 '無色之馬'를 매개로 색채 한정이 '馬' 개념 중에 포괄되어 있음을 확인하려 하였다. 이것에 대하여 공손룡은 '馬'에는 색채가 존재한다는 객의 논지를 역으로 취하여 다음과 같이 '白' 개념을 '馬' 개념에서 분리하려고 시도한다. '馬'에는 반드시 색채가 부착된다. 그러므로 '白馬'도 존재한다. 만약 '馬'에 어떤 색채도 부착되어 있지 않다면 단지 형상으로서 '馬'가 존재하는 것에 불과한데 어떻게 '白馬'를 논의의 대상으로 삼을 수 있을까. 그것은 나중에 부착될 '白'과 색채가 머물 장소로서 '馬'는 본래 별개의 존재이며, '白' 개념은 '馬' 개념 중에 포함되어 있지 않기 때문이다. '白馬'라는 개념은 형상을 한정하는 '馬' 개념과 색채를 한정하는 '白' 개념이 결합하여 성립한 것이다. 요컨대 단일 개념인 '馬'와 복합 개념으로서의 '白馬'의 관계를 논하는 것이니 양자는 당연히 내포를 달리한다. 그래서 '白馬는 馬가 아니다'. 앞에서 '馬에는 본래 색이 있다〔馬固有色〕'는 표현은 일견 공손룡이 '馬'에는 본래적으로 색채가 내재하고 있다는 것을 용인하는 인상을 준다. 그러나 그처럼 이해하는 것은 개체로서의 '馬'가 '有色'이기 때문에 '馬' 개념에는 색채 개념이 포함되어 있다는 반론자의 지론에 공손룡 스스로 동조하는 셈이 되고, 그 시점에서 '白馬非馬論'의 성립 근거가 사라져 버린다. 그러므로 '馬固有色'이라는 것은 현실적으로 존재하는 개체로서의 '馬'를 문제로 삼은 '天下非有無色之馬也'의 비판에 대응하여, 확실히 '구체적 개체로서의 馬'는 반드시 색채를 가진 상태로 존재한다는 구체적 개체로서의 단계에 범위를 한정한 발언으로 해석해야 할 것이다.

이 단락에서 공손룡의 생각을 이해하기 위해서는 어떻든 '白'이라는 색채의 성격과 관련하여 「견백론」에 선개된 이론을 언급하지 않을 수 없다. 「견백론」은 '堅白石의 통합 인식'은 성립하지 않고 '堅石'이든 '白石'이든 한쪽의 인식만이 획득된다고 주장하는 이론이다. 그 첫 번째 논거는 공손룡이 '堅'과 '白'을 하나의 '石' 가운데 내재하는 '石' 고유의 속성으로 보지 않고 '堅'과 '白'을 각각 모든 개체를 초월하여 독립적으로 존재하는 보편적 실체로서 파악한 점에 있다. 두 번째 논거는 공손룡이 인식 주체인 '神'에 대하여 오관을 경유한 각종 지각을 통합할 수 있는 능력의 존재를 인정하지 않았다는 점에 있다. 먼저 첫 번째 근거로서 보여 주었듯이, 본래 '堅'과 '白'은 모든 대상물로부터 분리되어 독립적으로 존재하는데, 손이나 눈 같은 감각기관과 '문지른다〔撫〕'는 행위나 '불〔火〕' 등의 매개를 경유하여 신에게 지각되었을 때에만 각각 '石' 가운데 그 성질을 발현하게 된다. 그런데 공손룡은 경유하는 감각기관을 달리하는 지각을 통괄할 수 있는 인식 능력의 존재를 부정하기 때문에 신에 의해 '堅'과 '白'이 동시에 인식되지 않으니 필연적으로 '堅白石의 통합 인식'은 형성될 수 없다.

「백마론」에서 다루고 있는 것은 '命形者로서의 馬'와 '命色者로서의 白'의 관계이다. 이 경우 형상과 색채를 모두 경유하는 감각기관은 동일하므로 앞서 말한 두 가지 논거 중에 신의 한계성을 논하는 후자의 논거는 「백마론」의 내용과 직접 관련이 없다. 여기에서 문제가 되는 것은 앞의 논거에 제시된 '堅'과 '白'의 성격에 대한 공손룡의 특이한 견해이다. '白'에 관한 「견백론」의 논리를 '白馬의 인식'에 적용하면 다음과 같다. 공손룡에게는 '이미 場으로서 존재하는 형상으로서의 馬'(이것은 아직 인식되지 않음)에 빛과 눈에 의하여 뒤에 '보편적 실체로서의 白'이 머무르고(이 순간 처음으로 형상과 白이 시각 인식의 대상이 됨), 이 양자가 색채가 머무른 형상으로 신에게 지각되는 과정을 거쳐 '白馬라는 대상 인식'이 형성된다고 이해된다. 그러므로 최종적으로 '白馬라는 인식'이 성립하기 이전의 단계, 즉 '白者不定所白'의 단계에서는 단순히 형상만의 '馬'가 시각적으로 인식되지 않은 상태 그 자체로 존재할 것이다. 그 시점에서는 '白馬'가 '無色之馬'로서 인간의 인식 영역 외에 잠재하고 있다고 말할 수 있다. 앞에서 필자가 '馬固有色'에서 '馬'가 구체적 개체로서 존재하는 단계에 범위를 한정하여 발언한 것이라고 기술한 것은 이런 이유 때문이다. 「견백론」의 논리를 도입하면 이 부분에서 공손룡 발언의 의미를 명확하게 파악할 수 있다. '형상으로서의 馬'에 나중에 '보편적 실재로서의 白'이 부착하는 형태에 의해 '白馬라는 대상 인식'이 형성되는 것이므로, '馬'에 반드시 색채가 존재한다는 것이 '馬' 개념 중에 본래적으로 '白' 개념이 포함되어 있음을 뜻한다는 반론자 주장의 근거가 될 수 없다. 그와 정반대로 이는 인식 대상으로서의 '白'과 '馬'는 본래 완전히 개별적인 존재이고, 따라서 '馬' 개념 중에는 결코 '白' 개념이 포함되어 있지 않음을 가리키는 것이다. 이미 대상세계에서 '馬'와 '白'은 서로 완전히 독립하여 존재하므로, 양자는 인간의 인식작용을 기다려 처음으로 '白馬'로 결합하는 것에 불과하다. 그러므로 그러한 대상세계와 인간의 인식에 관련된 사정을 표시할 만한 수단으로서 '白馬' 개념 또한 필연적으로 서로 독립적인 '馬' 개념과 '白' 개념을 결합시켜 생각하지 않을 수 없게 된다. 그렇다면 형상만을 표현한 단일 개념으로서의 '馬'와 형상과 색채의 복합 개념인 '白馬' 사이에는 도저히 양자를 동일시할 수 없는 결정적인 차이가 있다는 것도 움직일 수 없는 사실이다. 그러므로 '白馬는 馬가 아니다'.

해설

반론자들에 대해 사회심은 이곳에서도 '親疏'를 가지고 해석하고 있다. 어폐가 있는 것은 사실이나, 큰 요지에서는 벗어나지 않는다. 반론자들은 '馬'가 색이 있어서 '馬'가 아니라면, 모두 색이 있으니 '색이 있는 馬'는 모두 '馬'가 아니고, 그래서 세상에 '馬'가 없다는 것이냐고 묻는다. 역시 반론자들은 공손룡의 '非馬'가 '無馬'를 말한 것이 아니냐고 몰고 간다.

아사노 유이치는 이곳에서 반론자가 한정과 속성의 개념을 부정하고 오히려 공손룡은 그런 개념을 가지고 있었던 것으로 해석한다. 그러나 이것은 공손룡을 해석하는 올바른 추론이 아니다. 반론자 측은 공손룡처럼 '白馬非馬'를 고집하면 '馬라고 이름 붙일 것이 없다〔無

馬)'는 결론이 도출되는데 그래도 좋으냐고 반문하려는 것이다. 반론자들처럼 '색이 없는 馬'는 세상에 없다고 주장할 때에는 '白'이든 '黃'이든 '黑'이든 모든 '馬'에는 색을 부여할 수밖에 없다. 그러나 공손룡이 '白馬를 구하는 것과 馬를 구하는 것은 의도와 결과가 다르다'고 주장한 점이, 곧바로 공손룡이 '馬에 색을 부여할 수 없다'고 말하였거나 '색 없는 馬는 세상에 없으니 결국 공손룡은 馬가 없다'고 말했다'는 결론과 등치되지 않는다.

공손룡의 답변에 대한 사회심의 주석은 다음과 같다. '馬'에 색이 붙어 있어서 '白馬'라고 여기는 것이고, 만약 '馬'에 원래 색이 없다고 여긴다면 그냥 '馬'가 있다고 하면 된다. 공손룡에게 '색이 없음'은 '馬에게 색이 없음'이 아니라 '馬에게 색이 있다고 여기지 않음'을 뜻한다. 그럼 '白馬'이든 '黃馬' 또는 '黑馬'이든 간에 그냥 '馬'라고 여기고 부르면 그뿐이다. 그곳에 '白馬'가 있을 여지는 없다. 이곳에서 사회심이 화이와 친소의 구별로 설명한 것은 공손룡 원래의 문맥과는 벗어나는데, 그것을 통해 사회심의 오해가 어디서 연원하는지 보여 준다. 사회심은 '白'과 '馬'를 나름의 방식으로 분리한다. 희다고 여기는 것(白)은 저절로 떨어져 있고 '馬'와는 상관이 없다. 그래서 두 가지 물건이라고 해석한다. 그것을 합해서 하나로 만들고 그냥 한쪽만으로 치우쳐 '馬'라고 부를 수는 없다는 것이다.

그러나 이곳은 공손룡의 「백마론」에서 가장 난해한 대목이기도 하고 관건이 되는 대목이기도 하니 유의해서 접근해야 한다. 특히 공손룡 답변의 마지막 문장인 '白者非馬也. 白馬者, 馬與白也. 馬與白馬也, 故曰, 白馬非馬也'가 그렇다. '馬與白也. 馬與白馬也' 때문에 후대 주석가들은 다른 문장을 더해 넣어서 교감하기도 하였다. 그러나 이곳은 '與' 자가 올바르게만 해석된다면, 그대로 두고 해석하는 것이 좋다. 공손룡이 보기에, 희다고 여겨진 것〔白〕은 '馬'라고 여겨진 것이 아니다. '白馬'라는 물건은 '馬가 白을 함께하고 있는 것'이다. 즉, '白과 함께한 馬'이다. '與白한 馬'는 '白馬'이고 그것은 결국 '馬'가 아니다. 이때 '與白'을 공손룡의 특수 용어로 정의해야 다음 단락에서 반론자가 그 말을 받아 '未與白'을 사용한 의도가 분명하게 드러난다.

유월은 '白馬者, 馬與白也. 馬與白馬也'를 그대로 두고 다음과 같이 해석한다. 뒤의 두 구절은 각각 한 구절씩 포함하고 있다. '馬與白也'는 '白與馬也'를 말할 수 있고, '馬與白馬也'는 '白馬與馬也'를 말할 수 있으니, 결국 '離白與馬'를 말한 것이라고 해석한다. 그러나 이러한 해석은 다소 무리가 있다. 공손룡이 '白'과 '馬'를 용어의 측면에서나 개념의 측면에서 떼어 내려고 한 것 같지는 않다. 단지 '白'이 함께하는 상황〔與〕과 함께하지 않는 상황은 분리해야 한다는 것을 말하고자 한 것이다. '白'의 완전 독립성을 말하였는지는 확실한 증거를 찾기 힘들다. 사회심도 유월도 '與' 자의 해석에서 '白과 馬의 분리'를 읽어내고 있다.

그래서 서복관이 '與'를 동사적으로 해석한 것은 일리가 있다. 반면에 서복관이 '白'을 하나의 요소로 간주하는 것은 옳지 않다. '희다고 여겨진 것〔白〕이 더해진 馬'를 '白馬'라고 말한 것은 맞지만, 그것이 '馬'의 부분적 요소라고 공손룡이 말한 적은 없기 때문이다.

긴 편장으로 인용했지만, 아사노 유이치는 결국 공손룡의 「백마론」을 '白'과 '馬' 각각 단일 개념으로서 독립적인 것으로 해석하여 이해하고 있다. 그에 의하면, '白'과 '馬'는 각각 '색채의 독립성'과 '형상의 독립성'을 대표한다. 더 나아가 이것을 인식 이전과 감관을 통한 인식

이후로 분리하여, 마치 공손룡이 인식론을 다룬 것처럼 해석하려고 하였다. 게다가 「견백론」의 '堅'과 '白'을 개체를 초월하여 존재하는 보편적 실체로 해석하고, 그것을 다시 「백마론」에 적용한다. '白'은 초월적이나 보편적 실체로서 개체 형상인 '馬'에 감각기관을 통해 함께 인식되어 '白馬'가 된다는 것이다.

이 단락에는 사회심, 유월, 서복관, 아사노 유이치 등에게서 공통적으로 등장하는 이해의 배경이 있다. '白'과 '馬'를 철저하게 분리하는 것이다. '白'을 개체 초월적인 보편적 실체로 보느냐, 사물의 한 요소로 보느냐의 차이는 있으나, 이들은 '白'과 '馬'를 일단 떼어 놓고 해석한다. 글자가 다르니 당연히 의미도 다르고 활용도 다르다. '白'은 '馬'가 아니고, '馬'가 '白'이 아님은 말할 필요가 없다. 그렇지만 필자가 보기에 원 문맥의 초점은 그곳에 있지 않다. 오히려 다음 단락의 논지 전개를 보면, 반론자 측에서 '白과 馬의 분리'를 더 철저하게 파고드는 경향을 찾을 수 있다.

이 단락에서 공손룡의 의도는, 반론자가 '白馬가 馬가 아니라고 한다면 결국 馬가 없다(無馬)는 뜻이냐'고 질문한 것에 대해, 자신의 본의가 '無馬'를 말하려는 것이 아니고, 그것은 '白馬라고 여기는 것'을 '馬라고 지칭할 수 없음(非馬)'을 강변하려고 한 것 같다. 그래서 결국 색을 두고 전문적으로 논하게 되는데, 색을 전제로 말하지 않으면 그냥 '馬'가 있을 뿐이라는 것이다. 따라서 여기서 공손룡이 '白'의 독립성과 초월성을 말하려는 의도를 읽기는 힘들다. '馬'마다 백색·황색·흑색 등의 색이 있을 수 있지만, 그것을 색이 있다 여기지 않고 그냥 지칭하면 '馬'일 뿐, '白馬'를 말할 여지는 없다는 것이다. '희다고 여김(白)이 결합된 馬'는 그것을 전제하지 않고 부르는 '馬'와 다르다. 그러므로 '白馬는 馬가 아니다'. 그러나 자신은 '馬가 아님'은 말했지만 결코 '無馬'를 말한 적이 없다는 변론이다.

[4]

반론자: 曰, 馬未與白, 爲馬, 白未與馬, 爲白. 合馬與白, 復名白馬, 是相與以不相與爲名, 未可. 故曰, 白馬非馬, 未可.(1)

공손룡: 曰, 以有白馬爲有馬, 謂有白馬爲有黃馬, 可乎?

반론자: 曰, 未可.[26]

공손룡: 曰, 以有馬爲異有黃馬, 是異黃馬於馬也. 異黃馬於馬, 是以黃馬爲非馬.[27] 以黃馬爲非馬, 而以白馬爲有馬, 此飛者入池, 而棺槨異處. 此天下之悖言亂辭也.[28](2)

【 교감 】 담계보는 '合馬與白'을 '合白與馬'로 바꾸었다. 유월은 '復名白馬'의 '復名'이 『순자』·『정명』 楊倞의 주에 나오는 '兼名'과 같다고 하였다. 담계보는 또한 '謂有白馬爲有黃馬'에서 '白'자가 衍文이므로 이를 빼고 '謂有馬爲有黃馬'로 바꾸었으며, 이는 아래 문장의 '以有馬爲異有黃馬'로 증명할 수 있다고 하였다.

번역

반론자: 馬에서 아직 白과 함께하지 않으면〔未與白〕 馬라고 여기고, 白에서 아직 馬와 함께하지 않으면〔未與馬〕 白이라고 여긴다.

---

26 주석 (2)의 謝希深注 ①이 붙은 곳이다.

27 주석 (2)의 謝希深注 ②가 붙은 곳이다.

28 주석 (2)의 謝希深注 ③이 붙은 곳이다.

(그런데) 馬와 白을 합하여 復名으로 白馬라고 한다면 이것은 '서로 함께한 것〔相與〕'이 '함께하지 않은 것〔不相與〕'을 가지고 이름을 삼은 것이니, 그것은 가능하지 않다. 그러므로 白馬가 馬가 아니라고 하는 것은 가능하지 않다.

공손룡: 白馬가 있는 것을 가지고 馬가 있다고 여긴다고 하자. 그러면 白馬가 있는 것을 가지고, 黃馬가 있는 것으로 여긴다고 말한다면, 그것이 가능한가?

반론자: 가능하지 않다.

공손룡: (白馬가 있음을) 馬가 있는 것으로 여기면서도, 그것이 黃馬가 있다는 것과는 다르다고 여기니, 이것은 바로 黃馬가 馬와는 다르다는 뜻이다. 黃馬가 馬와는 다르다고 여기는 것, 이것은 바로 黃馬는 馬가 아니라〔非馬〕고 여기는 것이다. (그렇게) 黃馬를 馬가 아니라고 여기면서도 白馬를 가지고 馬가 있다고 여기는 것, 이것은 날아가는 것이 연못으로 들어간다 하고, 棺과 槨이 있을 자리를 달리한다고 (말하는 것과 같은 것이다). 그것은 세상에서 (앞뒤가 맞지 않는) 어그러진 말이고 어지러운 설명이다.

주석

(1) 사희심의 주석은 다음과 같다. "이 단락은 반론자가 답변자의 의도를 이어받아서, 그것을 논박한〔難〕 것이다. 馬는 스스로 馬와 함께하여 類가 되고, 白은 스스로 白과 함께하여 類가 된다. 그러므로 '相與'라고 하였다. 馬는 白과 함께하지 않아서 馬라고 여겨지고, 白은

馬와 함께하지 않아서 白이라고 여겨진다. 그러므로 '不相與'라고 하였다. 馬와 白을 합하여 復名으로 '白馬'라고 하면, 곧 억지로 흰색을 사용하여 그것으로 馬의 이름을 삼은 것이 되니, 그 뜻이 가능하지 않다〔未可〕. 그러므로 白馬를 가지고 馬가 아니라〔非馬〕고 여기는 것도 가능하지 않다. 앞에 나온 '未可'는 답변자의 의도이고 뒤에 나온 '未可'는 반론자의 논박이다."[29]

유월은 '曰馬未與白, 爲馬, 白未與馬, 爲白. 合馬與白, 復名白馬, 是相與以不相與爲名, 未可. 故曰, 白馬非馬, 未可.'에 대하여 다음과 같이 주석하였다. "이 문장도 논박하는 사람의 말이다. 馬는 아직 白에 함께하지 않고〔未與白〕 馬가 된다. 그렇다면 黃馬가 되고 黑馬가 되는 일이 모두 가능하다. 白은 아직 馬에 함께하지 않고〔未與馬〕 白이 된다. 그렇다면 白牛가 되고 白犬이 되는 일이 모두 가능하다. 이것은 '아직 함께하지 아니함〔不相與〕'을 가지고 한 말이다. 그런데 馬와 白을 합하는 것은, '함께함〔相與〕'을 가지고 한 말이다. 이미 함께하는데도 여전히 '白馬非馬'라고 한다면, 이것은 相與인데도 不相與를 가지고 名을 삼은 것이니, 가능하지 않다. '未可'는 가능하지 않다〔不可〕고 하는 말과 같다. 또한 살펴보면 馬가 애초에 白에 함께하지 않고 馬가 되고, 白이 애초에 馬에 함께하지 않고〔初不與馬〕 白이 되지만, 馬와 白을 합하여야 비로소 白馬라는 名이 생긴 것이라면, 어떻게 復名인 白馬라고 할 수 있는가. '復名'은 兼名을 일컫는 것이다. 『荀子』「名

29 謝希深注: "此賓述主意而難之也. 馬自與馬爲類, 白自與白爲類, 故曰相與也. 馬不與白爲馬, 白不與馬爲白, 故曰不相與也. 合馬與白, 復名白馬, 乃是強用白色以爲馬名, 其義未可. 故以白馬爲非馬者, 未可也. 上之未可, 主義. 下之未可, 賓難也."

正」편에서 '單으로 말할 수 있으면 單으로 하고, 單으로 부족하면 兼한다'고 한 구절에 楊倞이 주석하여 말하기를 '單은 物의 單名이며, 兼은 復名이다'라고 하였다. 復名인 白馬는 바로 이른바 '單不足喩則兼'을 말하는 것이다. 馬와 白을 합하여 말한 것이니, 單으로 말하면 馬라고 하고, 그것을 다하기에 부족하면 兼名하여 白馬라고 한다. 이것이 復名인 白馬이며 마치 지금 말하는 雙名과 같다."[30]

서복관은 다음과 같이 해석한다. 반론자의 의도는 다음과 같다. 공손룡이 앞에서 '白馬者, 馬與白也. 白與馬也'[31]라는 주장을 하였으니 이것은 '馬가 아직 결합하지 않은 白'은 단지 '馬'이지 '白'이 아님을 인정한 것이다. '白이 결합하지 않은 馬'는 단지 '白'이며 '馬'가 아니다. '馬'와 '白'이 하나로 결합하면 두 가지를 겸하여 '白馬'라고 '復名'하는데, 이것은 당신이 '白馬'를 가지고 두 개의 독립된 요소를 대표하는 것으로 이루어진 명사로 삼은 것이다. 그러나 '白馬'라는 말은 '白'과 '馬'의 '相與'(상호 결합)로 성립된 것이지만, '馬'라는 이름과 '白'이라는 이름은 '不相與'로 성립된다. 만약 '白馬'라는 말이 여전히 독립된 두 요소를 대표한다면 '相與'로 이루어진 '白馬'는 여전히 '不相與'한 독립된 '白'과 '馬'로 이름을 삼았으니, 그것이 어떻게 가능한가. '白馬'는 독

30 俞樾注: "樾謹按, 此又難者之辭. 馬未與白爲馬, 則爲黃馬爲黑馬皆可也. 白未與馬爲白, 則爲白牛爲白犬皆可也. 此就不相與言之也. 合馬與白, 則就相與言之也. 旣相與矣, 而仍謂白馬非馬, 則是相與而以不相與爲名, 此未可也. 未可猶言不可也. 又按馬初不與白爲馬, 白初不與馬爲白, 合馬與白, 始有白馬之名, 何得言復名白馬. 復名謂兼名也. 荀子正名篇, 單足以喩則單, 單不足以喩則兼. 楊倞注曰, 單, 物之單名也. 兼, 復名也. 復名白馬, 正所謂單不足喩則兼也. 合馬與白, 則單言之曰馬, 不足以盡之, 故兼名之曰白馬, 是謂復名白馬, 猶今言雙名矣."

31 徐復觀은 이와 같이 원문을 교정하였다.

립된 '白'과 독립된 '馬'가 결합하여 이루어진 것이 아니라 단지 '흰색의 馬'일 뿐이다. 이미 '흰색의 馬'이므로 당신이 말한 '白馬非馬'는 가능하지 않다. 살펴보면 공손룡은 '白馬'의 '白'을 독립된 요소로 보고 '白馬'는 '白이 馬에 더해진〔相與〕 것'으로 여겼다. '白' 자나 '馬' 자가 모두 명사로 쓰인 것이다. 반론자는 '白馬'를 '흰색의 馬'로 여겨서 '白' 자를 형용사로 쓰고 있다. 그러므로 '白'은 독립적 의미가 없고 '馬'를 주로 하여 연결된다.

아사노 유이치는 다음과 같이 말하였다. '白馬' 개념이 서로 독립된 '馬' 개념과 '白' 개념의 후차적인 결합이라고 한 공손룡의 정의에 대하여 객은 곧 다음과 같이 반격한다. 먼저 당신은 '白'을 '所以命色', '馬'를 '所以命形'으로 규정하고 '命色者非命形也'라든가 '白者非馬也'라고 하여 양자는 완전히 이질적으로 각각 독립된 개념이라고 주장한다. 더욱이 앞에서 '白馬者, 馬與白也'라고 하여 '白馬' 개념은 각각 독립된 '馬' 개념과 '白' 개념의 결합이라고 정의한다. 그러나 당신이 규정한 대로 형상만으로 독립된 '馬'라든가 색채만으로 독립된 '白' 등은 처음부터 존재하지 않는다. 모든 '馬'는 그 신체 중에 각각 고유한 색채를 그 속성으로 포함하고 있어서 색채를 내재하지 않은 '無色之馬'는 그 자체로 독립하여 존재할 수가 없다. 한편 모든 흰 것 또한 흰 상태의 각 개체 가운데 갖가지 고유의 속성으로 밀봉되어 있어서 '白' 그 자체는 독립적으로 존재할 수 없다. 이처럼 '馬'에는 이미 색채가, 그리고 '白'에는 이미 형상이 각각 불가분리하게 융합하여 그 총체 가운데 자기 완결된 상태 이외에는 존재할 수 없으니, 그렇게 타자와 융합한 '馬'와 '白'은 또다시 외부의 형상이나 색채와 결합할 필연성을 가질 이유가 없다. 그러므로 당신은 '馬'와 '白'을 결합하여 '白馬'를 형성한다고 말하지만 그것은 도저히 성립 불가능한 논리이다. '白'과 '馬'가 결합할 필연성은 단지 '白'을 속성으로 하여 그것을 이미 포함하고 있는 '馬', 즉 구체적인 개체로서 '白馬' 중에서만 존재한다. 그러므로 '白馬' 개념은 각각 따로 존재하는 '馬' 개념과 '白' 개념이 나중에 조합하여 새로 성립될 수 없다. 그것은 원래부터 '白의 속성을 내재하고 있는 馬'를 표시하는 명칭일 수밖에 없다. 이처럼 '白馬'가 '馬'와 '白'의 결합이라는 사고 자체가 성립할 수 없는 이상, 하나의 요소로 만든 '馬'와 두 요소로 만든 '白馬'는 다르기 때문에 '白馬는 馬가 아니다'라는 결론도 결국 성립할 수 없다.

(2) 사희심의 주석 ①은 다음과 같다. "답변자가 반론자를 책망하여 묻기를, '白馬가 있는 것을 가지고 馬가 있다고 확정할 수 있으면, 白馬를 黃馬로 여길 수도 있는 것인가?'라고 하였다. 반론자는 '그것은 가능하지 않다'고 대답하였다."[32]

사희심의 주석 ②는 다음과 같다. "이미 전제로 白馬가 있는 것을 가지고 馬가 있다고 여기고서도, 黃馬가 있으면 白馬로 여길 수 없다고 한다면, 黃馬가 있음은 馬가 있는 것이 아님이 분명하니, 그것을 고집하는 자는 잘못하지 않을 수가 없을 것이다."[33]

사희심의 주석 ③은 다음과 같다. "黃과 白은 색이다. 여러 馬〔衆馬〕는 形이다. 억지로 色이 있음을 가지고 形으로 여기는 것은 날아가는 것을 가리켜 연못으로 들어가는 것이라고 말하는 것과 같다. 黃

32 謝希深注 ①: "主責賓曰, 定以白馬爲有馬者, 則白馬可得爲黃馬乎. 賓曰未可也."
33 謝希深注 ②: "旣以白馬爲有馬, 而黃馬不得爲白馬, 則黃馬爲非馬明, 執者未嘗不失矣."

馬가 있음도, 白馬가 있음도 똑같이 馬가 있는 것으로 여기면서, 白은 된다 하여 취하고, 黃은 안 된다고 버리는 것은 棺과 槨을 두는 곳이 다르다고 말하는 것과 같다. 모든 棺槨이 서로 의지하는 것은 마치 입술과 이가 서로 의지하여 입술이 없으면 이가 시려지는 것과 같으니, 있는 곳을 달리할 수가 없다. 대체로 사방의 이족들〔四夷〕이 밖을 지키고 중원의 여러 나라〔諸夏〕가 안을 대하면, 內外가 서로 의지하여 천하가 안정될 것이다. 만약 중원의 여러 나라를 사사로이 가깝게 대하고, 변방의 외적들을 소원하게 대하면 그것들이 배반할 것이다. 전쟁에 힘써 먼 곳을 정벌하려면 사람들이 명령을 감당할 수 없게 되고, 그러면 중원의 여러 나라가 어지러워진다. 안에서 떨어져 나가고 밖에서 모반하니 그것은 棺과 槨을 다른 장소에 두는 것과 같게 되어, 군주가 사사로이 여기는 바가 군주를 보좌할 수 없다. 그러므로 黃을 버리고 白을 취하는 것은 대단히 어그러지고 어지러운 일이다."[34]

서복관은 다음과 같이 해석한다. 왕계상(王啓湘)의 『공손룡자교전(公孫龍子校詮)』에 "날것들이 연못으로 들어간다는 것은 억지로 異를 합하여 同을 삼은 것이고, 棺과 槨이 따로 놓이는 것은 억지로 同을 떼어 내어 異로 삼은 것이다."라고 하였다. 답변자의 의도는 다음과 같다. 만약 '白馬가 있는 것'을 '馬가 있는 것'으로 여긴다면 이것은

34 謝希深注 ③: "黃白, 色也. 衆馬, 形也, 而强以色爲形, 飛者入池之謂也. 黃馬白馬同爲馬也, 而取白棄黃, 棺槨異處之謂也. 凡棺槨之相待, 猶唇齒之相依, 唇亡齒寒, 不可異處也. 夫四夷守外, 諸夏待內, 內外相依, 天下安矣. 若乃私諸夏而踈夷狄, 則夷狄叛矣. 勤兵伐遠, 人不堪命, 則諸夏亂矣. 內離外叛, 棺槨異所, 則君之所私者, 不能獨輔君矣. 故棄黃取白, 悖亂之甚矣."

'白馬'를 '馬'와 같은 것으로 여기는 것이다. '白馬'가 '馬'와 같다면 '馬' 가운데 또한 '黃馬'가 포함될 수 있으니, 따라서 '白馬'를 '馬'라고 하는 것은 '有白馬'를 '有黃馬'로 여기는 것과 같다. 그러나 실제로 이것이 가능한가? 반론자는 당연히 불가능하다고 답할 수밖에 없다. 그래서 이어서 말하기를, 그렇다면 이미 '有馬'가 '有黃馬'와 다르니 그것은 '黃馬는 馬와 다름'을 시인하는 것이다. '黃馬'가 '馬'와 같지 않으니 이것은 곧 '黃馬'가 '馬'가 아니라고 여기는 것이다. '黃馬'가 '馬'가 아니라고 여기면서 '白馬'는 '馬가 있는 것'이라고 하면 이것은 마치 날아가는 물건이 연못으로 들어가고, '棺槨'이 다른 곳에 처하는 것과 같다. 이것이 천하의 어그러진 말과 어지러운 주장이니 또한 바르지 못한 이름이다.

아사노 유이치는 다음과 같이 해석한다. 객에게 비판을 받은 공손룡은 '白馬'가 '馬와 白의 결합'이라는 논점으로부터, 상대방을 공격하는 데에 가장 유효한 논법인 '白馬'와 '馬' 개념이 각각 포함 범위가 다르다는 점에서 재차 주제를 전환한다. 당신처럼 '白馬의 존재'가 '馬의 존재'와 동일하다면 마찬가지로 '黃馬의 존재'도 '馬의 존재'와 동일한 것이지 않으면 안 된다. 그러면 논리의 필연으로서 '白馬', '馬', '黃馬'는 완전히 동일한 것이 되고, 서로 치환 가능하다. 그래서 '白馬의 존재'를 지적하여 '黃馬가 존재하는 것'으로 칭하는 것도 당연히 가능한데, 당신도 그것이 가능하다고 보는가. 이러한 공손룡의 가정에 대하여 반론자로서는 '白馬의 존재'와 '黃馬의 존재'를 동일시하는 것은 불가능하다고 응답하지 않을 수 없다. 객의 대답을 기다려 공손룡은 재빨리 추격을 시작한다. 이제 당신의 답과 같이 '白馬의 존재'가 '黃馬의 존재'와 다르다면 '白馬가 馬와 동일하다'는 종래의 당신의 주장을 미루어보면 결국 '黃馬가 馬와 구별된다'. '黃馬가 馬와 구별되는 것'은 '黃馬가 馬와 같지 않다는 것'을 의미한다. 한편, '黃馬'를 '馬'와 동일하지 않다고 하면서 다른 한편으로 '白馬의 존재'를 '馬의 존재'와 같다고 주장하는 것은 날아가는 새가 연못에 빠지고 유해를 덮는 내관과 외곽의 위치가 달라지는 어지러움으로, 가장 앞뒤가 맞지 않는 언사이다. 결국, 공손룡은 '黃馬'를 매개로 객의 논리를 '白馬=馬 → 黃馬=馬 → 白馬=黃馬'의 방향으로 유도하고 교묘하게 '白馬≠黃馬'라는 객의 답을 끌어내어 이번에는 그것을 발판으로 '白馬≠黃馬 → 黃馬≠馬 → 白馬≠馬'라는 논리를 전개하였다.

해설

반론자의 문장을 사회심은 이렇게 해석한다. '馬'가 독립적인 유(類)가 되고, '白'이 독립적인 유가 되는 것은 각각 '相與'이나, '白'과 '馬' 사이는 '不相與'이다. 그런데 이미 공손룡이 '白馬'라고 부르는 한, '相與'인 것들을 '不相與'로 이름을 삼은 것이니 옳지 않다. 그래서 '白馬非馬'도 옳지 않다는 것이다. 「지물론」에도 등장하지만, 옳지 않음〔未可〕을 말하는 것은 언제나 반론자 측이다. 그런데 살펴보면 사회심은 '是相與以不相與爲名'에서 '以'를 '相與'의 후치사로 보고 '相與'를 가지고 '不相與'의 이름으로 삼는다고 해석한 것이다. 그래서 '相與'는 '白'과 '馬'가 되고, '不相與'는 '白馬'가 된다. 하지만 여기서 '以'를 '不相與'의 전치사로 보지 못할 이유가 없다. 그러면 '相與'는 '白馬'이고, '不相與'는 각각 '白'과 '馬'이다. 오히려 이렇게 보는 편이 '馬未與白爲馬', '白未與馬爲白'이라고 보는 반론자의 논지에 맞는 것 같다. 즉, 반론자가 보기에, 앞 단락의 말미에 공손룡이 '馬가 白과 함께하여〔與〕 白馬가 되었다'고 하였으니, 그것에 근거하여 말해 본다면, '馬에서 白과 함께하지 않은 게 馬이고〔馬未與白爲馬〕', 마찬가지로 '白에서 馬가 함께하지 않은 게 白이 되어〔白未與馬爲白〕', 이들이 '不相與'하는 것들이다. 그래서 반론자들은 이미 '不相與'하는 것들을 가지고, '相與의 白馬'라는 이름을 사용하니 그것은 옳지 않다고 지적한다. '白馬'라는 이름 자체가 성립할 수 없으니 '白馬非馬'를 말하는 것도 옳지 않다는 것이다.

유월의 해석은 '相與'를 '白馬'에 대응시키고, '不相與'를 '白' 따로 '馬' 따로 각각 적용하여 반론자의 뜻을 풀이하는 점에서 필자와 일치한다. 그런데 사회심과 달리 '復名'을 길게 주석하면서 순자의 '兼名'까지 연관지어 설명한다. 그러나 이것은 조금 더 논의를 필요로 한다. 게다가 유월은 순자의 '單名'과 '兼名'으로 '白'과 '馬', '白馬'를 대응시키려 하고 있다. 그런데 공손룡에게는 '單'과 '兼'을 논할 의도는 보이지 않는다. 각각의 경우에 해당하는 올바른 이름은 오직 하나뿐이라는 주장을 한다는 점에서 보면, '單'을 이야기했다고 보는 것이 옳다. 게다가 공손룡은 '兼'을 이야기하는 것에 대해 반발했을 가능성이 크다. 그러므로 곧바로 그것이 순자가 말한 '單'과 '兼'으로 분석될 수 있는 것은 아니다.

살펴보면, 반론자들의 의도는 다음과 같다. 공손룡이 '白'과 '馬'를 분리할 수 있고, 그 다음에 '白馬'를 합해진 것으로 이름 붙여서 주장을 하고 있지만, 분리된 것을 합해진 것으로 부르는 것 자체가 성립되지 않는다고 공손룡을 공격하려는 것이다. 그래서 반론자들의 문장에서 읽혀지는 것은, 공손룡이 '馬與白이 白馬가 된다' 하니, 그것은 추정컨대 '未與白'인 '馬'와 다르다고 주장하게끔 되는 공손룡에게 '未

與'와 '相與'의 논리를 동원하여 논박하려는 것이다.

그러나 공손룡에게는 '馬의 未與白 상태', 더 나아가 '白의 未與馬 상태'까지 논하려는 의도가 없었던 것 같다. 오히려 반론자들의 공격 논리에서 '白다움', '馬다움'의 독립적인 개념화가 해석될 가능성이 높은 편이고, 공손룡은 '白馬'라고 부르는 경우와 '馬'라고 부르는 경우는 결코 같지 않다는 입장만을 고수할 뿐이다.

반복해서 이야기하지만, 공손룡에게 색으로서 '白의 독립성', '黃의 독립성', '黑의 독립성'을 논할 의도는 없어 보인다. 서복관처럼 앞에 나온 공손룡 답변의 문장을 '白馬者, 馬與白也. 白與馬也'로 교감하고 나면, 오히려 반론자들의 입장에서 공손룡을 왜곡하기 쉽다. 공손룡은 '馬'에 '與白'한 것이 '白馬'라고 말했을 뿐, '未與馬'를 '白'이라고까지 말하지는 않았기 때문이다. 그래서 아사노 유이치처럼 아예 공손룡이 '白'이든 '堅'이든 모두 개체를 넘어선 독립적인 실체로 간주하고 주장하고 있다고 보면, 이미 어느 정도는 반론자의 입장에 서 있는 것일 뿐, 공손룡을 이해하고 있다고 보기 어렵다.

한편 반론에 대한 공손룡의 답변을 해석하는 사희심의 의도는 이렇게 이해된다. 공손룡은 반론자가 만약 '白馬가 있음'과 '馬가 있음'이 같다고 수긍한다면, '黃馬'의 경우도 '馬가 있음'에 해당하므로 '有馬'라는 결론에서 같아진다. 그럼 결국 '白馬'와 '黃馬' 사이에도 차별성은 없어지는 것인지 다시 반론자에게 질문하여, 그것이 옳지 않다〔未可〕는 답변을 얻어낸다. 그렇다면 '黃馬도 白馬도 똑같이〔同〕 馬가 있음〔有馬〕에 해당하는데, 왜 白만 취하고 黃을 버리느냐'고 하면서 친소의 사견으로 정치가 어지러워지는 일을 공손룡이 비난한 것으로 사희심은 해석하고 있다. 공손룡의 정치론을 이렇게 해석하는 것은 홍

미로운 일이기는 하다.

그런데 공손룡이 친소를 넘어서서 공정한 화동(同)의 세상을 꿈꾸었으며, 그것으로 반론자들을 비난하고 있다고 보기에는 증거가 충분하지 않다. 여기에서 공손룡은 단지 '白馬'가 있음을 '馬'가 있는 상황과 동일시하는 것을 부정하려고 '黃馬論'을 끌어들였을 뿐이다. 이곳에도 공손룡의 답변에는 반론자를 향한 억측이 있다. '馬가 있음(有馬)'의 상황이 같다 해서, '馬'에 '白'이 함께한 것이나, '馬'에 '黃'이 함께한 것도 모두 같다고 반론자가 말한 적은 없기 때문이다. '白馬'도 '有馬'이고 '黃馬'도 '有馬'라고 보는 반론자들이라면, 오히려 반론자 측에서 '白'과 '黃'은 개체 속에 붙어 있는 우연성의 속성이라고 보았을 여지가 남는다. 그러나 반론자들 또한 그런 논리를 가지고 논쟁에 임한 것 같지는 않다. 우선 말꼬리를 붙잡고 상대의 주제를 바탕으로 추론한 것을 단순 등호화해서, 상대의 논리 내에서 일관성이 저해되고 있음을 지적함으로써 상대방을 공격한다. 이 점은 공손룡 역시 크게 다르지 않다. 공손룡은 반론자들에게 '결국 당신은 白馬는 黃馬와 같다고 보는 것이냐'고 물어봄으로써 상대를 궁지로 몰아넣었다.

공손룡의 답변을 해석하는 서복관과 아사노 유이치의 설명이 이 대목에서는 크게 틀리지 않았다. 그러나 공손룡이 구별하려는 것은 '黃馬', '馬', '白馬' 모두 각각 구별되어야 한다는 것이며, 이것이 곧바로 '白'이 개체를 떠난 보편적 실체임을 말하려는 것으로 해석되어서는 안 된다.

[5]

반론자: 曰, 有白馬, 不可謂有馬者, 離白之謂也. 是離者, 有白馬不可謂有馬也. 故所以爲有馬者, 獨以馬爲有馬耳, 非有白馬爲有馬. 故其爲有馬也, 不可以謂馬馬也.(1)

공손룡: 曰, 白者不定所白, 忘之而可也.[35] 白馬者, 言定所白也. 定所白者, 非白也.[36] 馬者無去取於色, 故黃 · 黑皆所以應.[37] 白馬者, 有去取於色, 黃 · 黑馬皆所以色去, 故唯白馬獨可以應耳.[38] 無去者非有去也. 故曰, 白馬非馬.[39](2)

【 교감 】 반론자의 문장은 교감에 어려움이 있다. '是離者'는 자서백가본에 '是離者'로 되어 있으나, 도장본 등에는 '不離者'로 되어 있다. 유월은 '有白馬不可謂有馬也'에서 '有馬'는 '無馬'로 바꾸어야 한다고 하였고, 왕계상은 그렇게 바꾸는 것이 옳지 않다고 하였다. 긍정과 부정을 함부로 바꾸면 앞뒤 문맥을 이해하는 데 혼란이 생기므로 주의해야 한다. 판본의 차이와 교감자의 견해를 받아들이면 반론자의 첫 문장은 다음의 네 가지로 교감된다. 1) 曰, 有白馬, 不可謂無馬者, 離白之謂也. 不離者, 有白馬不可謂有馬也.(도장본, 자휘본); 2) 曰, 有白馬, 不可謂無馬者, 離白之謂也. 不離者, 有白馬不可謂無馬也.(유월 교감본); 3) 曰, 有白馬, 不可謂無馬者, 離白之謂也. 是離者, 有白馬不可謂有馬也.(자서백가본); 4) 曰, 有白馬, 不可謂無馬者, 離白之謂也. 是離者, 有白馬不可謂無馬也.(서복관)

서복관은 뒷부분이 '是離者, 有白馬不可謂無馬'가 되거나 '不離者, 有白馬不可謂有馬'여야 한다고 교감하여, '是離者'를 그대로 두고 유월처럼 '有白馬

---

35 주석 (2)의 謝希深注 ①이 붙은 곳이다.

36 주석 (2)의 謝希深注 ②가 붙은 곳이다.

37 주석 (2)의 謝希深注 ③이 붙은 곳이다.

38 주석 (2)의 謝希深注 ④가 붙은 곳이다.

39 주석 (2)의 謝希深注 ⑤가 붙은 곳이다.

不可謂無馬'로 해석한다. 그러나 본 주해서에서는 '是離者, 有白馬不可謂有馬'(자서백가본)에 근거하여 번역하는 입장을 취한다. 그런데 이쪽을 선택하면 '有白馬, 不可謂無馬者, 離白之謂也'에서 '不可謂無馬'를 '不可謂有馬'로 바꾸어야 한다. 따라서 이곳의 '無馬'가 '有馬'가 되어야 한다고 교감하고, 번역도 그에 따른다.

담계보는 '獨以馬爲有馬耳'를 '以獨馬爲有馬耳'로 바꾸고 '獨以' 두 글자가 잘못 도치된 것으로 보았다. 그는 이렇게 바뀌면 문맥이 크게 달라지므로 혼동해서는 안 된다고 주장하였다. 담계보는 '故所以爲有馬者'의 '爲'와 '故其爲有馬也'의 '爲'는 '謂'와 같은 뜻이라고 하였다. '故黃·黑皆所以應'은 '故黃·黑馬皆所以應'으로 바꾸어 중간에 '馬'자를 보충하고, '黃·黑馬皆所以色去'는 '黃·黑馬皆以所色去'로 고쳐서 '所'자와 '以'자의 자리를 바꾸었다. 그러나 담계보의 교감은 원의를 너무 바꿀 수 있어서 취하지 않고 번역한다. 특히 '爲'를 '謂'로 바꾸는 것은 대단히 위험한 듯하다. '以'자의 도치도 그리 적절하지 않다.

번역

반론자: (공손룡 당신처럼) 白馬가 있다고 해서, 馬가 있다고 말할 수 없다는 것은, 白을 떼고(離) 일컫는 말이다. 그렇게 白을 떼어 낸 것(是離者)이 (馬라고 해야만), 白馬가 있다고 해서 馬가 있다는 것으로 일컬어질 수가 없게 된다. (그런데 당신의 논리를 따라가면) 그 때문에 (공손룡 당신이) 馬가 있다고 여기게 되는 이유는 단지 馬를 가지고 馬가 있다고 여기게 되는 것일 뿐이다. (그것은) '白馬가 있음'을 가지고 '馬가 있음'으로 여기는 것(有白馬爲有馬)은 아니다. 그러므로 (결과적으로 당신은) '馬가 있다고 여기는 것(爲有馬)'일 뿐이고, (당신처럼) '馬는 馬라고 말하는 일(謂馬馬)'이 가능하지는 않다.

공손룡: 흰 것은 희게 된 바를 정하지 않은 것(不定所白)이니 그것을

잊고 있어도 가능하다. 白馬는 희게 된 바를 정하여 말한 것〔言定所白〕이다. 희게 된 바가 정해진 것은 白이 아니다. 馬라고 하면, '색을 제거하거나 취하는 것〔去取〕'이 없다. 그러므로 (이때에는) 黃馬와 黑馬가 모두 그것을 가지고 대응할 수 있다. 白馬라고 하면, 색을 '제거하거나 취하는 것'이 있다. (이때에는) 黃馬와 黑馬가 모두 색으로 해서 제거된 것이기 때문에, 오직 白馬만이 홀로 그것에 대응할 수 있을 뿐이다. '제거된 바가 없는 것〔無去〕'은 '제거된 바가 있는 것〔有去〕'이 아니다. 그러므로 (나는) 白馬는 馬가 아니라고 말한다.

주석

(1) 사희심의 주석은 다음과 같다. "질의자〔賓〕가 말하기를 白을 떼어 내는 것〔離〕은 馬가 있다고 여기는 것이고, 떼어 내지 않는 것〔不離〕은 실로 馬가 아니라고 여기는 것이다. 그러나 馬形과 馬色은 굳건하게 서로 연속되어 있으니, 곧 두 말이 體를 함께한다고 하여 '馬馬'라고 말할 수 없다. 그러므로 이어서 부르기를 '白馬'라고 한다."[40]

유월은 '曰, 有白馬, 不可謂無馬者, 離白之謂也. 不離者, 有白馬不可謂有馬也'에 내하여 다음과 같이 주석하였다. "有馬는 無馬가 되어야 한다. 아래 문장에서 '有馬'를 세 번 말한 것에 간섭을 받아 잘못된 것일 뿐이다. 이 문장은 위에서 '不可謂無馬'라고 한 것을 받아서 말한

40 謝希深注: "賓曰, 離白是爲有馬, 不離實爲非馬. 但以馬形馬色, 堅相連屬, 便是二馬共體, 不可謂之馬馬, 故連稱白馬也."

것이다. 또한 논박하는 사람의 말로서 다음과 같은 뜻이다. 내가 말한 '有白馬, 不可謂無馬'라는 것은 단지 '馬不馬'를 논한 것이며, '白不白'을 논한 것은 아니다. 그러므로 '離白之謂也'라고 하였다. 여기에서 떼어 낸 것을 가지고 말한다면, 白은 하나의 물건이고 馬도 하나의 물건이니, 분명히 白도 있고 馬도 있어서 馬가 없다고 말할 수는 없다."[41]

유월은 또한 '故所以爲有馬者, 獨以馬爲有馬耳, 非有白馬爲有馬. 故其爲有馬也, 不可以謂馬馬也'에 대해서는 다음과 같이 주석하였다. "이 문장은 논박하는 사람의 말이다. 위의 문장을 이어서 말하였다. (다음과 같은 뜻이다.) 단지 '馬不馬'를 논하였을 뿐 '白不白'을 논하지 않았다. 만약 반드시 白者를 가지고 馬가 아니라고 여긴다면, 白者는 어떤 물건인가. 白은 곧 馬에 붙어 있는 것(附)이니 분리해 낼 수 없다. 그러므로 白馬를 보면 단지 有馬라고도 말할 수 있을 뿐이다. 그렇지 않다면 白馬도 하나의 馬이고, 馬도 또 하나의 馬가 되어 하나의 馬를 둘로 여기게 된다(一馬而二之). 이것은 '馬馬'이다."[42]

서복관의 주석은 다음과 같다. 왕계상의 『공손룡자교전』에서, 유월이 '有馬'가 '無馬'로 되어야 하는데 잘못되었다고 한 것에 대하여, "有馬 두 글자가 잘못된 것이 아니니 유월의 주장은 틀렸다."라고 하였다. 살펴보면 원문에서 만약 '是離者'로 되어 있다면 유월의 주장처

41 兪樾注: "樾謹按, 有馬當作無馬. 涉下文三言有馬而誤耳. 此卽承上不可謂無馬而言. 亦難者之辭. 言吾所云有白馬不可謂無馬者, 止論馬不馬. 不論白不白, 故曰離白之謂也. 就此所離者而言之, 白爲一物, 馬爲一物, 明明有白有馬, 不可謂無馬也."

42 兪樾注: "樾謹按, 此難者之辭. 承上文而言. 止論馬不馬, 不論白不白. 若必以白者爲非馬, 則白者何物乎. 白卽附於馬, 不可分別, 故見白馬止可謂之有馬而已. 不然, 白馬一馬, 馬又一馬, 一馬而二之, 是馬馬矣."

럼 '有馬'는 '無馬'가 되어야 하고, 만약 '是離者'가 도장본처럼 '不離者'로 되어 있다면 '有馬'가 '無馬'가 되어서는 안 된다. 여기에서는 유월의 주장을 따르겠다. 유월이 말하기를 "만약 흰 것을 가지고 馬가 아니라고 여긴다면 흰 것은 어떤 물건인가? 白은 곧 馬에 붙어 있어 나눌 수가 없다. 그러므로 白馬를 보면 馬가 있다고 할 수 있을 뿐이다. 그렇지 않다면 白馬도 하나의 馬이고 馬 또한 하나의 馬가 되어 하나의 馬를 두고 말하면, 馬馬가 될 것이다."라고 하였다.

(2) 사희심의 주석 ①은 다음과 같다. "만물에 두루 흰색이 있다. 그러므로 희게 된 바를 정할 수 없다〔不定所白〕고 말하였다. 白이 이미 馬에 있어서 정해지지 않았으니, 馬도 白에 의해 전유되지 않는다. 그러므로 색을 잊고서 馬를 구하게 되니 여러 말이 모두 응대한다. 사사로움을 잊고 사람들을 친하게 대하면 천하가 모두 친해질 것이다."[43]

사희심의 주석 ②는 다음과 같다. "馬에게 白이 정해졌음은 곧 馬의 白이다. 어떻게 스스로 白이 된다고 여길 수 있는가."[44]

사희심의 주석 ③은 다음과 같다. "곧바로 말하면, 馬는 여러 색에서 제거하고 취하는 바가 없다. 취하는 것이 없으므로 馬가 응대하지 않음이 없고, 제거하는 것이 없으므로 색이 있지 않음이 없다. 그러므로 聖人은 담담하게 품은 생각을 잊고 빈 마음을 가지고 사물을 통제한다. 그러므로 사물이 다스려지지 않음이 없고 이치가 그 끝에

43 謝希深注 ①: "萬物通有白色, 故曰不定所白. 白既不定在馬, 馬亦不專於白. 故忘色以求馬, 衆馬皆應矣. 忘私以親人, 天下皆親矣."

44 謝希深注 ②: "定白在馬者, 乃馬之白也. 安得自爲白乎."

다다르지 않음이 없다."[45]

사희심의 주석 ④는 다음과 같다. "黃을 제거하고 白을 취하게 되면 여러 말이 각각 그 색을 고집하고 스스로 다르게 하여 제거하므로 오직 白馬가 홀로 응대하게 된다. 왕이 된 사람이 그 사사롭게 여기는 바와 어울리고 천하를 소홀히 한다면 천하가 각각 그 소원함을 고집하고 스스로 다르게 하여 모반할 것이다. 천하가 모두 모반하면 누가 군주의 명령에 응하려고 하겠는가. 오직 사사롭게 여기는 (바의 사람들)뿐일 것이다. 사사로이 여기는 것만 응대한다면, 사물에 명명하는 일이 오로지 화를 늘리는 것에만 들어맞을 터이니, 어지러움을 다스릴 수가 없다."[46]

사희심의 주석 ⑤는 다음과 같다. "白에서 취하지 않는다는 것, 이것은 黃을 제거하지 않는다는 것이다. 색을 제거하지 않으면 색이 馬와 함께 있는 것을 제거할 수 있는 것이 아니므로, 그러므로 '제거할 수 없는 것〔無去〕'은 '제거할 수 있는 것〔有去〕'이 아니라고 말하였다. 대체로 黃과 白이 馬에 있는 것은 마치 친소가 사람들에게 있는 것과 같다. 사사로움을 친히 하고 소원함을 멀리하면 소원한 자들이 모반한다. 소원한 자들이 떨어져 나가고 모반하면 친한 것은 홀로 있을 수가 없다. 그러므로 白馬는 馬가 아니라고 말하였다. 그런 까닭으로 聖人은 마음을 비우고 이치를 살펴서, 가슴에 六合을 품고 통치하

---

45 謝希深注 ③: "直云, 馬者是於衆色, 無所去取也. 無取故馬無不應, 無去故色無不在. 是以聖人淡然, 忘懷而以虛統物, 故物無不治而理無不極."

46 謝希深注 ④: "去黃取白, 則衆馬各守其色, 自殊而去, 故唯白馬獨應矣. 王者黨其所私而踈天下, 則天下各守其踈, 自殊而叛矣. 天下俱叛, 誰當應君命哉. 其唯所私乎. 所私獨應, 命物適足增禍, 不能靜亂也."

지 않음이 없고 신령하게 살펴봄이 여유로우니, 마음속에서 만상을 비추어 볼수록 그 신통함이 더욱 조용해진다. 그러므로 친한 이들 속에 처해도 친함이 없을 수 있고 소원한 곳에서도 소원함이 없다. 비록 친소에서 취하지 않아도 또한 친소를 버리지 않으니, 그것으로 四海가 친함을 함께하고 萬國이 함께 관통된다."[47]

유월은 '無去者非有去也. 故曰, 白馬非馬'에 대하여 다음과 같이 주석하였다. "馬라고 하면 버린 것이 없는 것〔無去者〕이다. 白馬가 대응해도 가능하고, 黃馬나 黑馬로 대응해도 가능하다. 버린 바가 없기 때문이다. 白馬라고 하면 버린 것이 있는 것〔有去者〕이다. 白馬를 취하고자 하면, 黃馬와 黑馬를 제거하지 않을 수 없다. 하나는 '無去'이고 하나는 '有去'이니, 분명하게 나뉘어 둘이 되므로, 어찌 합하여 하나로 삼겠는가. 그러므로 '白馬非馬'라고 하였다."[48]

서복관은 다음과 같이 해석한다. 살펴보면 이 단락의 전반부는 질의자가 '白馬'가 색을 떼어 내고 오직 '馬의 형태'만으로도 '馬'가 된다는 주장을 깨뜨리고, 특별히 '白'에 대해서 지적하여 말한 것이다. '白'은 일종의 '共相'으로, 아직 어떤 물건에 정착하지 않았을 때에는 그것을 잊어버릴 수 있다. 살펴보면 '忘'은 곧 반론자가 말하는 '離'

---

47 謝希深注⑤: "不取於白者, 是不去黃也. 不去於色, 則色之與馬, 非有能去, 故曰無去者非有去也. 凡黃白之在馬, 猶親疎之在人, 私親而背疎, 則疎者叛矣. 疎者離叛, 則親不能獨存矣. 故曰白馬非馬. 是以聖人虛心洞照理, 無不統懷六合於胸中, 而靈鑑有餘, 燭萬象於方寸, 而其神彌靜, 故能處親而無親, 在疎而無疎. 雖不取於親疎, 亦不捨於親疎, 所以四海同親萬國共貫也."

48 兪樾注: "樾謹按, 言馬則無去者也. 以白馬應可也. 以黃馬, 黑馬應可也, 無所去也. 言白馬則有去者也, 取白馬, 則不得不去黃馬, 黑馬矣. 一則無去, 一則有去, 明明分而爲二, 豈可合而爲一, 故曰白馬非馬."

이다. '白'이 정해지지 않았을 때에는 떼어졌다고 말할 것이 없으니 '離' 자를 '忘' 자로 바꾸었을 뿐이다. '白馬'에서는 이미 '馬' 위에 '白'이 정착되어 '馬'에 정착된 '白'은 더 이상 '不定所白의 共相'이 아니다. 따라서 '白馬'의 '白'을 떼어 내어 단지 '馬'로만 보이게 할 수 없다. 그러므로 '白馬'는 '白馬'이지 '白'을 떼어 내고 '馬'만 남은 것일 수 없다. 따라서 '白馬'를 가지고 '馬가 있다'고 여길 수는 없다. '馬'라는 이름은 색에서 버리고 취한 것이 없다. 그러므로 단지 '馬'라고 하고 '각색의 馬'(黃馬, 黑馬)가 모두 대응할 수 있다. '白馬'라는 이름은 색에서 취하고 버림이 있어서 '白馬 이외의 각색의 馬'(黃馬, 黑馬)는 '흰색의 馬'라는 이름에 의해 배척되고 오직 '白馬'만이 '白馬'라는 이름에 상응한다. '馬라는 이름'은 색에서 제거된 것이 없는데 '白馬'라는 이름은 색에서 제거된 것이 있으니, '無去'의 개념은 '有去'의 개념과 같지 않으므로 '白馬非馬'라고 말하였다.

해설

주석가들의 견해를 살펴보면, 우선 담계보는 '離의 입장'을 반론자의 주장으로 보고 이들이 명가들을 대변하고, 공손룡은 '不離의 입장'으로 보고 이것이 형명가들의 주장을 대변한다고 본다. 사희심은 '離白'이 반론자의 '有馬論', '不離'가 공손룡의 '非馬論'이라고 해석한다. 유월도 '所離'를 논하고 있는 쪽은 반론자들이라고 해석한다. 서복관의 해석도 마찬가지이다. 대체로 '離'를 말하는 쪽이 반론자라고 해석하고 있다. 그렇다면 서복관의 지적처럼, '是離者, 有白馬不可謂無馬'이거나 '不離者, 有白馬不可謂有馬'여야만 앞뒤의 부정 관계가 호응

한다.

그런데 이들이 전혀 고려하지 않고 있는 또 하나의 가능성은 '離의 입장'이 공손룡 측이고, '不離의 입장'이 반론자 측이라고 보는 것이다. 그러면 첫 문장의 '有白馬, 不可謂無馬者, 離白之謂也'에서 '不可謂無馬者'의 '無馬'를 '有馬'로 교감해야 한다. 그래야 공손룡이 '離白'을 이야기한다는 일관성을 견지할 수 있고, 그에 대비하여 '不離'를 말하는 쪽이 '白馬有馬論者'들이 된다. 그러면 그 다음에 이어지는 '是離者, 有白馬不可謂有馬也'도 반론자가 공손룡을 해석하는 문장이 되어 이해가 쉽다.

필자의 견해로는, 반론자의 질문에 공손룡이 답변하면서 '不定所白'을 이야기하거나 색이 '제거되거나 취해짐〔去取〕'을 말하는 대목에 비추어 보면, '離'를 말하는 쪽은 공손룡이 맞는 것 같다. 반론자들의 공격은 공손룡처럼 '離白'을 하면 '白馬'가 '馬'가 되므로, 그 말은 결국 '馬는 馬이다'라고 말하는 것일 따름이라면서 그런 말을 할 이유가 무엇인지 묻는 것이다. 결론적으로 반론자들은 '白馬有馬'의 입장을 견지하고서, 공손룡이 말하는 '非馬論'의 귀착점이 '有馬'가 될 뿐임을 지적하고자 하였다.

필자가 해석하는 반론자의 의도는 다음과 같다. 천하에 '無色의 馬'가 없으니 구체적인 '馬'를 부를 때에는 반드시 그 색을 붙여서 '白馬', '黃馬' 등으로 부를 것이다. 만약 색이 있는데도 이를 떼어 내고 부르려고 한다면 단지 '馬는 馬이다〔馬馬〕'라고 말하는 것일 뿐이다. 이는 '白馬'나 '黃馬', '黑馬' 등에 대해서도 마찬가지이다. '白馬'는 '하얀〔白的〕 馬'의 뜻이지만, '馬馬'는 뜻을 이루지 못한다. 그래서 그들은 '不可以謂馬馬也'라고 말하였다.

반론자의 의도를 좀 더 자세히 설명해 보자. 나는 공손룡 당신이 '白馬가 있다는 것을 두고 馬가 있다고 말할 수 없다〔不可以謂有馬〕'고 한 원인이, 그것의 색인 '白'을 떼고〔離〕 말하였기 때문이라고 여긴다. 당신처럼 그렇게 그 '白'을 떼어 낸 것〔是離者〕이 '馬'라고 해야만, 그때서야 비로소 '白馬'가 있다고 해서 '馬'가 있는 것으로 칭할 수 없다. 그러나 그렇게 당신의 논리를 따라가면 바로 '白'을 떼어 버리게 되고, 그러므로 공손룡 당신이 '馬'가 있다고 여기게 되는 이유가 (생기는데, 그것은) 단지 '馬'를 가지고 '馬'가 있다고 여기기 때문일 뿐이다. 그것은 물론 '白馬가 있음'을 가지고 '馬가 있음'으로 여기는 것〔有白馬爲有馬〕은 아니지만, 결론적으로 당신은 그것이 '馬가 있다고 여기는 것〔爲有馬〕'임에는 틀림이 없다. 게다가 당신처럼 '馬는 馬라고 말하는 일〔謂馬馬〕'은 가능하지 않다. 반론자는 이렇게 공손룡을 공격하여 '白馬非馬論'이 결국 '有馬論'으로 귀결되지 않느냐고 몰아붙이는 것이다. '非馬論'이 '有馬論'이 되어 버리니, 공손룡에게는 난감한 반론이다.

담계보는 '獨以馬爲有馬耳'를 '以獨馬爲有馬耳'로 바꾸고 '獨以' 두 글자가 잘못 도치된 것으로 보았다. 그는 이렇게 바뀌면 문맥이 크게 어긋나므로 혼동해서는 안 된다고 주장하였다. 또한 '獨馬'는 아래 구절의 '馬馬'와 상대된다고 주장한다. 그러나 이것은 좀 지나친 억측인 것 같다. 앞의 '獨'은 문장 끝의 '耳'와 호응할 뿐, '馬'를 한정하지 않는다.

공손룡의 답변을 해석하는 사회심의 주는 이번에도 역시 친소를 들어 색의 '有去'와 '無去'를 대응시키고 있다. 결국, 공손룡이 색의 '有去'와 '無去'를 대응시켜 '白馬'와 '馬'를 분리한다는 유월과 서복관의 해석도 과히 틀리지는 않았다.

공손룡은 '離白'을 말하는 것이 결국 '有馬'로 귀결되느냐는 반론자들의 질문에 다음과 같이 대응했다. 자신이 '白馬가 馬가 아님'을 주장하는 것은 색의 '有去取'와 '無去取'의 차이를 두고 말한 것이지, '白'을 완전히 독립시켜 분리한다는 뜻이 아님을 역설한다. 공손룡이 말하는 '不定所白'은 말하여 부르는 층위(謂)에서 그것이 정해져 있지 않다는 뜻이다. 그래서 공손룡에게 '定所白'은 '白馬'이고 '不定所白'은 '馬'이다. 즉, '定所白'은 '有去取'이고, '不定所白'은 '無去取'인 것이다.

3. 지물론(指物論)

○ 간략 해제

「지물론」은 「백마론」, 「통변론」, 「견백론」 등처럼 '曰'로 시작되는 반론과 대답의 문장으로 구분되어 있지 않다. 그래서 주석가들 사이에 단락 구분과 요지 해석을 둘러싸고 이론(異論)이 분분하다. 「백마론」 등이 명백하게 반론자들의 질문과 그에 대한 공손룡의 답변으로 구성되어 있어서, 「지물론」에서도 대부분의 주석가들이 나름의 단락 구분을 하고 반론과 주장으로 나누어 해석하고 있다. 그러나 어떤 경우에는 반론이 전혀 없는 순수한 공손룡의 주장으로 해석하기도 한다.

본 주해서에서는 「지물론」에 명확한 반론의 입장이 드러나는 것으로 판단하여, 반론과 공손룡의 주장이 교대로 등장하는 것으로 해석한다. 「지물론」을 해석하는 본 주해서의 입장은 대체로 다음과 같다.

살펴보면 공손룡은 우선 '指가 있음(有指)'이 '사물을 일컫는 것(謂物)'의 전제 조건임을 강조한다. 그런데 공손룡은 '非指를 指하는 것(指非指)'을 동시에 말하고 있는데, 그 이유는 '指'와 동시에 '非指'도 발생하므로 그것을 '指'하는 일이 있음을 인정해야 하기 때문이다. 예를 들어, '牛라고 가리키는 일'은 모든 '非牛를 가리키는 일'과 동시에 일어난다. 그렇게 되면 만물은 '指' 아닌 곳으로 도망갈 수가 없다. 그래서 '사물은 指 아닌 일이 없음〔物莫非指〕'이 성립한다.

그러나 반론자들은 '非指가 세상에 없는 것인데, 그것을 어찌 指하는가'라고 반문하고, 그렇다면 '指'도 없는 것이라고 결론을 내린다. 그래서 반론자들은 공손룡의 주장이 모두 성립하지 않는다〔未可〕고 논박한다. 이렇듯 '指'를 인정하지 않는 '未可'의 입장은 모두 반론자의 것이다.

본 주해서는 반론자와 공손룡의 주장을 여섯 단락으로 나누어 번역하고 주석한다.

指物論

[1] 공손룡 주장의 요지

공손룡: 物莫非指, 而指非指.(1)

天下無指, 物無可以謂物.(2)

【 교감 】 '天下無指物無可以謂物'의 구두는 주석가마다 다르다. 서복관은 '天下無指物, 無可以謂物'로 구두하고, '指物'에 대해 '指로부터 物을 보인 것(由指而見之物)'이라고 풀이하였다. 이에 대해 '謂物'을 풀이하여, 物을 인식하려면 반드시 먼저 주관 속에 物의 영상이 성립해야 하고, 그 다음 첫 번째가 그 物의 名을 알아서 稱謂를 더해 주는 것이니, 그 稱謂가 바로 '謂物'이라고 하였다.[1] 그러나 담계보를 비롯한 대부분의 주석가들은 '天下無指, 物無可以謂物'로 구두한다.[2] 특기할 것은 그레이엄(A. C. Graham)과 레딩(Jean-Paul Reding)의 구두이다. 그들은 '天下無指物無可以謂物' 뒤에 '非指者'를 이어 붙이고, '天下無指物, 無可以謂物非指者'라고 구두한다.[3]

번역

공손룡: 物은 '指가 아님(非指)'이 없고, (동시에) '指가 아님'을 指한다.

천하에 指가 없다면, 物을 '物이라고 일컬을(謂物)' 수 없다.

1 徐復觀, 13-18쪽 참조. 이하 「指物論」에 나오는 徐復觀 주석의 출처는 동일함.

2 譚戒甫, 18-24쪽 참조. 이하 「指物論」에 나오는 譚戒甫 주석의 출처는 동일함.

3 A. C. Graham, "Three Studies of Kung-sun Lung", *Studies in Chinese Philosophy and Philosophical Literature*, Singapore: Institute of East Asian Philosophies, 1986, p.127; Jean-Paul Reding, "Gongsun Long on What is Not: Steps Toward the Deciphering of the Zhiwulun", *Philosophy East and West* 52:2, 2002, pp.190-206.

주석

(1) 사회심의 주석은 다음과 같다. "物과 我가 능력이 다르지만 相指하지 않음이 없다. 그러므로 '物莫非指'라 하였다. 相指는 서로 시비를 가림〔相是非〕을 뜻한다. 彼此가 서로 밀어붙이면〔相推〕 是非가 하나로 섞여서 無指한 곳으로 귀결된다. 그러므로 '而指非指'라고 하였다."[4]

유월은 다음과 같이 말하였다. "指는 무엇인가를 지목한다는 뜻이다. 牛를 보고 지목하여 牛라고 말하고, 馬를 보고 지목하여 馬라고 말한다. 이것이 이른바 '物莫非指'의 뜻이다. 그러나 牛馬는 사람들이 그것에 이름 붙인 것일 뿐이다. 내가 어떻게 牛가 馬가 아니며, 馬가 牛가 아님을 알겠는가. 그래서 指非指이다."[5]

여기에서 유월은 '指非指'를 아마도 다음과 같이 해석한 것이 아닌가 한다. 우선 유월에게 '指'는 사물을 지목하는 일이다. '牛'를 보고 '牛'를 지목하여 '牛'라고 하고, '馬'를 보고 '馬'를 지목하여 '馬'라고 말한다. 그래서 만물은 지목되지 않는 일이 없다〔物莫非指〕. 그러나 유월이 보기에 '牛馬'는 모두 사람이 이름을 붙인 것이니, 이름 붙이지 않았다면 '牛'를 두고 '牛'라고 하며 '馬'라고는 부르지 않고, '馬'를 두고 '馬'라고 하고 '牛'라고 하지 않음을 우리가 어떻게 알 수 있겠는가. 그래서 '指目'은 사물과 일치하여 발생할 수 있으나 '指名'은 그렇지 않다. 따라서 '指非指'라고 해석한다.

---

4 謝希深注: "物我殊能, 莫非相指. 故曰物莫非指. 相指者, 相是非也. 彼此相推, 是非混一, 歸於無指. 故曰而指非指."

5 兪樾注: "樾謹按, 指謂指目之也. 見牛而指目之曰牛, 見馬而指目之曰馬. 此所謂物莫非指也. 然牛馬者, 人爲之名耳. 吾安知牛之非馬, 馬之非牛歟. 故指非指也."

그러나 유월의 해석은 '指目'을 가지고 '指'를 해석한 '物莫非指'만 타당하다. 공손룡이 '非指'를 '命名'의 인위성까지 고려하여 사용하였는지 확인할 길이 없기 때문이다. 필자가 보기에 「지물론」의 주된 목적은 '指'가 '謂物'에 없어서는 안 됨을 강조하는 것이다. 그런데 '非指'를 비난하는 이들은 뒤에 나오는 단락 [4]에서 오히려 '指'는 있을 수 없고 '物'에 타고난 '名'이 있다고 주장하여(生於物之各有名), '名'에 대한 이해가 공손룡과 다름을 드러내고 있다. 물론 「명실론」에 의하면 공손룡도 '名'을 중요하게 거론한다. 그런데 공손룡에게 '名'은 '物과 實의 자리를 분명하게 하고 나서 바르게 되는 것'이다. 공손룡에게 '物과 實의 자리를 분명하게 하는 것'이 바로 '指'의 역할이다. 따라서 유월처럼 공손룡이 「지물론」에서 '指名의 인위성'을 논한다고 섣불리 해석하는 것은 옳지 않다.

(2) 사희심의 주석은 다음과 같다. "指는 모두 是非를 말한다. 그러므로 物이 非指라는 것은, 대체로 物의 실정(情)이 반드시 서로 是非를 가리므로(相是非), 천하에 만약 是非를 가리는 物이 없다면 어느 하나의 物도 物이라고 할 수 없다. 이 때문에 物이 있으면 곧 서로 是非를 가리고(相是非), 그러므로 物은 指할 수가 없다."[6]

유월은 다음과 같이 말하였다. "이것은 物莫非指를 이어받아서 한 말이다. 牛라는 名이 없다면 牛가 없다. 馬라는 名이 없다면 馬가 없다. 무엇 때문인가. 말할 방법이 없기(無以謂之) 때문이다. 그래서

6 謝希深注: "指皆謂是非也. 所以物非指者, 凡物之情必相是非, 天下若無是非之物, 則無一物而可謂之物. 是以有物卽相是非, 故物莫可指也."

'天下無指, 物無可以謂物'이라 한 것이다."[7]

유월의 해설은 '指'를 '名'으로 치환하여 혼란을 일으킨다. 「지물론」에서는 일단 '指'와 '名'을 분리해서 이해하는 것이 좋겠다. 공손룡은 '指가 없다면 謂物할 수 없다'고만 하였을 뿐, '名이 없다면 物도 없다'고 말한 적이 없기 때문이다.

서복관은 '天下無指物, 無可以謂物'로 구두하고, '指物'에 대해 '指로부터 物을 보인 것(由指而見之物)'이라고 풀이하였다. 이에 대해 '謂物'을 풀이하여, '物'을 인식하려면 반드시 먼저 주관 속에 '物의 영상'이 성립해야 하고, 그 다음 첫 번째가 그 '物의 名'을 알아서 '稱謂'를 더해주는 것이니, 그 '稱謂'가 바로 '謂物'이라고 하였다. 그래서 서복관에게 '指-名-謂'는 순차적으로 진행되는 것으로 이해된다. '指'는 그 '物'에 대해 먼저 떠올리는 영상이다. 그래서 서복관은 이것을 플라톤의 '共相'과 연관시켰다. 살펴보면, 서복관은 '指'를 지나치게 추상적인 인식작용으로 해석하였다.

그레이엄과 레딩은 '天下無指物無可以謂物' 뒤에 '非指者'를 이어 붙이고, '天下無指物, 無可以謂物非指者'라고 구두하였다. 그레이엄은 "세상에 사물을 지적하는 일이 없다면, 지적되지 않은 사물에 대해 말할 방법이 없다."로 번역하고,[8] 레딩은 "만약 세상에 존재하지 않는 사물을 지적한다면, 그것을 지적하는 데 실패하였음을 확인해 줄 방

7 兪樾注: "樾謹按, 此承物莫非指而言. 無牛之名則無牛矣. 無馬之名則無馬矣. 何也. 無以謂之也. 故曰天下無指, 物無可以謂物."

8 Graham, p.213. "When within world there is no pointing things out, there is nothing by which one may say the things are not the pointed-out."

법이 없다."라고 번역한다.[9] 레딩은 '非指'를 공손룡의 전문용어로 파악하고, 특별히 '실제적인 지시가 아닌 지시'라고 해석한다. 즉, "非指는 세상에 존재하지 않는 사물을 가리킨다."라고 풀이하였다.[10] 그렇게 되면 레딩의 번역은 '天下無指物'을 '天下指無物'로 구문을 바꾼 셈이며, '無可以謂物非指者'를 '無可以謂非指物者'로 바꾼 셈이다. 레딩은 그레이엄의 해석보다 훨씬 자의적으로 문장 구조를 바꾸었으므로, 그의 번역을 받아들이기는 힘들 것 같다. 그러나 '非指'가 공손룡에게 전문적인 의미를 가진 용어라는 지적은 참고할 만하다. 그레이엄의 해석대로 '非指'는 '지적되지 않은 사물', 혹은 더 나아가 '지적되고 난 뒤 제외되는 사물', '지적의 대상에서 벗어난 사물'을 의미할 수도 있기 때문이다.

해설

유월에 의하면, 사물은 지목하고 그것에 이름을 붙여 불러 주는 일에 의해서만 존재할 수 있다. 불러 줄 방법이 없다면 사물은 없다. 그래서 세상에 '指'가 없다면 '謂物'할 방법이 없다는 것이다. 그것이 '物莫非指'의 또 다른 해석이다. 유월에 의하면, 이름이 있어야 그 사물이 있고, 오직 그것으로만 사물은 존재한다. 이름을 댈 수 없다면 그것은 없는 것이다. 그러나 그것이 과연 공손룡의 주장인지는 확정하기 어

---

9 Reding, p.197. "If we point out something that does not exist in the world, nothing permits us to affirm that the thing has failed to be pointed out."

10 Reding, p.193. "Fei Zhi refers to a pointing that points at things that do not exist in the world."

렵다.

필자가 보기에 공손룡이 말한 바는 '사물을 일컫는 일(謂物)에는 반드시 指가 있어야(有指) 한다'는 것이며, 그것이 바로 '物莫非指'의 주장이다. 따라서 사물은 '指'하는 일에서 한 치도 벗어나서는 안 된다. 이것이 「지물론」 전체에 걸쳐 공손룡이 증명해야 하는 주요 명제인데, '有指를 증명하면서 동시에 非指를 말해야 하는 것'이 공손룡의 딜레마였다. '物莫非指'에서 그치고 '有指'만 강조하면 되는 것이 아니었기 때문이다. '指'가 발생하는 시점에 '物'을 일컫는 일(謂)이 가능하다면, 그때 '指하지 못하고 남는 부분(非指)'은 어떻게 해야 하는가를 설명해야 했다. 그래서 '非指의 부분도 指하는 일이 발생한다(指非指)'고 말하지 않을 수 없었다. 그래야만 '物莫非指'도 완벽하게 성립하기 때문이다. '物'을 바로 '指'하는 '直接指'와 '指目에서 벗어난 나머지 사물(非指)'을 '指'하는 '間接指'가 동시에 발생한다는 것이다. 반론자들은 바로 '非指'라는 용어를 공격하는 데에서 논박을 시작한다.

[2] 반론자

반론자: 非指者, 天下無物, 可謂指乎?(1)

指也者, 天下之所無也.

物也者, 天下之所有也.

以天下之所有, 爲天下之所無, 未可.(2)

【 교감 】 '非指者天下無物可謂指乎'에 대한 이해도 주석가마다 다르다. 유월은 도장본의 '天下而物'을 '天下無物'로 교정한다. 담계보와 레딩은 '而'를 '無'로 고치는

것에 동의하지만, 서복관 등 많은 주석가들은 '而'를 그대로 두고 해석한다. 예컨대 서복관은 '而'가 '是'와 같다고 하였다. 구두도 '非指者, 天下而物, 可謂指乎'(서복관, 陳癸淼), '非指者, 天下無物, 可謂指乎'(담계보) 등이 있다. 또한 '非指者'를 앞의 구절에 붙이고 '天下無物, 可謂指乎'(레딩)로 구두하거나, '非指者天下, 而物可謂指乎'(王琯)로 구두하는 등 문장 이해에 따라 다양하다. 본 주해서에서는 담계보와 같이 '而'를 '無'로 고쳐서 번역하고 해설한다.

번역

반론자: 非指라고 하는 것이, 세상에 없는 물건인데 (어떻게) 그것을 指할 수 있는가?

(그렇다면) 指라고 하는 것은 세상에 없는 것이다.

(반면에) 物이라고 하는 것은 세상에 있는 것이다.

세상에 있는 것(즉, 物)을 가지고 세상에 없는 것(즉, 指)으로 삼는다면 그것은 가능하지 않다.

주석

(1) 사희심의 주석은 다음과 같다. "物莫非指라 하고도 또 非指라고 말한 것은, 天下가 고르게 되어 있어 物을 두고 物을 指한다고 할 수 있는가. 物은 모두 서로 指할 것을 잊으니, 그러므로 指는 모두 非指이다."[11]

유월은 다음과 같이 말하였다. "이것은 指非指를 받아서 한 말

11 謝希深注: "物莫非指而又謂之非指者, 天下齊焉, 而物其可謂之指乎物. 物皆忘相指, 故指皆非指也."

이다. '天下而物'은 '天下無物'로 써야 하는데 글자가 잘못된 것이다. 그 뜻은 다음과 같다. 내가 말하는 非指라는 것은 세상이 처음 생겨날 때 牛가 있어도 牛라는 이름이 없어서 無牛인 것이거나, 또는 馬가 있어도 馬라는 이름이 없어서 無馬인 것이다. 갑자기 지목하여 말하기를 '이것이 牛이다'라고 하거나, 갑자기 지목하여 '이것이 馬이다'라고 하면, 천하에 본래 그런 물건은 없었는데, 내가 억지로 그에 이름 붙인 것이다. 이는 사물에 억지를 적용하여 내가 지목한 것을 따르게 하는 것이니, 可하다 할 수 있는가, 不可하다 할 수 있는가."[12]

살펴보면 유월은 이 단락을 공손룡의 해설로 받아들인 것 같다. 그래서 '指'와 '名'을 혼용하여 풀이하면서 혼란을 가중시키고 있다.

한편 서복관은 '天下而物'에서 '天下'는 '천하에 처한다'의 뜻이며 지금 말하는 '객관'으로 풀이한다. 그는 '天下'를 객관으로 풀어서 공손룡의 주장 전체를 해석하고 있다. 또한 이곳의 '而'는 '是'와 같은 것으로 보아, 유월처럼 '天下無物'로 해석하지 않는다. 서복관은 다음과 같이 해석한다. 사물이 비록 '指'로부터 보이지만 '指' 자체는 스스로 독립된 존재가 아니라서 실은 '非指'이다. 그러므로 '指'가 만약 스스로 독립된 존재라면 반드시 객관 중에 어떤 시공을 점한 물건이 되어야 한다. 그러나 객관 중에는 모두 시공의 위치를 점한 물건이 있으나, '指'는 주관의 활동이며 객관 중에 시공의 위치를 점하고 있지 않으니 객관에서 '指'가 있다고 말할 수 있겠는가? 이 구절은 '而指非指'

12 兪樾注: "樾謹按, 此承指非指而言. 天下而物當作天下無物, 字之誤也. 言我所謂非指者, 天地之初, 有牛而無牛之名, 則是無牛也. 有馬而無馬之名, 則是無馬也. 俄而指之曰, 此牛也. 俄而指之曰, 此馬也. 天下本無此物, 而我强爲之名. 是强物以從我之指也. 其可謂乎, 其不可謂乎."

를 해석한 것이다.

(2) 사회심의 주석은 다음과 같다. "天下에 하루도 物이 없는 날이 없고 하나의 物이라도 그에 적절하지 않은 적이 없다. 그러므로 억지로 物을 指로 삼는 것은 可하지 않다(未可)."[13]

담계보의 해석은 다음과 같다. '指'는 감각에서는 있지만, 사람들은 그것을 '虛'하다 하니 그래서 '天下之所無'라고 하였고, '物'은 관찰과 경험으로 얻은 것으로 사람들은 그것을 '實'이라 하니 그래서 '天下之所有'라 한 것이다. '有'는 '無'가 될 수 없고 '實'은 '虛'가 될 수 없으니 '未可'라 한 것이다.

이 구절에 대한 서복관의 해석은 다음과 같다. 인식능력이 객관을 지향하여 형성한 영상, 즉 '指'는 주관에 속한 것이다. 그러므로 '天下', 즉 객관 중에는 없다. 그러나 지향된 물건(物)은 반드시 시공의 위치를 가지며 객관 중에 있다. 그런데 객관 중에 있는 물건(物)을 객관 중에 없는 '指'로 삼으니, 영상(指)과 실물(物)의 두 가지가 섞여 있는 것은 가능하지 않다.[14]

해설

이 단락에 특별히 명시되지 않았지만, 이 부분을 공손룡에 대한 반론으로 볼 수 있는 증거는 『묵경』의 주장에서 확인된다. 『묵경』은 '指'의

13 謝希深注: "天下無一日而無物, 無一物而非適. 故强以物爲指者, 未可也."

14 徐復觀의 주장은 「指物論」 말미에 참고자료로 소개하였다.

성립 가능성을 인정하지 않는다.[15] 따라서 이곳에 드러난 논쟁점은 '有指論과 無指論의 대립'임이 분명하다. 그러므로 이곳의 '未可'를 포함하는 단락 [2]와 단락 [4]의 입장은 모두 공손룡에 대한 반론으로 해석해야 할 것이다. 초점은 '有指'를 주장하면서 동시에 '非指'를 말해야 하는 공손룡의 딜레마이다. 공손룡은 나아가 '非指'가 '無指'가 아님을 논증해야 했다. 반론자들은 '非指'를 말하고 있는 이상 '無指' 일 수밖에 없다고 물고 늘어진다.

따라서 반론자들의 첫째 공격 포인트는 바로 '非指'이다. 공손룡이 '非指'를 말하고 있다면, 그것은 '謂物과 관련된 指'도 아니므로 '세상에 없는 것이 아닌가, 그런데 어떻게 그것을 指하는 일이 가능한가?'라고 그들은 묻는다. 그들은 이렇게 결론을 내린다. 그러므로 '指'하는 일은 없다. 결국, 그것은 세상에 없는 물건〔天下之所無〕이 된다. 그러나 '物'은 세상에 있는 물건〔天下之所有〕이다. 세상에 있는 '物'을 두고, 세상에 없는 '指'를 통해서 어떤 것으로 받아들인다고 말한다면, 그것은 옳지 않다.

이상이 반론자들의 요지이다. 즉, '物莫非指' 자체를 부정하기 위해 우선 '非指'를 공격하고 있는 것이다. 그런데 공손룡에게 '非指'는 '物'과 '指'와 함께 있어야 하는 것이다. '非指'가 '無物'이어서는 안 된다. 그것은 '有物'이고 '有指'이다. '指物'과 동시에 발생하여 '直接指'되는 영역이 아니지만, '間接指'로 드러나는 분명한 사물이다. 따라서 '指物'과 '指非指物'은 동시에 발생한다. 공손룡에게 앞의 '指'가 '直接指'이고 뒤의 '指'가 '間接指'이다. 이 둘을 합해야만 '物莫非指'가 성

---

15 『墨經』「經下」 40, 41항목 참조.

립한다. 그것을 증명하기 위한 공손룡의 주장은 다음 단락에서 제시된다.

[3] 공손룡

공손룡: 天下無指, 而物不可謂指也.[16]

不可謂指者, 非指也.[17](1)

非指者, 物莫非指也.(2)

天下無指, 而物不可謂指者, 非有非指也.(3)

非有非指者, 物莫非指也.

物莫非指者, 而指非指也.(4)

【 교감 】 '天下無指而物不可謂指也'에서 서복관은 '而'가 '以'와 같은 뜻이며 '因'의 뜻이 있다고 보았다.

번역

공손룡: 천하에 指가 없으면, 物을 일컬어 指할 수 없다.

일컬어 指할 수 없는 것은 그것이 '非指'이다.

'非指'라고 하는 것도, 物을 指하지 않을 수 없다.

세상에 指가 없으면 物을 일컬어 指할 수 없다는 것은 '非指'가 (따로) 있음을 (뜻하는) 것은 아니다.

---

16 주석 (1)의 謝希深注 ①이 붙은 곳이다.

17 주석 (1)의 謝希深注 ②가 붙은 곳이다.

'非指'가 (따로) 있지 않은 것은 物을 指하지 않을 수 없기 때문이다.

物은 指하지 않음이 없다고 한 것은 '非指' 또한 指하기 때문이다.

주석

(1) 사희심의 주석 ①은 다음과 같다. "그러므로 天下에 是非가 없다는 것은, 物이 각각 그 맞음〔適〕에 맞음이니, 그것을 是非라고 말할 수는 없다. 그러므로 是非가 없다."[18]

사희심의 주석 ②는 다음과 같다. "비유하자면 물과 불은 性을 달리하여 각각 그 쓸모에 맞게 한다. (그곳에는) 이미 是非가 없으니 어떻게 그것을 是非라고 말할 수 있는가."[19]

담계보는 '天下無指, 而物不可謂指也'가 앞의 반론을 이어받은 사람들의 의견이며, '天下에 物만 있고 指는 없음〔有物無指〕'을 주장한 말이라고 풀이한다. 그러나 세상에 '指'가 없다면 '物'에 나아가도 그것을 또한 '指'라고 할 수 없을 것이다. '不可謂指'라고 한 것은 '物'에 '指'하여 말할〔謂〕 수 있는 것이 없으므로 '非指'가 되기 때문이다.

담계보의 해석에 의하면 공손룡 스스로 반론을 제기하고 다시 그것을 번복하는 형태로 논증을 전개한 것이 된다. 즉, 공손룡은 '指非

---

18 謝希深注 ①: 所以天下無是非者, 物各適其適, 不可謂之是非. 故無是非也.

19 謝希深注 ②: 譬如水大殊性, 各適其用. 旣無是非, 安得謂之是非乎. 여기서 밑줄친 '大'자는 '火'자가 잘못된 것 같다. 따라서 '火'로 고치고 옮겼다.

指의 딜레마'를 문맥 속에서 그대로 활용하면서 함의의 자기 부정을 반복한 셈이다. 그러나 주장과 논박이 너무 서로의 꼬리 물기가 되면 기본 차이가 드러나지 않으니 해석에 주의를 요한다.

서복관은 이곳의 '而'는 '以'와 같은 말이며 '因'의 뜻으로 쓴 것이라고 하였다. 그는 다음과 같이 해석한다. 공손룡이 객관〔天下〕 중에 '指'가 없다고 한 것은, 객관의 물건은 고정된 시공을 가지므로 '物'을 두고 (곧바로) '指'라고 할 수 없기 때문이다. '物'을 '指'라고 할 수 없으니, 이로써 '指'가 스스로 독립된 존재가 아님〔非指〕을 알 수 있다. 그러므로 그것은 '物'과 다르다.

(2) 사희심의 주석은 다음과 같다. "곧 非指의 物은 잘못 相指하지 않음이 없다."[20]

'非指者, 物莫非指也'에 대한 담계보의 해석은 다음과 같다. '物'이 '非指'라면 '非指' 또한 '物의 指'가 된다. 그러므로 '非指者, 物莫非指也'라고 하였다. 이것은 첫 문장 '物莫非指, 而指非指'를 도치시켜 그 의도를 펼친 것이다.

서복관의 해석은 다음과 같다. 주관 중의 영상〔指〕은 수시로 일어났다 사라지며 고정된 시공을 점하지 않는다. 따라서 인식 대상이 변화하는 것에 따라 변한다. 영상이 성립할 수 있는 인식 능력은 그 자체는 비어 있고 '實'한 것이 아니다. 이것은 없는 것이고, 있는 것이 아니다. 그래서 만물을 비출 수 있고 만물이 주관 속에 들어와 영상을

20 謝希深注: "卽夫非指之物, 莫不妄相指也."

성립할 수 있게 하니 주관은 객관을 인식하는 매개가 된다. '指'는 스스로 '非指'가 되기 때문에, 그래서 비로소 객관(天下)의 사물은 '指'로부터 보이지 않음이 없음(物莫非指)을 알게 된다.

(3) 사희심의 주석은 다음과 같다. "物에 대해 指라고 할 수 없는 것은 是非가 없기 때문이다. 어찌 是非만이 없겠는가. 또한 是非 없음(無是非)도 없다. 그러므로 非有非指라고 하였다."[21]

유월은 다음과 같이 주석하였다. "非가 있어야 곧 是가 있다. 만약 指하여 틀린 것(非者)이 있다면, 곧 指하여 맞는 것(是者)이 있다. 이제 天下의 물건(物)은 사람의 指에 맡겨지고 스스로 설명하지는 않으니, 牛라면 牛가 되고 馬라면 馬가 된다. 이것은 非指가 있지 아니함(非有非指)을 뜻한다. 非指가 있지 않다면, 어찌 是指가 있겠는가."[22]

살펴보면, 유월의 주석은 장단점이 있다. '指'는 원래부터 있는 것이고, 올바른 지시(是指)와 올바르지 않은 지시(非指)로 나뉜다고 보는 것이 유월의 해석인데, 이에 근거하면 '指'가 있음을 전제로 하여 '非指'의 가능성을 설명할 수 있다는 장점이 있다. 그러나 유월의 주장에 따르면 바로 앞에서 '非指者, 物莫非指也'라고 하였으니, 공손룡 주장의 전체 주제인 '物莫非指'가 올바르지 않은 지시(非指)가 되어 '是指'와 '非指'의 나뉨이 과연 적절한지 의문이 든다.

---

21 謝希深注: "物不可謂指者, 無是非也. 豈唯無是非乎. 亦無無是非也. 故曰非有非指."

22 兪樾注: "樾謹按, 有非卽有是. 使有指之而非者, 卽有指之而是者也. 今天下之物, 任人之所指而不辭, 牛則牛矣, 馬則馬矣, 是非有非指也. 非有非指, 安有是指."

서복관은 다음과 같이 해석한다. 천하에 '指'가 없고 '物'을 '指'라고 할 수 없는 것은, '指'가 천하에 있는 바가 아니고〔非有〕 '指' 자체는 일종의 자기부정의 비어 있음, 혹은 없음〔非指〕이기 때문이다.

살펴보면, 서복관의 문장 해석은 독특하다. '天下無指, 而物不可謂指'라고 인정하게 되는 이유는 '指'가 '非有'이고 '非指'이기 때문이라는 것이다. 앞서 보았듯이 서복관에게 '指'는 주관에서 떠올려지는 사물의 영상이다. 그 영상이 바로 '物'은 아니므로 '物'은 '指'가 될 수 없다. 그 영상은 객관세계에 있는 것이 아니므로 '非有'이고, 그 '指'가 자기부정의 '虛'와 '無'이기 때문에 '非指'라는 해석이다. 그러나 과연 공손룡에게 '指의 非物性'이 곧바로 '非指'임을 인정하는 사고가 있었을지는 의문이다. 오히려 공손룡은 '非'가 곧 '非有'이고, 그것이 곧 '無'로 연관되는 도식을 거부했던 것은 아닐까. 살펴보면 공손룡은 '非指'를 말한 것이 곧 '無指'를 뜻하는 것은 아니라고 역설한 것 같다.

(4) 사희심의 주석은 다음과 같다. "天下에 是非 없음이 없다. 그러므로 萬物은 서로 是非하지 않음이 없다. 그래서 '非有非指者, 物莫非指也'라고 말하였다. 是非가 없고 또한 無是非도 없으니 둘 다 잊는다〔兩忘〕. 그러므로 종일 是非를 (따져도) 是非는 없다. 그래서 '物莫非指者, 而指非指也'라고 하였다."[23]

이 부분에 대한 서복관의 해석은 다음과 같다. '非有非指者, 物莫非指也'는 다음과 같은 뜻이다. '指'가 객관 중에 실제 있는 것이 아니

23 謝希深注: "天下無無是非. 故萬物莫不相是非. 故曰非有非指者, 物莫非指也. 無是非, 亦無無是非, 兩忘之. 故終日是非, 而無是非. 故曰物莫非指者, 而指非指也."

고 '指' 자체는 자성이 없는 '虛無'의 성격을 가지므로 사람이 사물을 인식할 때 사물은 모두 '指'를 매개로 삼아 사람에게 인식된다(物莫非指). 이것이 인식이 성립할 수 있는 기본조건이다. '物莫非指者, 而指非指也'는 다음과 같은 뜻이다. 모든 객관의 물건이 '指'로부터 보이는 것은 바로 '指' 자체가 스스로 독립된 존재가 아니기 때문이다. '指'가 스스로 독립된 존재라면 '指'는 객관 중의 물건이 되고, '指'가 객관 중의 물건이라면 다른 물건이 어떻게 '指'와 연결되어 사람에게 인식되겠는가. 거울은 색이 없으므로 각종 색을 비출 수 있다. 만약 거울이 스스로 어떤 색을 가진다면 어떻게 각종 색을 비출 수 있는가.

해설

세 번째 단락은 공손룡의 변론으로서, 공손룡은 '非指'가 '無指'가 되는 것을 어떻게든 막으려고 했다. 이곳에서 공손룡의 주장은 자기 명제의 뒤집기를 통하여 '物莫非指'를 논증하려는 것이다. '物'이 일단 '指'의 영역과 '非指'의 영역으로 나뉠 수 있다고 치자. 이때의 전제는 일단 '指'가 없이는 '物'을 일컬을 수 없다는 것이다. 그런데 '不可謂指'하는 영역이 바로 '非指'의 구역이라고 하겠다. '일컬어 指할 수 없는 것', 그것이 '非指'라고 한 말이 그 뜻이다. 그런데 이 '非指'의 영역도 '有物'의 범위 안에 있고 동시에 '指'의 작용이 일어나고 있다. 그래서 '非指'라고 하는 것도 사물은 '指'하지 않을 수 없다(物莫非指)고 말하였다.

그런데 다시 공손룡을 오해하여 '非指'가 따로 있는 것으로 받아들일 수 있다. 공손룡을 그것을 해명하기 위하여 다음과 같이 덧붙였다. '세상에 指가 없으면 物을 일컬어 指할 수 없다'는 것은 '非指'가 따로 있음을 뜻하는 것이 아니다. '指'와 '非指'는 동시에 발생하는 것이기 때문이다. 즉, '非指'가 따로 있지 않은 이유는 '物'을 일컬을 때 '指'가 일어나지 않는 일은 없기〔物莫非指〕 때문이다. 다시 말해서, '사물은 指하지 않음이 없다〔物莫非指〕'고 한 것은 '非指'의 부분 또한 '指'하는 일이 발생하기 때문이다.

[4] 반론자

반론자: 天下無指者, 生於物之各有名, 不爲指也.(1)

不爲指而謂之指, 是無不爲指.(2)

以有不爲指之無不爲指, 未可.(3)

且指者, 天下之所無.(4)

【교감】 도장본에는 '是無不爲指'와 '天下之所無'의 '無'자가 '兼'자로 되어 있다. 유월은 '是兼不爲指'의 '兼'은 '無'자가 잘못된 것으로 보았으며, '天下之所兼'의 '兼'도 '無'자가 잘못된 것으로 보았다. 담계보는 '兼'자를 그대로 두고 해석하였고, 레딩은 유월의 교정을 따라 두 군데 모두 '無'로 바꾸어 해석하였다. 서복관은 굳이 바꿀 필요가 없다고 하면서 그대로 '兼'의 이미로 해석하였다. 여기서는 모두 '無'자로 교정하고 해석한다.

또한 서복관은 '以有不爲指之無不爲指'에서 '有'자는 '又'와 같다고 하고, '之'는 '是'의 뜻이라고 풀었다. 레딩은 이 구절의 '之'를 '爲'로 해석하였다.

번역

반론자: '천하에 指가 없다'고 하는 것은 '사물에는 각각 이름이 있으니 指라고 여길 수 없다'는 주장으로부터 나온 것이다.

'指라고 여길 수 없음'을 指라고 일컫는데, (그렇게 되면) 이것은 '指라고 여길 수 없음을 없애는 것'이 된다.

(그러나) '指라고 여길 수 없음'이 있는 것을 가지고 '指라고 여길 수 없음'이 없는 것으로 여기는 것은 옳지 않다.

(그러므로 다시 말하지만) 더구나 指는 천하에 없는 것(無)이다.

주석

(1) 사회심의 주석은 다음과 같다. "物에 그 實이 있고 각각 名이 있으니, 王良이 수레 몰기를 잘하고 隷首가 계산을 잘한다고 말하는 것과 같다. 그것은 물건이 각각 쓸모가 되면 耳目이 하나라도 폐할 수 없는 것에 비유된다. 그러므로 是非가 되지 않는다."[24]

담계보가 이 부분을 해석한 내용은 다음과 같다. '指'는 '物의 德'이다. '名'은 '形의 檢'이다.[25] '物'에는 각각 '指'가 있고, 또한 각각 '名'이 있다. 그러나 '物의 名'에 익숙해져서 '物의 指'를 잊고서 '天下無指'라고 말한다. 그래서 '天下無指'라는 주장은 '物에 각각 名이 있음'에서 나온다. 그러나 '名'만을 따지고 '指'를 '指'로 여기지 않는다.

살펴보면, 담계보는 공손룡을 『윤문자』 계열의 형명가(形名家)로 분류하기 때문에 '指'를 주장한 공손룡이 '名'을 다르게 해석하는 것을 이해하지 못한 것 같다. 이곳에 언급된 '名'은 무지론자(無指論者)의 입

---

24 謝希深注: "物有其實而各有名, 謂若王良善御, 隷首善計. 彼物各自爲用, 譬之耳目廢一不可. 故不爲是非也."

25 譚戒甫는 『尹文子』에 '名以檢形'의 구절이 나오는 것을 제시하였다.

장에서 나온 것이 분명하다. 그들은 '物에 名이 있으니 指가 없는 것'이고, 그래서 '物이 指가 될 수 없다'는 주장을 펼치고 있다. 이에 비하여 공손룡은 '名'을 완전히 부정하는 것은 아니다. '指'가 있어야 '物을 일컫는 것[謂]'이 가능하고, 그때에서야 '名'이 확립된다는 것이다. 반론자는 '名이 物과 직접 관계하며 그것으로 충분할 뿐 指가 따로 없다'고 주장한다.

서복관의 설명은 다음과 같다. 객관 중에는 이른바 '指'라는 것이 없다. 그러나 객관의 물건은 반드시 '指'를 통하여 보이고 '物莫非指'의 현상을 이룬다. 이것은 우리의 주관이 '객관의 物'과 서로 간섭하여 인식이 성립할 때 반드시 '物'에게 '名'을 가지게 하고 '物의 名'은 '指'로 인해 성립하기 때문이다. 그러므로 '指'가 출현하는 것은 주관과 객관의 매개로서 '物의 名'을 정하게 하는 것이지, '指'가 스스로 자기를 드러나게 하여 출현하는 것은 아니다.

(2) 사희심의 주석은 다음과 같다. "物이 모두 指가 되지 않는데 어떤 경우에 指라고 하는 것은, 彼此의 物이 서로 是非를 가림을 겸하여 是非를 정할 수 없다는 뜻이다. 그러므로 指가 될 수 없다."[26]

유월의 주석은 다음과 같다. "'兼'자는 '無'자가 잘못된 것이다. 天下의 物은 본래 指가 될 수 없다. 그러나 사람들은 그것을 指라고 일컫는다. 이것은 '指가 될 수 없음이 없는 것'이다. 다음 문장에서 말하기를 '以有不爲指之無不爲指, 未可'라고 하였으니, '有不爲指'는 이

---

26 謝希深注: "物皆不爲指而或謂之指者, 是彼此之物, 兼相是非而是非莫定. 故不爲指也."

곳의 '不爲指'를 이어받아 한 말이고, '無不爲指'는 이곳의 '無不爲指'를 이어받아 한 말이다. 그 뜻은 다음과 같다. '有不爲指'한 物을 가지고 변화하여 '無不爲指'로 가게 하는 것은 不可하다. '無'자와 '兼'자는 (자형이) 비슷하여 잘못되었다. 위의 문장에서 '指也者, 天下之所無也'라고 하고, 뒤의 문장에서 '且指者, 天下之所兼'이라 하였는데, 이곳의 '兼'자 또한 '無'자가 잘못된 것이다."[27]

담계보는 '謂之指'의 '之指'가 '其指'와 같은 말이라고 하였다. 그의 해석은 다음과 같다. '物'에 이미 '名'이 있으니, '指'가 될 수 없고 마땅히 '其指'라고 말할 수 없다. 이제 만약 '其指'라고 말하면 '其名'을 말하지 않을 것이고 그렇게 되면 '名'은 '指'가 될 수 없다. '名'이 '指'가 될 수 없다면 '指'도 '指'가 될 수 없으니, 이것이 '모두 指가 될 수 없음〔兼不謂指〕'이다. 이와 같이 담계보는 '兼'자를 그대로 두고 해석하였다.

서복관은 다음과 같이 해석한다. 이곳의 '兼'은 동시에 함유한다는 뜻이다. '指'의 작용은 '指' 자체를 위한 것이 아니다. 그러나 이 작용을 여전히 '指'라고 부르는 것은, 이것이 '指'라는 이름의 성립이고 동시에 스스로 자기를 부정하는 뜻을 지닌다. 곧 사람들이 이 작용을 '指'라고 부르지만, 이 작용은 사물을 지향하는 것이지 '指' 자체를 지향하는 것이 아니므로 '指'는 동시에 '不爲指'의 뜻을 지니고 있다.

---

27 兪樾注: "樾謹按, 兼乃無字之誤. 天下之物, 本不爲指, 而人謂之指. 是無不爲指矣. 下文云, 以有不爲指之無不爲指, 未可. 有不爲指, 卽承此不爲指而言, 無不爲指, 卽承此無不爲指而言. 謂以有不爲指之物, 變而之於無不爲指, 是不可也. 無與兼, 相似而誤. 上文云, 指也者, 天下之所無也. 下文云, 且指者, 天下之所兼, 兼亦無字之誤."

(3) 사회심의 주석은 다음과 같다. "之는 適의 뜻이다. '有不爲指'는 物을 말하고, '無不爲指'는 指를 말한다. 物을 가지고 指에 맞추므로 可하지 않다."[28]

담계보는 이것이 앞의 논박에서 '指無, 物有'라고 주장한 것을 전개한 것으로 보았다. '有不爲指'는 '物'이 '指'가 될 수 없고 '名'으로 '物'을 대신하니, 그렇다면 이것이 바로 '名이 指가 될 수 없음〔名不爲指〕'을 뜻한다는 것이다. '無不爲指' 또한 '指'도 '指'가 될 수 없다는 뜻이라는 것이다. 이러한 담계보의 해석은 더욱 미궁에 빠져들게 한다. '名'을 '指'와 대비시키지 않고 해설하려다 보니, 긍정과 부정의 맥락을 제대로 구별하지 못하게 되었다.

다음은 서복관의 해석이다. '指 자체가 될 수 없는 指를 가지고 是無不爲指의 物을 삼는 것', 즉 주관 중에 드러난 영상으로 객관 존재의 사물과 혼동하는 것은 불가능하다. 공손룡이 이 점을 강조한 이유는 '名'으로 호칭된 사물, 예를 들어 '堅'이나 '白' 등이 다른 사물과 함께 '堅'이 되거나 '白'이 되기 전에 스스로 숨어서 사람들의 감각에 미치지 못했을 때 여전히 객관 사물 속에 존재하며, 아직 소멸된 것이 아님을 인정하기 때문이다. 감관이 직접 파악할 수 있는 물건은 그 진실한 존재를 의심할 수 없다. 다만 영상〔指〕은 수시로 일어났다가 사라지며 진실한 존재가 아니다. 만약 엄격하게 구별하지 않는다면 참과 거짓이 혼란되어 구별되지 않고 '名實'의 관계도 정리되지 않는다.

---

28 謝希深注: "之, 適也. 有不爲指謂物也, 無不爲指謂指也. 以物適指. 故未可也."

(4) 사회심의 주석은 다음과 같다. "어떤 경우 하나의 物이면서 是非의 두 가지 名을 가질 수도 있고, 어떤 경우 彼此가 더욱 서로 指가 되는〔更相爲指〕 경우가 있는데, 이들을 모두 兼이라고 한다."[29]

담계보는 앞서 '兼不謂指'라고 보았기 때문에 '指爲所兼'이 되는 이 구문을 앞뒤가 모순되는 것이라고 보고 다음과 같이 해석한다. 이곳의 '且'자는 '抑'과 같은 의미이다. 천하의 '物'이 각각 이름이 있고 다시 '指'가 있으니, 결국 '指'는 '物이 兼有하는 것'이 된다.

이러한 담계보의 설명은 '名'과 '指'를 철저하게 구분하지 못하여 오히려 혼란만 가중시켰다. 유월의 교감에 따라 '兼'자는 '無'자가 잘못된 것으로 보는 편이 논박하는 측의 일관성 면에서 맞는 것 같다. 반론자는 처음부터 끝까지 '無指論'을 견지한다. '物'에 '名'이 있을 뿐 '指'는 있을 수 없다. 없는 것을 있는 것으로 여기는 것은 잘못되었다는 것이다.

해설

이곳은 '未可'를 포함하고 있으니, 논박하는 입장에서 공손룡을 공격하려는 의도가 읽혀진다. 다음과 같이 독해된다. '천하에 指가 없다〔天下無指〕'는 것은 '사물에는 각각 이름이 있으니 指라고 여길 수 없다〔物之各有名, 不爲指〕'고 주장하는 데에서 생긴다. 즉, 이것은 무지론자(無指論者)들의 주장이다. '名'이 있을 뿐, '指'가 굳이 필요하지 않다는 것이다. 이는 묵가들의 주장과도 상통한다.

---

29 謝希深注: "或一物而有是非二名, 或彼此更相爲指, 皆謂之兼也."

그들이 보기에 공손룡 등은 '指'라고 여길 수 없으면서〔不爲指〕' 그것을 '指'라고 일컬으며, 바로 그 때문에 '指'라고 여길 수 없음이 없다〔無不謂指〕'는 것을 주장하고 있다. 그러나 '不爲指가 있는 것〔有不爲指〕'을 가지고 '不爲指가 없는 것〔無不爲指〕'으로 여기는 것은 옳지 않다〔未可〕. 게다가 반론자의 입장에 보면, 指는 세상에 원래 없는 것〔無〕이다. 다음 단락에서 공손룡은 이것을 설명한다.

[5] 공손룡

공손룡: 天下無指者, 物不可謂無指也.
不可謂無指者, 非有非指也.[30]
非有非指者, 物莫非指.[31](1)
指, 非非指也.
指, 與物, 非指也.(2)

【 교감 】 서복관은 '指, 與物'의 '與'가 '連帶하다'의 뜻이라고 하였다.

번역

공손룡: 천하에는 指가 없다고 하는 것도, 物에 대해서는 指가 없다고 일컬을 수 없다.
指가 없다고 일컬을 수 없음은 非指가 (따로) 있는 것이 아니기 때문이다.

30 주석 (1)의 謝希深注 ①이 붙은 곳이다.
31 주석 (1)의 謝希深注 ②가 붙은 곳이다.

非指가 (따로) 있는 것이 아니라고 하는 이유는 物을 指하지 않음이 없기 때문이다.

指는 (곧바로) '非指'가 아니다.

指가 物에 참여할 때〔指與物〕에 (비로소) '非指'라고 할 수 있다.

주석

(1) 사희심의 주석 ①은 다음과 같다. "是非의 이름은 物이 서로 彼가 되는 곳〔物相彼〕에서 생겨난다. 그러므로 '物不可謂無指'라고 말하였다. 곧, 이것에서 萬物에 指가 없고 또한 無指도 없게 된다. 그래서 '非有非指也'라고 말하였다."[32]

사희심의 주석 ②는 다음과 같다. "是非가 없다는 것은 '物莫非指'에서 생겨난다. 그 때문에 聖人은 是非의 안에서 사람을 구하여야만 是非가 없는 사람을 얻을 수 있다."[33]

서복관은 다음과 같이 풀이하고 있다. '指'는 '指'할 수 없는 것이 없으므로, '指'는 천하 만물이 공유하는 것이다〔兼〕. 객관 세계 중에는 '指'가 없으나 '物'은 반드시 '指'의 매개에 의존해야만 사람에게 인식되고 '物'은 '指'로 인하여 보인다. 그러므로 '物'에 '指'가 없다고 말할 수는 없다. '物'에 '指'가 없다고 말할 수 없는 이유는 '指'가 객관 세계 중에 있는 것이 아니고 '指' 자체도 스스로 자성을 가진 독립된 존재

32 謝希深注 ①: "是非之名, 生於物相彼, 故曰物不可謂無指. 卽此萬物無指, 而又無無指, 故曰非有非指也."

33 謝希深注 ②: "謂無是非者, 生於物莫非指也. 是以聖人求人於是非之內, 乃得無是非人也."

가 아니므로, 그 활동 또한 그 자체를 지향하는 것이 아니기 때문이다. '指'가 만약 천하에 있는 것이라면, '指'는 또한 객관의 고정된 사물일 것이고 객관의 모든 사물을 지향할 수가 없다. '指'가 만약 자성을 가진 독립된 존재이며 그 활동이 그 자체를 지향한다면 '指'는 단지 주관 활동의 한 상태일 뿐, 객관 세계 중의 모든 만물과 관련할 수 없다. 이미 그것이 천하에 있는 것이 아니니, 그 활동 또한 '指' 자체를 지향하지 않는다. 그러므로 객관 세계 중의 모든 만물을 지향하여〔物莫非指〕 인식하게 한다.

(2) 유월은 다음과 같이 주석하였다. "指非非指라고 한 것은 名에 정해진 물건〔定物〕이 있기 때문이다. 牛라고 하면 牛이고, 馬라고 하면 馬이다. 指與物非指라고 한 것은 物에 정해진 이름〔定名〕이 없기 때문이다. 어떻게 牛가 馬가 아니고, 馬가 牛가 아님을 알겠는가."[34]

살피보면, 유월의 설명은 참고할 가지가 충분히 있을 것 같다. '名有定物'과 '物無定名'은 당시 충분히 논의 가능한 설명이고, 그것에 의해 '指'는 '指'일 수밖에 없으나, '物'과 관여될 때에는 '非指'일 수 있음을 설명할 수 있다. 유월의 설명에 따르면, '名'과 '物'의 관계에 관한 한 공손룡의 입장이 반론자들의 입장에 비해서 논리적으로 앞선 것으로, '物'과 '名'이 단순한 일치 관계를 넘어선다는 인식이 비로소 정치하게 드러나게 된다.

---

34 俞樾注: "樾謹按, 指非非指者, 名有定物也. 牛則牛, 馬則馬也. 指與物非指者, 物無定名也. 安知牛非馬, 馬非牛也."

서복관의 주장은 다음과 같다. '指'는 주관의 활동능력의 하나인 동시에 주관 중 일종의 '實在'이다. 이런 각도에서 보면 '指'는 '非指'가 아니다. '指'가 '非指'가 되는 이유는 '指'에 반드시 '所指'가 있기 때문인데, 즉 '指'는 반드시 '物'과 연대되어 '物'로 인하여 드러나므로 '指'는 '自性'이 없어서 '非指'가 된다.

살펴보면, 서복관은 공손룡을 지나치게 사변적으로 해석하고 있는 것 같다. 공손룡이 '指'의 역할을 충분히 강조한 것은 맞지만, 그것을 주관만의 작용이나 '自性'이 없는 기능만으로 이해하고 있었다는 증거는 찾을 수가 없기 때문이다. 따라서 '指'를 '非有이면서 非指인 것'으로 파악하는 서복관의 입장은 재고할 필요가 있다. 필자가 보기에 주객의 구분은 공손룡에게 명확하게 드러나 있지 않은 것 같다.

해설

공손룡은 반론자들처럼 '無指'를 주장할 수 없음을 다시 한번 부연하고, 자신의 주요 명제에 나온 '非指'는 반론자들의 핑계에서 사용되는 의미가 아님을 이곳에서 다시 역설한다. 즉, 천하에는 '指'가 없다〔天下無指〕는 주장에도 불구하고, '物'을 이야기하려면 결코 '指'가 없다고 일컬을 수는 없다〔物不可謂無指〕. '指'가 없다고 일컬을 수 없는 이유는 '非指'가 따로 생겨나는 것이 아니기 때문이다. 반론자들이 사용하는 의미에서의 '無指인 非指'는 있지 않다. '非指'가 있는 것이 아니라〔非有非指〕는 이유는 사물은 '指'가 아님이 없기〔物莫非指〕 때문이다. 공손룡이 말하는 '指'는 반론자들이 주장하는 '非指'가 아니다. 그 이유는 '指가 '物'에 참여할 때〔指與物〕 비로소 '非指'가 생겨나는 것이기 때문이다. '物'을 '指'하는 일에서 '非指'의 영역이 발생하는 것이다. 그래서 '指'는 곧바로 '非指'가 되는 것은 아니다. '指'와 '非指'의 영역은 동시에 존재하지만, 분명하게 구분되기 때문이다.

[6] 공손룡의 결론

공손룡: 使天下無物指, 誰徑謂非指?

天下無物, 誰徑謂指?(1)

天下有指, 無物指, 誰徑謂非指? 徑謂無物非指?(2)

且夫指固自爲非指, 奚待於物, 而乃與爲指?(3)

【 교감 】 서복관은 '誰徑謂非指'에서 '誰'자가 다음 구절까지 영향을 미친다고 하였고, '奚待於物, 而乃與爲指'의 '乃'는 '而'와 같으니 '而乃'가 '複辭'라고 하였다.

번역

공손룡: 만약 천하에 物指가 없다면, 누가 선불리 非指를 말할 수 있는가?

천하에 物이 없다면, 누가 선불리 指를 말할 수 있는가?

천하에 '指'만 있고 '物指'가 없다면, 누가 선불리 '非指'를 말하겠는가? (누가) 또한 선불리 '物이 없이는 指도 아니다'라고 말하겠는가?

또한 指가 원래부터 스스로 非指가 될 수 있다면, 무엇 때문에 物을 기다려야만 비로소 指가 된다고 하겠는가?

주석

(1) 사회심의 주석은 다음과 같다. "만약 天下에 物이 없고 指도 없다면 적막할 것이다. 누가 指를 非指로 여길 것이며, 누가 指를 指라고 여길 것인가."[35]

서복관은 다음과 같이 해석한다. '物指'는 '物로부터 온 指'이다. '指'는 '지향된 物'로부터 보인다. 그러므로 '物指'라고 하였다. 이것은 '指' 자체가 일으키는 구분에 관한 것이다. '物'이 또한 '指'로부터 사람에게 보이므로, 앞에서 '指物'이라고 칭하였다. '指物'은 주관으로부터 객관을 향한 인식이다. '物指'는 객관으로부터 주관에 반영된 것이다. 만약 천하에 '物과 연대된 指'가 없고 '指' 스스로 자신의 면모를 드러낼 수 있다면, '指'가 '指'가 아니라고 누가 말하겠는가? 그러나 만약 천하에 '物'이 없다면 '指'도 능력을 펼 수 없으니 누가 직접 '指'의 활동을 말할 수 있겠는가? 그러므로 '指'를 말하면 바로 '物指'가 된다. '物指'를 말하고 있으나 '指' 자체로 논한다면 여전히 '非指'이다.

(2) 사회심의 주석은 다음과 같다. "만약 天下에 指가 있으나 指할 수 있는 物이 없다면, 누가 指를 非指라고 여기겠는가. 누가 物이 없다고 非指라고 말하겠는가. 본래 無指임을 밝혔다."[36]

서복관의 해석은 다음과 같다. 만약 천하에 '指'가 있고 '物指'가 없다면 이른바 '指'는 '指' 자신이 된다. 그러면 누가 '指는 非指'라고

---

35 謝希深注: "設使天下無物無指, 則寂然矣. 誰爲指爲非指乎. 誰謂指爲指乎."

36 謝希深注: "設使有指而無物可施指者, 誰謂有指爲非指乎. 誰謂有無物故非指乎. 明本無指也."

하겠는가. 만약 '指'가 '指' 자체이고 객관의 사물과 관계가 없다면 누가 '物이 없이 指도 아니다〔無物非指〕'라고 하겠는가.

(3) 사회심의 주석은 다음과 같다. "반복하여 미루어 논하게 되면, 指는 저절로 無指가 된다. 어떻게 物과 함께 指가 될 수 있는가. 萬物은 萬 가지로 달라서 각각 스스로 物이 되며, 각각 그 올바름을 가지고 있으니 是非가 없음을 밝혔다. 이 때문에 聖人은 깊이 침묵하고 담담함을 즐기며 是非를 잊어, 하나의 능력도 버리지 않고 하나의 물건도 버리지 않는다."[37]

서복관의 해석은 다음과 같다. 이상은 '指가 非指임'을 말하였는데 모두 '指와 物의 상대적 관계'를 두고 한 말이다. '指'를 가지고 객관 세계 중에 시공을 점한 '物'을 드러내어 객관 세계 중에 있다고 여기게 된다. '指'는 시공의 위치를 점하고 있지 않으니 객관 세계 중에는 없다. 여기에서 더 한층 지적하고 있는 것은 '指가 指가 되는 이유'이다. '指' 자체는 '非指'인데, 그 자체로 어떤 '自性'의 독립된 존재가 아니기 때문이다. 어떻게 객관물과 상대하여 비교한 후에야 비로소 '非指'라고 이해할 수 있는가. '指' 자체가 이미 '非指'이기 때문이다. 그러므로 객관의 사물은 그것을 얻어 서로 연대하여 하나로 결합함으로써 '指'의 기능을 완성시킨다.

---

37 謝希深注: "反覆相推, 則指自爲無指. 何能與物爲指乎. 明萬物萬殊, 各自爲物, 各有所宜. 無是非也. 是以聖人淵默恬淡, 忘是忘非, 不棄一能, 不遺一物也."

해설

공손룡의 의도는 결국 '物'을 일컬을 때 반드시 '指'가 있어야 하고, 그래야 '指가 아님〔非指〕'도 지목하는 일이 생겨난다는 것이다. '指'가 없다면 '物'을 일컫는 일은 불가능하고, 마찬가지로 '物'이 없다면 '指'나 '非指'를 말하는 것은 불가능하다. 즉, '物'이 있다면 반드시 '指'가 있어야 일컬을 수 있다. 따라서 '物' 없이 홀로 저절로 '指'가 되는 것도 아니고, '指'가 바로 '非指'가 되는 것도 아니다. '指'는 반드시 '物'과 함께 있고, 그렇게 일컫는 일을 할 때 '非指'의 영역이 생겨나서 '指하는 일'도 발생한다는 것이다.

전체적으로 「지물론」을 해석하는 필자의 입장은 다음과 같다. 「지물론」의 전체 주제는 '지시 대상〔物〕과 지시하는 일〔指〕 자체의 관계가 성립할 수 있는가' 하는 점을 둘러싸고 있다. 공손룡의 입장은 세상에 '指하는 일이 있어야 비로소 物을 일컬을 수 있다는 것'이다. 이것이 '物指'의 요지이다. '物'은 당연히 있고, '指'도 있으며, '物指'에서 파생되는 '非指'의 영역도 있어서 '指'할 수 있다. 그래서 '物莫非指'가 완벽하게 성립한다.

반면에, 반론자의 입장은 '非指'란 세상에 없는 것이고, '指'도 세상에 없는 것이다. 있는 것〔物〕을 없는 것〔指〕으로 여길 수는 없다. 따라서 '物指' 혹은 '指物'은 없다. 게다가 '物'에 이름이 있으니 '指'할 것이 없다. 이름을 부르면 그뿐이라는 것이다.

이에 답하는 공손룡의 입장은 다음과 같다. 물론 '指' 자체는 '非指'가 아니다. 그러나 '非指를 指하는 일'이 생겨난다. 그 이유는 '物을 指하고 제외되는 부분'이 발생하기 때문이다. 이러한 '非指의 영역을 指

하는 일'이 '指物'과 동시에 발생하면서 '物莫非指'가 성립한다. 공손룡이 말하는 '與物'(物의 참여)이란 '指'이건 '非指'이건 '物'이 함께 있을 때를 조건으로 한다는 뜻이다.

결론을 가지고 이야기해 보면, '物指'가 있어야 '非指'를 말할 수 있고, '物'이 있어야 '指'를 말할 수 있다. '指'만 있고 '物指'가 없다면 '非指'도 말할 수 없다. 또한 '指'는 '非指'와 고유한 관계에서 스스로 성립하는 것(固自爲)이 아니며, 반드시 이미 있는 '物'을 기다려 그것에만 참여(與)하여 '指'가 되는 것이다. 따라서 '物'을 이야기할 때 '指'가 없는 경우는 없다(物莫非指).

살펴보면, 공손룡과 반론자의 입장은 '天下'와 '物'을 바라보는 시각에서 결정적으로 다르다. 공손룡은 '指'가 있고 '物指'가 있으니, 나아가 '非指인 物'을 '指'하는 일도 가능하다고 본다. 상황이 달라짐에 따라 사물이 발생하고, 그것을 '指'할 수 있으며 의도를 표현하고 파악할 수 있다고 보는 것 같다. 그러므로 「백마론」의 '白馬非馬'와 「견백론」의 '堅白離'가 성립한다. 「통변론」이 필요한 이유도 거기에 있다. 다양한 사물의 상황을 분리하여 지칭할 수 있는 '獨指의 세계'가 공손룡이 꿈꾸는 세상이다.

반면에 반론자들은 '指' 자체를 부정하려고 한다. 그들은 이렇게 반론을 제기한다. 만약 공손룡처럼 '非指'가 있다고 하면 '指'는 없는 것이고, 따라서 '物指'도 없다. 세상에 없는 것은 없는 것이고 있는 것은 있는 것이다. 그들은 있다가 없어지는 것은 있어도, 없다가 생기는 것은 없다고 본다. 또한 이미 있는 '物'에 기존의 이름이 붙어 있으면 그것을 부르면 될 뿐, 따로 '指'는 필요 없다. 그래서 이들은 이미 있는 이름을 활용하여 '兼名'으로 이를 해결하면 된다고 본다.

필자가 보기에, 아사노 유이치처럼 대상과 인식의 문제로 「지물론」을 해석할 수는 없을 것이다. 인식의 문제를 본격적으로 다룬 중국 고대 사상가는 묵가 이외에는 없는 것 같다. 왜 그렇게 되었을까. 실천과 관습과 전통을 중시하는 것에서 어느 사상가도 자유로울 수 없던 시대에 묵가만이 모두가 똑같이 알 수 있는 진리가 엄연히 있음을 증명하고, 기준을 분명하게 밝히려고 하였다. 그래서 이들의 방법은 법가들에게 많은 영향을 주었다. 즉, 묵가의 방법은 과거를 부정하고 현재에서 출발하여 새로운 모습을 만들어 가는 논리적 토대를 그들에게 제공한 것이다. 그러나 법가들은 인식론을 치열하게 파고들지 않았다. 구체적이고 역사적인 예시이면 자신들의 논리를 충분히 뒷받침할 수 있다고 여겼다. 이것은 또한 중국 고대 사상가들이 공유하던 방법론이었다.

서로의 입장을 비교하자면, 공손룡은 묵가와는 분명하게 다른 노선을 취하고 있었다. 형명가들이 법가적 묵가로 진전된 것이나, 순자가 '禮'로 명학을 정립하려고 한 것도 공손룡과는 다른 것 같다. 공손룡은 혜시나 장자처럼 새로운 상황이나 사물의 발생은 없는 것에서 다양하게 일어날 수 있으며, 그것을 '指'하는 일이 가능해야 '物'이 올바로 일컬어질 수 있다고 보았다. 그렇다면 이미 어느 한쪽으로 굳어진 이름의 사용은 피해야 한다. 그들이 상대론의 외피를 쓰게 된 것은 불가피한 일일 것이다. 그래서 한편으로는 『장자』「제물론」의 이상이 『공손룡자』「백마론」의 지향과 그리 멀리 떨어진 것 같지 않다. 다만 '指物'의 세계는 사건의 변화에 따라 열려 있어야 하며, 다른 지시 상황을 부여받아야 한다. 변화된 차이를 섣불리 통합하는 일은 시비를 재단하는 폭력이 되기 쉬우며, 엄정한 기준을 너무 넓게 적용하는 일이 된다.

이렇게 본다면, 공손룡의 논식인 '物莫非指'가 왜 '指非指'와 함께 있는지 이해할 수 있는 길이 열릴 것이다. 「지물론」에서 더 자세히 살펴봐야 할 부분은 앞의 문맥에서 의미를 정확하게 받아서 뒤의 문장으로 독해해 나가야 한다는 것이다. 같은 문자라도 의미 지향이 달라지는 것을 공손룡은 아주 적절하게 활용하고 있으므로 이 점은 『공손룡자』 전편에 걸쳐서 지켜져야 하는 전제라고 하겠다.

○ 참고자료

「지물론」을 해석하는 서복관의 견해[38]

「지물론」에서 '指' 자의 의미

우리가 보기에 '指' 자의 용법은 주로 주관 의식 혹은 능력이 객관적인 사물을 지향하는 동시에 객관 사물을 사람 주관의 어떤 의식 또는 능력 속으로 끌어들여서 형성된 일종의 판단이다. 이런 판단은 객관의 어떤 사물로부터 오지만, 객관 사물 자체는 아니다. 공손룡의 「지물론」은 '指'와 '物'의 관계로부터 사람의 객관 세계 인식이 성립되는 것을 설명하고 있다. 그러므로 여기에서 '指' 자가 말하는 것은, 객관 사물이 주관에 들어와서 형성된 가치 판단이 아니라, 객관 사물이 감관을 통하여 끌려 들어와서 주관에서 형성된 일종의 인식 판단이다. 이 인식 판단의 내용은 「지물론」의 내용에 비추어 보면 엄격한 개념(concept)에 이를 정도는 아니어서, 나는 그것을 '映像'이라고 불렀다. 즉, 객관이 주관 중에 반영된 일종의 그림자〔影像〕이다. 대략 서양에서 말하는 '표상(idea, presentation)'과 같은 것이다. 그러나 서양의 표상이라는 말은 항상 재현된 표상〔再生表象〕을 그 안에 포함하는데, 사상이나 상상의 활동에서 반드시 재현된 표상이 재료가 되므로 내가 생각하기에 공손룡의 '指'도 그런 측면을 포함할 것이다. 그러나 「지물

38 徐復觀, 49-52쪽 참조. 여기에서는 徐復觀이 「指物論」의 '指'의 의미와 莊子와 公孫龍의 갈등을 다룬 부분을 번역하여 소개한다.

론」에서 주로 설명하려는 것은 객관과 주관의 관계에서 어떻게 객관이 주관의 안으로 들어오는가 하는 것이며, 주관의 활동과 객관의 존재를 섞으려는 것은 아니다. 그러므로 여기서의 '指'는 좁은 의미의 감관 표상(sense idea, presentation)으로, 즉 객관 사물로부터 감관이 직접 자극을 받아 생기는 표상이다. 혹은 그것을 가상(semblance)에 해당한다고 말할 수도 있다. 이것은 보통 사람들의 인식 능력이 객관을 인식하는 초보적인 결과이다. 그러므로 「지물론」의 '指'는 한 사람의 인식 능력이 객관 사물을 지향한 것이고, 객관 사물이 동시에 주관 인식으로 유도되어 성립한 영상이다. 사람은 이런 영상을 통하여 객관 사물을 인식한다.

영상을 얻은 다음 단계는 그 객관 사물의 이름을 아는 것이다. 그러나 '指'는 '名'이 아니다. 영상은 마음의 인식 능력 위에서 성립하는데, 인식 능력이 사물을 지향할 때 사물의 영상이 형성된다. 그러나 사물을 지향하지 않을 때 이 인식 능력은 잠복해 있고 마음에 고유한 것이 된다. 그러므로 '指'는 주관 인식 능력에서 형성되는 영상이고, 동시에 영상이 그것을 얻어 성립하게 하는 마음의 인식 능력이다. 마음의 인식 능력은 객관 사물을 지향하여 드러나므로 공손룡은 그것을 '指'라고 하였다. 객관 사물을 지향할 때 곧 영상이 형성되므로, 영상과 인식 능력의 지향 활동은 동시에 존재한다. 그러므로 인식 능력과 영상은 '指'의 관념 속에 포괄되어 있다. 영상이 비록 객관 사물로부터 오지만 객관 사물에 걸린 것이 아니다. 따라서 영상은 실재하는 것이 아니며, 자성이 없는 것이다. 영상을 성립하게 하는 인식 능력도 그 자체로 자성의 독립 존재가 될 수 없다. 왜냐하면 만약 그렇다면 객관물의 반영은 제한을 받게 되고 모든 객관물을 수시로 주관 인식 능력 속에 반영할 수 없기 때문이다. 모든 객관물을 수시로 주관 인식 능력에 반영할 수 없다면 객관 세계의 인식은 제한을 받거나 성립할 수가 없다. 그래서 공손룡은 특별히 '而指非指'를 강조했다. 이것은 두 가지 의미를 가지고 있다. 하나는 객관물로부터 온 영상은 결코 객관물이 아니라는 것이다. 따라서 이 영상은 수시로 생기고 없어지며, 객관물처럼 고정된 시공을 점하지 않는다. 더 나아간 의미로, 이것은 어떤 영상이 성립하는 인식 능력은 자성의 독립된 존재가 아니라는 점이다.

궁극적인 의미는 『순자』「해폐」편에 마음(心)이 '비어 있고 한결같으며 고요하다(虛一而靜)'고 할 때의 '虛'와 같다. 마음은 그 자체로 비어 있으므로 '指'하지 못할 것이 없으며, 만사만물을 받아들여 반영한다. '指'는 마음의 활동이자 활동의 결과이다. 마음은 비어 있고, '指'도 그 자체로 비어 있다. 비어 있는 것(虛)은 '無'와 통하니 '非指'는 '指'에 대하여 일종의 없음(無)이다. 이것이 '而指非指'이다. 이것이 인식이 성립하기 위해 반드시 갖추어야 하는 조건이다. 순자는 마음 자체의 상태로부터 마음의 비어 있음을 말했는데, 공손룡은 마음과 외물이 서로 접하여 인식이 성립할 때의 상태를 두고 말한 것이다. 순자의 '虛'의 주장이 공손룡과 일정한 관련이 있다고 말할 수는 없지만, '虛'가 '而指非指'의 근거가 되는 것은 사상사에서는 일종의 발전이다. 순자의 '虛'는 표면에서 보면 노자로부터 왔지만 노자는 '虛'로 인식 문제를 해결하려고 하지 않았다. 그래서 노자와는 이름 사용의 관련만 있을 뿐, 사상 계승의 관계는 없다.

장자와 공손룡의 갈등

장자와 공손룡은 대략 동시기의 사람이다. 공손룡의 사상은 당시에 많은 반응을 일으켰으니 장자에게서도 예외가 아니다. 『장자』「제물론」에 "以指喩指之非指, 不若以非指喩指之非指也. 以馬喩馬之非馬, 不若以非馬喩馬之非馬也. 天地一指也, 萬物一馬也."라고 하였는데 '指'를 말한 곳은 「지물론」을 겨냥한 것이고, '馬'를 말한 곳은 「백마론」을 겨냥한 것이다. '以指喩指之非指'는 「지물론」의 '而指非指'이다. '不若以非指喩指之非指也'의 '非指'는 「지물론」에서 말하는 '物指'이니, '指에 연대한 物과 함께 있는 指'로, 즉 영상과 영상의 객관물이 함께 연대해 있는 상태이다. '物指'가 단지 '指' 자체일 뿐만은 아니기 때문에 장자도 그것을 '非指'라고 칭하였다.

장자의 뜻은, 공손룡이 '指' 자체를 가지고 말할 때 독립된 '自性'이 없다고 여겼지만, 공손룡이 여전히 '物指'는 자성이 있다고 여겨서 '物指로부터 생기는 物名'(牛, 馬 등)도 자성이 있다고 여겼다는 것이다. 그러나 장자가 생각하기에, 사물은 그렇게 부르면 그렇게 되는 것으로(「제물론」), 사물의 이름은 사람이 임의로 붙일 수 있고 '物' 자체와 아무 관계가 없다. 그러므로 '物名'도 자성 없이 임의로 바뀐다. '物名'이 자성 없이 수시로 바뀔 수 있다면 '物名'이 유래하는 '物指'도 자성이 없다. '物指'가 자성이 없다면 '物指'를 통해서 오는 각종의 사상과 언론도 객관 표준의 자성이 없다. 따라서 시비득실을 말할 것이 없다. 이것이 이른바 '不若以非指喩指之非指也'의 뜻이다.

장자가 말한 '天地一指也'는 천지가 모두 유전하고 변화하는 중에 어떤 단편이나 독립 존재의 자성에 집착할 수 없다는 뜻이다. 이것이 이것이라고 말하는 순간 이것이 아니게 된다. 마치 '指'와 '物指'(非指)

가 모두 '非指'가 되는 것과 같다. 공손룡은 '指의 자성'은 격파했지만 '名의 자성'은 격파하지 못하여 여전히 '名'에 집착하고 있다. 장자는 '名'과 '名으로 대표되는 자성'도 제거하려 하였는데, 그래야만 '齊物'의 목적에 도달할 수 있기 때문이다.

공손룡이 '白馬'를 '馬'가 아니라고 여긴 것을, 장자는 '以馬喩馬之非馬'라고 말하고 있다. '以馬'의 '馬'는 '白馬'를 가리켜 말한 것이다. '非馬'의 '馬'는 색으로 제한되지 않는 '보편적인 馬'를 가리켜 말한 것이다. 공손룡의 '白馬非馬'에서는 실은 '白馬라는 이름'으로 '白馬'를 긍정하고, '馬라는 이름'으로 '馬'를 긍정한다. 그러나 장자는 '白馬라는 이름'은 색으로 제한되지 않은 '보편적인 馬'를 대표할 수는 없지만, '馬라는 이름'도 사람이 임의로 붙인 것이므로 어떻게 그것이 '보편적인 馬'를 진정으로 대표할 수 있는지 묻는다. '白馬'가 '馬'라고 고집할 수도 없지만 '馬'를 '馬'라고 고집할 필요도 없다. '不若以非馬喩馬之非馬也'의 앞의 '非馬'는 '非白馬' 내지 '모든 색이 아닌 馬'를 가리켜 한 말이다. '萬物一馬也'는 천지간의 사물은 모두 유전하고 변화하는 중에 있으니 우리가 가리켜 이름 붙이는 것은 잠시의 가설이고 고정된 객관 표준(正)이 될 수 없다. 마치 '馬'라는 이름이 반드시 '고정된 馬'를 대표할 수 없는 것처럼 말이다. 그러므로 다투어 논할 수 없다.

공손룡은 '名'에 엄격한 규정을 가하여 '實'을 바로잡아서 '名'을 바로잡고 '名'으로 그 '實'에 해당되게 하였다(「명실론」). 장자는 '名者, 實之賓也'라고 하여(「소요유」), 손님은 주인의 집에 잠시 기거하니, '名'은 '實'에 대하여 잠시성의 것이고 분리되고 바뀔 수 있으니 '實'에 해당할 수 없다고 여긴다. '實'에 해당할 수 없으니 이미 공손룡이 '名'에 대해 엄격하게 규정한 것과 다르다. 장자는 그것을 격파하여 천하의 사람들이 '名'에 집착하여 시비득실을 쟁론하는 도구로 삼지 못하게 하였으니 이것이 앞에서 인용한 「제물론」의 뜻이다.

4. 통변론(通變論)

○ 간략 해제

「통변론」은 『공손룡자』 전체 편장 가운데에서 가장 이해하기 어렵다. 「백마론」의 '白馬非馬'에서 누차 지적하고, 「지물론」의 '物莫非指'에서도 이론적으로 확인하였듯이, 공손룡에게 지시하는 상황에서의 명명 과정은 지시체가 무엇인지를 분명하게 구별하는 것에 의해 철저하게 분리된 것이다. 공손룡에게 '白馬를 지시하는 일'은 '馬를 지시하는 일'과 분명히 다르다. 또한 「지물론」의 논리에 의하면, 그 지시하는 일이 '馬'와 '非馬'를 구별하게 하고, '白馬'와 '非白馬'를 구별하게 하므로, 사물의 명명 과정에는 반드시 '指의 작용'이 수반되어야 한다. 이것은 뒤에 살펴볼 「견백론」의 논리에서도 일관되게 적용될 수 있다. 같은 돌에 딱딱함과 흼이 붙어 있더라도 공손룡에게 '堅石'이 '白石'과 분리되는 이유도 이렇듯 감관을 통한 지시 작용이 그 작용의 발생 시점마다 분리되어 있기 때문이다. 그런데 「견백론」에서 말하는 '離也者天下', '獨而正' 등의 결론이면 이미 충분해 보이는데 그럼에도 공손룡은 굳이 「통변론」을 저술하였다. 도대체 무엇 때문일까?

필자가 보기에, 공손룡 활동의 가장 주된 목표는 '是非'의 혼란과 '正不正'의 혼란을 시정하고자 하는 것이었다. 공손룡은 그것을 올바른 '位'의 확정과 구분, 혹은 분리〔分〕에 근거를 두고 답하고자 하였다. 그런데 공손룡처럼 지시 상황에 따른 명명의 구분, 그리고 심지어 감관의 차이를 통한 명명조차도 분리된다고 주장하게 되면, 원론적으로 그렇게 무한히 분리된 '實'에 대해서 '名'이 무한히 생성되어야 한다는 주장을 막을 길이 없다.

하지만 공손룡은 '名의 무한 생성'을 논하려는 의도가 전혀 없었던 같다. 이해하기 쉽도록 우연히 가까운 사물을 들어 「백마론」, 「견백론」 등을 저술했을 뿐, 실제로 여태까지 경험하지 못한 새로운 사물이 나타나면 누구든지 언제든 그것에 새로운 이름을 부여할 수 있음을 강조하려는 뜻은 아니었다. 무엇보다 공손룡의 고민은 '君'과 '非君'의 구별 내지 분리나 '臣'과 '非臣'의 구별 혹은 분리에 초점이 맞춰져 있었다. 그래서 실제로 「통변론」이 통렬하게 공격한 것은 같고 다름〔同異〕이 분명한 곳에서 '명확한 시비 구별을 하지 못하게 하는 언어 행위〔狂擧〕'들이다. 결국 「통변론」에서 말하려고 하는 주제는 '변화무쌍한 현실〔變〕'에서 어떻게 '是非'의 올바른 판단을 일관되게 적용할 방법〔通〕을 찾아낼 것인가 하는 문제로 귀결된다.

「통변론」 전체는 반론자의 질문과 그에 대한 공손룡의 답변으로 구성되어 있다. 그것은 크게 세 단락으로 나누어 살펴볼 수 있다. 첫째 단락은 같은 것〔一〕과 다른 것〔二〕은 분리되어야 한다는 것이다. 공손룡에 의하면, 설사 달라진 것에 달라지기 이전의 이름이 포함되어 있다 해도, 그것은 분리되어야 한다. 그런데 반론자는 공손룡의 말을 전혀 이해하지 못한다. 그래서 공손룡은 두 번째 단락과 세 번째 단락에서 예를 들어 답변한다. 공손룡은 비교의 기준〔材〕을 적절하게 보여서 같고 다름을 증명하면 그것은 바른 명명법〔正擧〕이지만, 그렇지 못하면 그것은 혼란스러운 명명법〔狂擧〕이라고 설명한다. 그래서 공손룡 답변의 두 번째 단락은 '양-소-말의 유(類)'와 '소-양-닭의 유'를 가지고 '正擧'와 '狂擧'를 예시하고, 세 번째 단락은 '청색-흰색-황색의 유'와 '흰색-청색-벽색의 유'를 가지고 예시한다. 따라서 「통변론」의 공손룡 주장에 의하면, 거례의 기준으로서의 유(類)를 파악하는 것만이 잘못된 언어 사용〔狂擧〕을 벗어나는 길이라는 것이다. 그것이 곧 언어의 지칭과 현실의 변화에 통하는 길이요, 혼란한 이름 짓기〔亂名〕에서 벗어나 바른 언어 사용〔正擧〕 방법을 터득하는 길이다.[1]

세 단락으로 나눈 것은 필자에 의한 것으로,[2] [1]과 [2]의 단락은

---

1 중국 고대에서 類를 이야기하고, 名과 그것이 지칭하는 實의 관계를 명확하게 규명하려 했다는 점에서, 墨家 계열과 公孫龍 계열은 동일한 문제의식을 가지고 있었다. 그러나 그것을 해결하는 방법에 차이가 있는 것으로 보인다. 예컨대 『公孫龍子』에서 중요시되는 '離'라는 용어의 경우, 『墨經』을 찾아보니 "見不見離, 一二不相盈, 廣脩·堅白"(「經說下」)을 제외하고, '離'의 의미를 『公孫龍子』의 맥락에서 강조한 구절을 찾을 수 없었다. 또한 『公孫龍子』처럼 '獨而正'을 말하는 것과 墨家처럼 '兼而正'을 말하는 것은 근본적으로 다르다. 그런 의미에서 名家와 墨家는 분명하게 다르다. 우리는 이들 논변의 전제를 찾아야 그 차이점을 분명하게 드러낼 수 있다. 따라서 우리가 해야 할 일은 우선 왜 그들이 논쟁하고 있는지 그 쟁점을 찾는 일이며, 다음으로는 그 쟁점을 중심으로 각자 무엇을 주장하고 있는지 알아내는 것이다.

2 참고로 A. Forke의 단락 구분은 세 개로 필자와 유사하다(A. Forke, "The Chinese Sophists", *Journal of the China Branch of the Royal Asiatic Society* 34, 1901, pp. 1-100, Appendix 3). Y. P. Mei의 단락 구분도 세 개로 필자와 유사하지만, 위 두 사람은 [1]에서 [2]로의 구분에서 구두가 달라지면서 본 주해서와 문장 구분에서 차이가 있다(Y. P. Mei, "The Kung-sun Lung-tzu", *HJAS* 16, 1953, pp. 404-437). 譚戒甫의 단락 구분은 총 아홉 개이며, 다음과 같은 주제로 제시되어 있다: [1] '通'을 논함, '二無一'의 정리; [2] '變'을 논함, 소위 '形'으로 증명하려고 함; [3] '羊合牛非馬'를 논함; [4] '羊合牛非鷄'를 논함; [5] 3, 4단락의 결론; [6] '變'을 논함, 소위 '色'으로 증명하려 함;

다시 문맥에 따라 두 개의 하위 문단으로 나누어 번역하고 주석을 붙여 해설하였다. 그리고 [3] 단락은 네 개의 하위 문단으로 나누어 번역하고 주석을 붙여 해설하였다.

[7] '靑以白非黃'을 논함; [8] '白以靑非碧'을 논함; [9] 7, 8단락을 총결하고 正名의 요지를 펼침(譚戒甫, 31-45쪽).

通變論

[1]

1-1

반론자: 曰, 二有一乎?

공손룡: 曰, 二無一.(1)

반론자: 曰, 二有右乎?

공손룡: 曰, 二無右.

반론자: 曰, 二有左乎?

공손룡: 曰, 二無左.(2)

반론자: 曰, 右可謂二乎?

공손룡: 曰, 不可.

반론자: 曰, 左可謂二乎?

공손룡: 曰, 不可.(3)

반론자: 曰, 左與右可謂二乎?

공손룡: 曰, 可.(4)

번역

반론자: 二에 一이 있는가?

공손룡: 二에 一이 없다.

반론자: 二에 오른쪽이 있는가?

공손룡: 二에 오른쪽이 없다.

반론자: 二에 왼쪽이 있는가?

공손룡: 二에 왼쪽이 없다.

반론자: 오른쪽은 二라고 말할 수 있는가?

공손룡: 할 수 없다.

반론자: 왼쪽은 二라고 말할 수 있는가?

공손룡: 할 수 없다.

반론자: 왼쪽과 오른쪽은 二라고 말할 수 있는가?

공손룡: 할 수 있다.

주석

(1) 사희심의 주석은 다음과 같다. "白과 馬는 다른 물건이 되니, 하나〔一〕로 합하여 둘〔二〕로 삼을 수 없다."[3]

담계보는 '二無一'의 세 글자는 전편의 주요 맥락이며, 그것으로 앞에서 나온 '白馬非馬'를 증명하려는 의도가 있다고 하였다. 여기에서 말한 '通變'은 '形'과 '色' 둘〔二〕로 나누어 하나는 '形'으로 증명하고 하나는 '色'으로 증명하려는 것으로, '形'으로 증명하는 것이 '羊合牛非馬, 牛合羊非鷄'이며, '色'으로 증명하려는 것이 '靑以白非黃, 白以靑非碧'이라는 것이다.[4] 담계보는 사희심 주석의 '二物'이 곧 '二事'을 뜻하

3 謝希深注: "如白與馬爲二物, 不可合一以爲二." 譚戒甫는 謝希深注의 '合'자를 '令'자로 바꾸어 해석하였다.

4 譚戒甫, 31-43쪽 참조. 이하 「通變論」에 나오는 譚戒甫의 주석은 출처가 동일함.

고, 그것은 '白'이 색이고 '馬'가 형인 것이 원래 다른 일〔二事〕이어서, 같은 것〔一事〕이 될 수 없음을 말한 것이며, 「백마론」에서 '有白馬爲非有馬'가 바로 '二無一'의 뜻이라고 풀이하였다.

서복관은 다음과 같이 설명한다. 공손룡이 '二'와 '一'을 모두 독립적인 개념으로 인정하였다고 하면서, '二' 속에 '一'이 있다면 '二'는 '二'가 아닐 뿐만 아니라 '出其所位'[5]한 것이 되니, 공손룡은 '二는 二이고 一은 一일 뿐'이라고 인정하였으며, 그것이 그의 '獨而正'의 기본 관점이다.

(2) 사희심의 주석은 다음과 같다. "左右가 합해지면 두 자리〔二位〕가 되므로, 둘을 합하여〔合二〕 右로 여길 수 없고, 또한 둘을 합하여〔合二〕 左로 여길 수 없다. 이것으로 二는 반드시 一이 될 수 없다〔二必無爲一〕는 이치를 밝힌다."[6]

담계보는 명가[7]들의 '白馬爲馬' 주장은 '馬'를 '實體'로 보고 '白'을 '品德'으로 간주하여 덕이 실에 붙어 있는 것으로 본다고 해석한다. 그래서 여기에서 반론자들이 말하는 '右'는 '馬인 形'이고 '左'는 '白인 色'을 뜻한다는 것이다. 그러나 공손룡 등의 형명가들은 '色'과 '形'에 대해 감각은 평등하므로 경중이 없다고 여기므로, '白馬非馬'를 주장

---

5 「名實論」의 문장.

6 謝希深注: "左右合一位也. 不可合二以爲右, 亦不可合二以爲左. 明二必無爲一之道也." 譚戒甫는 謝希深注의 '左右合一位也'에서 '一'자는 '二'자가 되어야 한다고 교정하였다. 필자의 생각에 公孫龍의 입장에서 左右를 해석한다면 '二位'라고 보는 것이 맞을 것 같다. 그래야 '二無一'이 성립하기 때문이다.

7 譚戒甫는 公孫龍 계열의 주장을 形名家의 것으로 명명하고, 그것에 반론을 제기하는 주장을 名家의 것으로 명명하여 구분한다(譚戒甫, 1-6쪽, 63-91쪽 참조).

하여 '二無右'를 말하고, '白馬非白'을 주장하여 '二無左'를 말하는 것이라고 해석한다.

서복관은 반론자들이 '二'는 두 가지 물건이 병렬하여 성립하는 것이니, 병렬된 물건에는 반드시 '左右'의 구별이 있어서 '二有右乎'라고 질문한 것이라고 해석한다.[8]

(3) 사희심의 주석은 다음과 같다. "右를 나누어 二로 삼을 수 없고, 또한 左를 나누어 二로 삼을 수 없으니, 一이 二가 될 수 없다(一無爲二)는 이치를 밝혔다."[9]

담계보의 해석은 다음과 같다. 이번 질문은 앞의 것과 구문을 거꾸로 바꾼 것으로, '二'에 '左右'가 없다면 '左'나 '右'는 '二'가 될 수 있는지 질문한 것이다. 공손룡에게 '二無左'가 '白馬非馬'를 뜻한다면, '左可謂二乎'는 '白이 白馬가 될 수 있는가?'로 해석되고, 당연히 그것은 불가한 일이다. 즉, '馬'나 '白'만으로는 '白馬'라고 할 수 없다.

(4) 사희심의 주석은 다음과 같다. "左와 右는 位가 다르니 二라고 할 수 있다."[10]

담계보는 '左'와 '右'를 각각 '白'과 '馬'로 풀이하여 '二'가 될 수 있다고 보았다.

서복관은 '左右가 二가 될 수 있다'고 답한 것에서 '二'는 '左右'를 겸하여 말한 것이며, 앞의 질문에서 '右'나 '左'만을 들어 '二'라고 할 수

8 徐復觀, 19-27쪽 참조. 이하 「通變論」에 나오는 徐復觀의 주석은 출처가 동일함.

9 謝希深注: "不可分右以爲二, 亦不可分左以爲二, 明一無爲二之道也."

10 謝希深注: "左右異位, 故可謂二."

있느냐고 물은 것과는 다른 의미라고 하였다.

해설

이 단락은 반론과 공손룡의 답변으로 구성된다. 반론자와 답변하는 사람의 의중에 있는 '一'과 '二'의 개념 사용에서 차이가 나는 것을 구별하지 않으면 이 단락을 해석하기가 어렵다. 그리고 이어지는 질문도 앞에 나온 답변을 이어받아 뜻의 사용에 뒤섞임이 발생하므로, 같은 용어라고 해도 '의도적 비틀기'[11]가 포함되어 있어서 그것 또한 분명하게 분석해야 한다.

첫 번째로 질문자가 반론하려는 것은 '달라진 이름(二)'에 '달라지기 전부터 사용하던 이름(一)'이 포함될 수 있는가 하는 것이다. 공손룡은 '그럴 수 없다'고 단언한다. 예를 들어, '左'나 '右'와 같은 말이 지칭하는 실상이 달라지면 그곳에는 더 이상 이전에 지시하던 '左'나 '右'의 의미는 포함되지 않는다. 그래서 '달라진 실상(二)'에는 '左'도 없고 '右'도 없으며, '左'와 '右'를 가지고 그 '달라진 것(二)'을 일컬을 수도 없다.[12]

그런데 반론자는 다시 '左右'를 함께 합해서 이야기하면 그것은 '달라진 이름(二)'이 되느냐고 묻는다. 공손룡은 그것은 '달라진 것(二)'

11 '의도적 비틀기'라는 말은, 『公孫龍子』와 같이 논박과 주장으로 이루어진 고대 중국의 텍스트에서 용어 의미의 일관성을 마지막까지 관철하기는 힘들며, 반론자의 의도와 주장의 의도가 질문과 대답의 맥락에 따라서 용어의 함의가 조금씩 변화하여 처음의 맥락보다 점차 의미가 비틀어져 더해지는 것을 뜻한다.

12 '二'가 '달라진 실상'을 의미한다는 것을 증명하는 자료로는 『墨經』「經上」, 「經說上」 88항목 참조.

이라고 대답하는데, 반론자가 그 틈을 공략한다. 왜 '右'라는 이름은 변하지 않았는데〔不變〕, '左右'에서는 그 실상이 달라졌다〔變〕고 하는가? 변했다면 어떻게 여전히 '右'라고 부를 수 있고, 변하지 않았다면 어떻게 '변한 것'이라고 말할 수 있는가? 이에 대한 공손룡의 대답은 다음 단락에서 전개된다.

1-2

반론자: 曰, 謂變而不變, 可乎?

공손룡: 曰, 可.(1)

반론자: 曰, 右有與, 可謂變乎?

공손룡: 曰, 可.(2)

반론자: 曰, 變隻?(3)

공손룡: 曰, 右.(4)

반론자: 曰, 右苟變, 安可謂右? 苟不變, 安可謂變?(5)

반론자: 曰, 二苟無左又無右, 二者左與右, 奈何?

공손룡: (曰), 羊合牛非馬,(6) 牛合羊非雞.(7)

【 교감 】 '謂變而不變'은 원래 도장본에 '謂變非不變'으로 되어 있다. '謂變非不變'에서 유월은 '不'자를 衍文으로 보아 '謂變非變'이 되어야 한다고 했으며, 담계보는 '謂變而不變'으로 고쳤다. 서복관은 고치지 않고 그대로 두었다. 여기에서는 담계보를 따라 교정한다. '變隻'에서 유월은 '隻'자는 '奚'자가 잘못된 것이라고 하였고, 담계보는 '隻'자는 '奚'자의 或體인 '㕈'자가 잘못된 것이라 하였다. 서복관은 '二苟'의 '苟'자는 '誠'의 뜻이라고 풀었다. 담계보는 '曰二苟無左又無右'에서 '曰' 자가 잘못 들어간 것이며, '羊合牛非馬' 앞에 '曰'자가 들어와야 할 것이 錯簡된 것이라고 하였다. 여기에서는 원문을 교정하지는 않았으나, 담계보의 주장에 따라 반론자의 질문과 공손룡의 대답으로 나누어서 번역하였다.[13]

번역

반론자: 변화하는 것을 두고 변하는 것이 아니라고 할 수 있는가?

공손룡: 할 수 있다.

반론자: 오른쪽이 함께하는 것이 있다면 변화하는 것이라고 말할 수 있는가?

공손룡: 할 수 있다.

반론자: 어느 쪽이 변한 것인가?

공손룡: 오른쪽이다.

반론자: 오른쪽이 만약 변한 것이라면, 어떻게 오른쪽이라고 말할 수 있는가? 만약 변하지 않은 것이라면 어떻게 변한 것이라고 말할 수 있는가?

반론자: 二에는 진실로 왼쪽도 없고 오른쪽도 없는데, 二가 왼쪽과 오른쪽이 되는 것은 무엇으로 설명할 것인가?

공손룡: 그것은 '양과 소가 합해진 것은 말이 아니다'라는 말과, '소와 양이 합해진 것은 닭이 아니다'라는 말로 설명하겠다.

주석

(1) 사회심의 주석은 다음과 같다. "一은 二라고 할 수 없고, 二 또한 一이라 할 수 없음은 반드시 그런 것(必)이다. 그러나 사물에 변화의

---

13 譚戒甫가 여기에서 반론과 公孫龍의 답변을 나누어 해석한 것은 타당하다. 그 이유는 뒤에 나오는 단락에서 公孫龍이 '羊合牛非馬'와 '牛合羊非雞'의 내용을 상세하게 설명하기 때문이다. 따라서 '二苟' 이하의 문장은 반론자의 것과 公孫龍의 것으로 나누어 주는 것이 텍스트의 정합성 측면에서 맞다.

원리가 있으니 그것을 不變이라 할 수는 없다."[14]

담계보는 이 구절을 '曰謂變而不變, 可乎'로 바꾸었다. 그는 사희심의 주석에 근거하여 원래 옛 판본에 '變不變'으로 되어 있던 것이 아닐까 하고 추정하였다. 그는 유월이 '不'자를 연문이라 하며 뺀 것에 대해 반대하고, 도장본에 '非'자로 되어 있는 것은 '而'자와 자형이 유사하여 잘못된 것이라 하였다.

유월은 다음과 같이 말하였다. "이미 變이라고 말한 이상, 非不變임은 충분히 알 수 있는데 여기서 왜 또 물어야겠는가. 아마도 '不'자가 연문일 것이며, 본래의 문장은 '謂變非變, 可乎. 曰可'로 되어 있을 것이다. 뒤에 나오는 문장에서 '羊合牛非馬, 牛合羊非鷄, 靑以白非黃, 白以靑非碧'이라고 한 것은 모두 '變非變'의 뜻을 밝힌 것이다."[15]

살펴보면 이 구절은 서복관을 제외한 대부분의 주석가들이 '變不變', '變非變' 등으로 교정하고 있다. 이 구절은 질문하는 쪽에서 제기된 것이므로, '一'과 '二'를 따로 보고 있는 공손룡을 반박하기 위해서 동원된 말이라면 '一'에서 '二'가 되거나 '二'가 '一'이 되는 변화를 인정하지 않는 입장을 논박하려는 의도가 맞는 것 같다. 따라서 본 주해서는 담계보 등의 교정을 따른다.

(2) 사희심의 주석은 다음과 같다. "右有與는 右가 左로 옮겨 가는 것을 뜻한다. 즉, 사물은 하나에서 변하여 異類가 되는데, 마치 鯤이 변

---

14 謝希深注: "一不可謂二, 二亦不可謂一, 必矣. 物有遷變之道, 則不可謂之不變也."

15 兪樾注: "樾謹按, 旣謂之變, 則非不變可知. 此又何足問邪. 疑不字衍文也. 本作謂變非變可乎, 曰可. 下文羊合牛非馬, 牛合羊非鷄, 靑以白非黃, 白以靑非碧, 皆申明變非變之義."

하여 鵬이 되고 忠이 변하여 逆이 되고 存亡이 확정되지 않으며 禍福이 안주하지 않는 것과 같이, 하나의 사물에서 변화하여 다른 유가 되는 것이다. 그래서 右를 들어서 一이 백 번 변해도 一에서 바뀌지 않음을 밝혔다."[16]

사희심은 '變非不變'으로 두고 해석하다 보니 위와 같이 주석한 듯하다. 모든 변화를 포함하는 '一'은 다른 유로 바뀌는 것처럼 보이지만, 결국 변하지 않는 '一'로 돌아온다는 것이 '右有與'를 들어 말한 요지라는 것이다. 한 글자를 어떻게 교정하는가에 따라 원문 이해가 달라지므로, 대단히 조심스럽게 접근해야 하는 대목이다. 살펴보면 '變'의 이해에서 반론자와 공손룡의 입장이 대단히 다른 것 같다. 사희심에 의하면, 반론자는 '物化'의 입장에서 '變'을 해석하고, 공손룡은 '의도와 맥락을 포함하여 지시물이 놓이는 위치의 변화'라는 입장에서 '變'을 해석하는 것 같다.

이 구절에 대한 담계보의 해석은 다음과 같다. '馬'는 '四足獸'가 되고 '牛'와 동류가 된다. 여기에서 말하는 '右有與'는 '馬與牛'와 같은 말이다. '馬與牛'가 '非馬'가 되고, '白與馬'가 '非馬'가 되는 것은 결과가 비록 같지만, '辭性'은 다르므로 변하였다고 말해야 한다. 그래서 '可하다'고 답한 것이다. 여기에서 담계보의 해석은 이해하기 힘들다.

(3) 사희심의 주석은 다음과 같다. "鯤과 鵬은 다른 물건〔二物〕인데, 한쪽이 변하여 二가 된다. 어찌 一이 변하여 二가 된다〔一變爲二〕고

16 謝希深注: "右有與, 謂右移於左, 則是物一而變爲異類, 如鯤化爲鵬, 忠變爲逆, 存亡靡定, 禍福不居, 皆是一物化爲他類. 故擧右以明一百變而不改一."

할 수 없겠는가."[17]

사희심은 '隻'을 의문사로 해석하지 않았지만, 유월과 담계보처럼 이 구절을 질문하는 문장으로 보는 것이 맞을 것 같다.

유월은 다음과 같이 주석하였다. "變隻이라고 하면 아무 뜻이 없다. '隻' 자는 아마도 '奚' 자가 잘못된 것 같다. '變奚'라고 하면 묻는 말이 된다. 이는 '어떤 물건이 변해야 하는가(當變何物)'와 같은 말이 된다. 묻는 사람의 의도는 右라고 여긴 것이 변한다면 마땅히 左가 되어야 하는 게 아니냐는 것이다. 그런데 여전히 대답하는 이는 '右'라고 하였다. 이것으로 위에 나온 문장의 '變非變'의 뜻을 증명할 수 있다."[18]

담계보는 '隻' 자에 대해 보다 자세히 고증하고 있다. 『설문해자』 제3편 상 '言' 부에 '謑' 자가 나오는데, 그것의 혹체(或體)로 '雟'로 구성된 글자가 등장하는 것을 들어서[19] '奚'와 '雟'가 본래 같은 글자였을 것이라고 주장하였다. '隻'과 '雟'의 자형이 유사하여 잘못된 것이라고 밝혔다.

(4) 사희심의 주석은 다음과 같다. "鯤이 변화하여 鵬이 된 것은, 一物이 변화하여 一物이 된 것이다. 마치 右가 左로 옮겨 가지만, 끝내 향한 방향이 右인 것처럼 말이다."[20]

---

17 謝希深注: "鯤鵬二物, 隻以變爲二矣, 何得不謂一變爲二乎."

18 俞樾注: "樾謹按, 變隻無義. 隻疑奚字之誤. 變奚者, 問辭也. 猶言當變何物也. 問者之意, 以爲右而變則當爲左矣. 乃仍答之曰右. 此可證明上文變非變之義."

19 『說文解字』 第三篇 上 '言'부 참조.

20 謝希深注: "鯤化爲鵬, 一物化爲一物, 如右移於左, 終是向者之右."

사회심의 해석은 변화처럼 보이지만 끝내 변하지 않는 것이니, '右'라는 이름을 바꿀 수 없다는 것이 공손룡의 입장이라는 것이다. 그러나 '鯤과 鵬의 변화'로 이 구절을 설명하는 것은 원래 문맥과 너무 동떨어진 것이 아닐까 한다. '變'과 '不變'을 해석하는 입장 차이가 사회심의 주석으로는 분명하게 드러나지 않는다.

(5) 사회심의 주석은 다음과 같다. "右가 左로 옮겨 갔는데, 어떻게 여전히 右라고 할 수 있는가. 그것이 같은 물건〔一物〕임을 아는데 어떻게 그것을 변했다고 할 수 있는가. 二가 一이 되고 一이 二가 될 수 있음이 분명하다."[21]

이 구절은 반론자의 맥락에서 보면 사회심의 주석도 일리가 있는 듯하므로 참고해야 할 것이다.

(6) 사회심의 주석은 다음과 같다. "가령 羊이 左에 있고 牛가 右에 있어서 함께 一物을 이룬다면, 한쪽만을 羊이라고 할 수도 없고 또한 한쪽만을 牛라고 할 수도 없다. 이미 이름 붙일 수가 없는데 합하여 馬라고 할 수 없으니 二物을 一이라 할 수 없음이 분명하다."[22]

이것은 사회심이 '羊合牛非馬'를 '左右'와 연관시켜 해석한 것이다. 담계보는 '曰二尙無左又無右'에서 '曰'자가 이곳에 잘못 들어간 것

---

21 謝希深注: "右移於左, 安可仍謂之右. 知其一物, 安可謂之變乎. 明二可一而一可二也."

22 謝希深注: "假令羊居左牛居右, 共成一物, 不可偏謂之羊, 亦不可偏謂之牛. 旣無所名, 不可合謂之馬, 謂二物不可爲一明矣." 밑줄 친 부분의 謝希深注 원문은 '亦不可偏謂之旣無無所名'으로 되어 있으나, 문맥에 따라 '牛'자를 첨가하고 두 개의 '無'자 중 하나를 제거하여 위와 같이 구두하여 번역하였다.

이며, '羊合牛非馬' 앞에 '曰' 자가 와야 할 것이 착간된 것이라고 하였다. 만약 담계보의 주장과 같이 '曰二苟無左又無右'에서 '曰' 자가 잘못 들어간 것이라면 '二苟無左又無右, 二者左與右, 奈何'는 논박하는 질문자의 말이 된다. 또한 담계보는 '羊合牛非馬' 앞에 '曰' 자가 들어와야 할 것이며 그것이 주장자가 한 대답의 요지라고 파악하였다. 담계보의 해석은 다음과 같다. 이미 변한 것이 '右'라고 하면 '左'는 없어야 한다. '左'라는 이름이 없다면 '右'라는 이름도 세울 수 없으니, 어떻게 여전히 '右'라고 할 수 있는가. 만약 '右'가 변하지 않았다면 '左'는 여전히 있는 것인데 왜 그것을 변했다고 하는가. '二苟無左又無右'라는 것은 '苟無白又無馬'의 '二'를 말하는 것이다. '左'가 이미 변하여 '右'가 되면 '左'가 없는 것이고 '白'이 없는 것이다. '右'가 변하면 이것이 '右'가 없는 것이고 '馬'가 없는 것이다. '白'도 없고 '馬'도 없다면 '左'와 '右'의 두 가지〔二〕는 어떻게 할 것인가. 담계보에 의하면, 이것이 질문자의 의도이다.

(7) 사희심의 주석은 다음과 같다. "변하여 다른 물건이 되는 것은 마치 右가 자리를 바꾸는 것과 같으므로, 牛가 左가 되고 羊이 左가 되는 것이며 그것은 또한 牛도 아니고 羊도 아니며 鷄는 더욱 아니다."[23]

이 대목의 사희심 주석은 더욱 이해하기 힘들다. 담계보는 다음과 같이 풀이한다. '白'도 '馬'도 없는 것은 이미 말한 것이다. '羊合牛

23 謝希深注: "變爲他物, 如右易位, 故以牛左羊左, 亦非牛非羊, 又非鷄也."

非馬'라는 것은 '二'에 이미 '無左', '無右'이니, '羊合牛'에 '白'도 없고 '馬'도 없는 것을 뜻한다. '羊合牛非鷄'는 '左右'조차 전혀 없으니 통변의 이치가 더욱 드러난다는 것이다. 담계보의 설명 또한 이치가 잘 닿지 않는다. 따라서 뒤에 나오는 주석과 해설을 참고해야 할 것이다.

해설

이 단락은 앞의 내용을 받아 반론자가 '變'에 대해 묻고 공손룡이 답변하는 것으로 구성되어 있다. 이에 대하여 담계보는 공손룡이 주로 '白과 馬의 形'으로 '變'을 설명하고 있다고 풀이한다. 서복관은 담계보나 사회심처럼 '左右', '白馬', '羊牛'를 혼합하여 해석하지는 않았다. 필자가 보기에 「통변론」 해석의 관건은 '一二', '左右', '變不變', '白馬', '羊牛馬', '羊牛鷄'가 어떤 맥락에서 관련되는지 밝히는 데 있다.

살펴보면, 원문의 용어대로 따라가면서 해석되는 공손룡의 간단한 논증은 다음과 같은 것이 아닐까 한다. 달라진 것(二)에는 원래의 '左'도 없고 원래의 '右'도 없으나, 그것에는 '左'와 '右'가 함께하여 새롭게 지시하는 실상이 자리잡고 있다. 그것이 불변의 고정된 것(一)이 아니라 달라진 것(二)임을 올바르게 알려면, 같고 다름을 비교하는 기준으로서 '類'가 분명해야 한다. 예를 들어 '양과 소는 말이 아니다(羊合牛非馬)'라고 하면 '類의 다름'으로 '말이 아님(非馬)'을 말한 것이고, 이것은 '左'와 '右'를 예로 들어 '달라진 것이 아님(非二)'을 말한 것처럼 옳은 말이다. 그런데 '소와 양은 닭이 아니다(牛合羊非雞)'라고 하면 제대로 비교할 수 있는 재질로 '擧類'하는 것이 아니므로, 이때 이들이 '닭이 아님(非雞)'을 말하는 것은 옳지 않다. 따라서 그것은 '올바른 擧類'가 아니다. 반론자는 이를 이해하지 못하고 무슨 뜻인지 다시 묻는다. 이에 대해 이어지는 단락에서 공손룡은 더 자세하게 설명한다.

[2]

2-1

반론자: 曰, 何哉?

공손룡: 曰, 羊與牛唯異, 羊有齒, 牛無齒. 而羊牛之非羊也, 之非牛也, 未可. 是不俱有, 而或類焉.(1) 羊有角, 牛有角, 牛之而羊也, 羊之而牛也, 未可. 是俱有, 而類之不同也.(2) 羊牛有角, 馬無角. 馬有尾, 羊牛無尾. 故曰, 羊合牛非馬也. 非馬者, 無馬也. 無馬者, 羊不二, 牛不二, 而羊牛二. 是而羊, 而牛, 非馬, 可也. 若擧而以是, 猶類之不同. 若左右猶是擧.(3)

【 교감 】 '羊與牛唯異'의 '唯'에 대해 서복관은 '維'와 통하는 것으로 보고 '是'자처럼 풀이해야 한다고 하였고, 손이양은 '雖'와 통한다고 하였으며, 담계보는 '特'이나 '獨'의 뜻으로 풀이하였다.

'而羊牛之非羊也, 之非牛也'는 각본에 '而羊之非羊也, 牛之非牛也'로 되어 있는데, 서복관은 道藏本에 근거하여 '而羊牛之非羊也, 之非牛也'로 교정하였으며, 담계보는 崇文百子本에 근거하여 '而牛之非羊也, 羊之非牛也'로 교정하였다. 여기에서는 서복관을 따라 교정하고, 공손룡이 '白馬'나 '左右'처럼 '牛羊'의 개념을 만들어 사용한 것으로 보고 해석하였다.

'牛之而羊也, 羊之而牛也'의 '之而'에 대해 사희심은 '之爲'와 같은 뜻이라 하였고, 담계보는 '而'가 '若'과 같은 뜻으로 '유사하다'의 의미라고 풀이하였다. 한편 서복관은 '牛之, 而羊也, 羊之, 而牛也'로 구두하였다.

'若擧而以是'에서 담계보는 '而'를 '能'의 뜻으로 풀이하고 '是'를 지시대명사로 보아서 '羊合牛非馬'를 가리키는 것으로 해석하였다. 마지막 '猶是擧' 세 글자를 담계보는 다음 단락의 앞부분으로 옮겨 구두하였고, 사희심과 서복관은 그대로 두고 해석하였다.

번역

반론자: 무엇을 말하는 것인가?

공손룡: 양(羊)이 소〔牛〕와 함께할 때, 오직 달라지는 점〔異〕은 양에는 이빨이 있는데 소에는 이빨이 없기 때문이라고 하면서, (그것을 가지고) 羊牛가 양이 아니라 하거나, 소가 아니라 하는 것은 가능하지 않다. 이것은 함께 갖추지 않은 것〔不俱有〕이 있으나, 어떤 경우에는 類가 되기도 하기 때문이다. 양에는 뿔이 있고 소에도 뿔이 있다고 하면서, (그러므로) 소가 곧 양이라든가, 양이 곧 소라든가 하는 것은 가능하지 않다. 이것은 함께 갖추고 있는 것〔俱有〕이 있으나, 그 類가 달라지기 때문이다. 양과 소에 뿔이 있고 말에 뿔이 없으며, 말에 꼬리가 있고 양과 소에 꼬리가 없다고 하면서, 그렇기 때문에 양과 소를 합하여 말이 아니라고 말한다. (이때) 말이 아니라〔非馬〕고 하는 것은 말다운 점이 없다〔無馬〕는 뜻이다. 말다운 점이 없다고 한 것은, 양만으로는 다른 것이 아니며, 소만으로도 다른 것이 아닌데, 그러나 '양과 소'는 (합하여) 다른 것이 된다〔羊牛二〕는 뜻이다. 이것으로 '양이고 또한 소이지만, 말이 아니다'라고 말하는 것이 가능하다. 만약 이처럼 예를 들어서 그것을 가지고 옳다고 여긴다면, 그 類가 다른 것을 (예로 드는

것과) 같다. (앞에서 말한) '왼쪽과 오른쪽'은 이처럼 예를 든 것이다.

주석

(1) 사희심의 주석은 다음과 같다. "牛가 이빨이 없음은 不足함이 되지 않으나, 羊에게는 이빨이 있으니 牛와 비교하면 남음이 있다. 羊에 남음이 있는 것을 가지고 非羊을 말하는 것은 아직 가하지 않다. 그러나 羊에게 이빨이 있음을 남음이 있다고 여기지 않는다면, 牛에게 이빨이 없음을 羊과 비교하는 것은 不足함이 된다. 牛의 不足함으로 非牛라고 하는 것 또한 아직 가하지 않다. 이것들은 모두 자연에서 받은 것이니, 각 分에 족하여 모두 맞게 되어 있다. 그러므로 牛는 저절로 牛의 類로 牛가 되고, 羊은 저절로 羊의 類로 羊이 된다."[24]

손이양은 다음과 같이 말하였다. "唯는 '雖'자와 통한다. 이 책에는 자주 보이는 일이다."[25] 그는 또한 다음과 같이 말하였다. "살펴보면 '而羊牛之非羊也之非牛也'가 子彙本과 錢本[26]에는 모두 '而羊之非羊也牛之非牛也'로 되어 있으며 사희심의 주석도 유사하다. 그러나 문맥〔文義〕으로 교정하건대, 아마도 '而牛之非羊也羊之非牛也'가 되어

24 謝希深注: "牛之無齒, 不爲不足. 羊之有齒, 而比於牛爲有餘矣. 以羊之有餘, 而謂之非羊者, 未可. 然羊之有齒, 不爲有餘, 則牛之無齒, 而比於羊, 固不足矣. 以牛之不足而謂之非牛者, 亦未可也. 是皆禀之天然, 各足於其分而俱適矣. 故牛自類牛而爲牛, 羊自類羊而爲羊也."

25 孫詒讓注: "唯與雖通. 此書常見."(이하 孫詒讓注는 『札迻』 참조)

26 錢本은 錢基博의 『公孫龍子校讀』을 가리키는 것 같다. 錢校本이라고도 불렀다.

야 할 것 같다. 뒤에 오는 문장에서 '羊有角, 牛有角, 牛之而羊也, 羊之而牛也, 未可. 是俱有, 而類之不同也'라고 하였으니, 문장이 바로 상대가 된다. 『墨子』「經說下」편에서 말하기를 '以牛有齒, 馬有尾, 說牛之非馬也, 不可. 是俱有, 不偏有, 偏無有'라고 하였으니, 묵자는 '牛非馬, 不可'를 주장하여 마치 여기서 주장한 '牛非羊, 羊非牛, 不可'와 같은 것으로, 문장은 다르나 의도는 같음〔文異而意同〕을 서로 증명할 수 있다. 明刻本과 錢校本은 모두 옛 판본의 모습이 아니다."[27]

'類牛無齒'에 대해 담계보와 서복관은 소에 정말로 이빨이 없다는 뜻이 아니라, 소의 위턱에 어금니와 송곳니가 없다는 뜻으로, '牛無上齒'를 말하는 것이라고 하였다.[28]

(2) 사희심의 주석은 다음과 같다. "之而는 之爲와 같은 말이다. 羊과 牛가 모두 뿔이 있다 해서 牛가 羊이 되고, 또 羊이 牛가 된다고 말하는 것은 아직 可하지 않다. 그들이 모두 뿔을 가시고 있는 것은 하늘이 준 것〔天然〕이다. 또한 羊과 牛가 類를 달리하는 것은 서로 말할 수 있는 것이 아니다."[29]

---

27 孫詒讓注: "案而羊牛之非羊也之非牛也, 子彙本及錢本, 竝作而羊之非羊也牛之非牛也, 與謝注似合 然以文義校之, 疑當作而牛之非羊也羊之非牛也. 下文云, 羊有角牛有角牛之而羊也羊之而牛也未可, 是俱有而類之不同也. 文正相對. 墨子經說下篇云, 以牛有齒, 馬有尾, 說牛之非馬也, 不可. 是俱有, 不偏有, 偏無有, 墨子說牛非馬不可, 猶此說牛非羊羊非牛不可, 文異而意同, 可互證也. 明刻與錢校, 皆非其舊."

28 譚戒甫는 『呂氏春秋』「博志」편에 "凡有角者無上齒"라는 말이 나오고, 『淮南子』「地形」에도 같은 말이 나온다 하였으며, 『古今樂錄』에도 "馬無懸蹄, 牛無上齒"라는 말이 나온다고 인용하였다(譚戒甫, 35쪽과 徐復觀, 21쪽 참조).

29 謝希深注: "之而猶之爲也. 以羊牛俱有角, 因謂牛爲羊, 又謂羊爲牛者, 未可. 其所以俱有角者, 天然也, 而羊牛類異, 不可相謂也."

살펴보면, 사회심의 의도는 양과 소가 뿔이 있는 것은 원래 하늘이 준 모양이며, 그것이 같다고 해서 동류가 된다고 여길 수는 없다는 것이다. 그러나 그렇다고 이류가 된다고 말할 수 있는 것도 아니다. 아직 '同異'를 말할 수 있는 단계가 아니라는 점을 지적한 것은 옳은 것 같다.

담계보는 '而' 자가 '若' 자의 '假借'이며, 유사하다는 뜻이라고 풀었다. 그는 다음과 같이 해석한다. 양과 소가 모두 뿔이 있지만, 세분하면 동류가 된다고는 말할 수 없다. 양과 소는 형체와 성향이 대단히 다르므로 실은 이류가 되어야 한다. 그래서 '是俱有, 而類之不同也'라고 말하였다. 살펴보면, 이곳의 풀이는 담계보의 것보다 사회심의 것이 나은 것 같다. 공손룡은 어느 한 가지의 '同異'를 가지고 동류와 이류를 판단하는 것은 아직 '可'하지 않다는 입장을 가지고 있었으니, 공손룡에게 '牛羊'이 동류가 아니라는 말이 곧바로 '牛羊'이 이류임을 뜻하지는 않는다. 그러므로 담계보의 단정은 무리가 있다.

(3) 사회심의 주석은 다음과 같다. "馬와 牛羊은 그처럼 현격하게 다르다. 그러므로 非馬이다. 어찌 非馬일 뿐이겠는가. 또한 羊과 牛에는 馬다운 곳이 없다. 羊이 一이니 二라고 할 수 없고, 牛가 二이니 三이 될 수 없다. 그러나 一인 羊과 一인 牛는 합하여 二가 되는 것이 가능하다. 이것이 羊과 牛가 馬라고 할 수 없는 이유이다. 만약 羊牛를 馬라고 여기면 二가 三이 될 수 있다는 뜻이므로, 無馬가 된 이후에야 가능하다. 그러므로 이렇게 羊牛를 들어 보이는 것은 이런 類를 가지고는 左右의 구분을 정할 수 없음을 가정한 것이다. 左右의 구분이 정해진다면 上下의 자리(位)가 분명해진다."[30]

살펴보면 사회심은 이곳의 '牛羊馬' 논증이 앞에서 나온 '一二'와 '左右'의 논증을 포함하는 것으로 본 것 같다. 즉, '若左右, 猶是擧'를 그렇게 풀이하고 있는 것이다. 주의해야 할 것은 사회심이 '非馬'에서 '無馬'로 진행하고 있다는 점이다. 인식론의 성격을 띠는 시비론이 존재론의 성향을 지닌 유무론으로 섣불리 진행되지 않도록 주의해야 할 것이다. 고대 중국에서는 존재와 인식의 문제가 결코 분리되지는 않지만, 존재론이 언제나 우위에 있는 서양의 논리가 자칫하면 중국 고대의 인식론을 선점해서 설명하도록 하기 때문이다. 특히 공손룡에게서 시비와 유무의 언급은 부분과 전체의 관계를 전제로 한 관계론으로 독해해야 하는 것 같다. 그곳에 인식론과 존재론이 녹아 들어 있다고 할 수는 있어도, 관계론 없이 인식론만을 드러내거나 존재론만을 드러내는 일은 불가능할 것 같다.

'若擧而以是'에서 담계보는 '而'를 '能'의 뜻으로 풀이하고 '是'를 지시대명사로 보아서 '羊合牛非馬'를 가리키는 것으로 해석하였다. '羊牛論'이 '左右論'과 연관된다는 점은 담계보도 사회심에 동의하는 것 같으나, 담계보는 '猶是擧'를 뒤에 나오는 '羊牛鷄'의 논증을 제시하는 말로 보고, 뒤의 단락으로 구두하였다. 특히 담계보는 이곳의 '牛羊馬' 논증을 『묵경』의 해당 부분과 대비하였는데, 그의 문제 제기는 손이양보다 탁월한 점이 있다. 공손룡이 묵가 계열과 차별되는 부분을 분명하게 드러내 주기 때문이다.

---

30 謝希深注: "馬與牛羊, 若此之懸, 故非馬也, 豈唯非馬乎. 又羊牛之中無馬矣, 羊一也, 不可以謂二矣, 牛二也, 不可以爲三矣, 則一羊一牛, 幷之爲二, 可. 是羊牛不得謂之馬, 若以羊牛爲馬, 則二可以爲三, 故無馬而后可也. 所以擧是羊牛者, 假斯類之不可以定左右之分也. 左右之分定則上下之位, 明矣."

다음은 담계보의 해석이다. 묵가와 공손룡은 크게 두 가지 점에서 대비된다. 첫째, 묵가는 '俱有를 말하고 牛가 非馬임을 말할 수는 없다'고 주장하는데, 공손룡은 '俱有가 아니라도 類가 될 수 있음〔不俱有或類焉〕'을 말하니, 묵자는 '不俱有'이면 '類不同'이 되고, 공손룡은 '俱有'여도 '類不同'이 된다고 주장하게 된다. 둘째, 묵가는 '俱有'와 '不偏有, 偏無有'이니 '牛가 非馬라고 할 수 없다'고 주장한다. 바꿔 말하면, '不俱有'하여 '偏有, 偏無有'해야 '牛가 非馬라고 할 수 있다'는 것이다. 그러나 공손룡은 '牛羊'과 '馬'가 이미 '不俱有'하고 '偏有, 偏無有'하므로 '羊合牛非馬'를 말하게 된다는 것이다. 이렇게 되면 백마비마론을 묵가가 어떻게 논박할 수 있겠는가.[31] 또한 담계보는 이곳의 '擧' 자를 『묵경』의 정의에 근거하여 설명하였는데, 이 점도 탁월한 점이다. 뒤에 나올 '狂擧'와 비교하여 『묵경』의 정의와 이곳의 용례는 치밀하게 비교 분석되어야 하기 때문이다.[32]

해설

이 단락은 공손룡이 '類'를 가지고 반론에 상세히 답변하는 내용으로 구성되어 있다. 공손룡은 우선 '類'를 상정하여 말하는 경우를 다음의 세 가지로 들었다.

첫 번째로, 같지 않은 점이 있기 때문에 '類'가 될 수 없다는 것은 아직 단언할 수 없다. 예컨대, 이빨의 있고 없음으로 소와 양이 다르

31 偏去는 『墨經』「經下」 6, 9항목, 牛羊論은 『墨經』「經下」 68, 69항목 참조.

32 擧는 『墨經』「經上」 31항목, 狂擧는 『墨經』「經下」 68항목 참조.

다고 하는 것은 아직 그렇게 말할 수 없다. 양은 이빨이 있고 소는 이빨이 없으나, 소와 양 둘 다 뿔이 있기 때문이다. 그것이 '같은 점을 가지고 있지 않으나 다른 경우에는 類가 될 수도 있다〔不俱有而或類〕'는 말이다.

두 번째로, 같은 점을 가지고 있다고 해도 곧 '類'가 된다는 것은 아직 단언할 수 없다. 첫 번째의 예와 같이 소와 양이 둘 다 뿔이 있다고 해서 소가 양이라든가, 양이 소라든가 하는 것은 아직 말할 수 없다. 그것은 둘 다 같은 점을 가지고 있으나 類가 달라질 수도 있기〔俱有而類之不同〕 때문이다.

마지막으로, 소와 양을 합하여 말이 아니라고 말하는 경우인데, 이 경우에는 '같고 다른 점을 드러내서 類가 달라짐을 보여 주는 것'이 분명하다. 즉, 양과 소는 뿔이 있고 말은 뿔이 없으며, 양과 소는 꼬리가 없고 말은 꼬리가 있다. 그러므로 양과 소는 말이 아니라고 말하는 것은 옳다. 그것은 '올바르게 실상을 들어 보여서 類의 다름을 명시하였기〔擧而以是猶類之不同〕' 때문이다. 공손룡의 주장은 앞에서 예를 든 '左도 右도 二가 아니라는 말'이 '牛와 羊이 馬가 아니라는 擧類'처럼 옳다는 것이다.

2-2

공손룡: (猶是擧) 牛羊有毛, 雞有羽. 謂雞足, 一. 數雞足, 二. 二而一, 故三. 謂牛羊足, 一. 數足, 四. 四而一, 故五. 牛羊足五, 雞足三. 故曰, 牛合羊非雞. 非有以非雞也.(1) 與馬以雞, 寧馬. 材, 不材, 其無以類審矣. 擧是亂名, 是謂狂擧.(2)

【 교감 】 담계보는 '猶是擧'를 이 단락 앞으로 구두하고 '猶是'는 '由是'와 같은 것이라고 풀이하였다. '與馬以雞'에서 서복관은 '與'가 '如'와 같은 뜻이고, '以'가 '與'의 뜻이라고 하였다. 또한 '擧是亂名'에서 '是'는 '則'의 뜻이라고 풀이하였다. 道藏本에 '擧是亂名, 是謂狂擧'는 원래 '擧是謂亂名, 是狂擧'라고 되어 있는데, 담계보는 子彙本, 守山閣本, 繹史本, 傅本 등에 근거하여 위와 같이 교정하였고, 서복관도 그에 따르고 있다.

번역

공손룡: 소와 양은 털이 있고, 닭에는 깃이 있다. 닭의 다리는 하나인데 닭의 다리를 세어 보면 둘이니, 둘이면서 하나이므로 셋이 된다고 말한다. 소와 양의 다리는 하나인데 다리를 세어 보면 넷이니, 넷이면서 하나이므로 다섯이 된다고 말한다. (그래서) 소와 양은 발이 다섯이고, 닭은 발이 셋이므로, 소는 양과 합치하고 닭이 아니라고 말한다. (그러나 이처럼) '닭이 아닌 점'을 가지고 있기 때문에 (소와 양이 닭이 아닌 것은) 아니다. (만약) 馬를 (이 유에 넣어서 비교하는 것을) 닭으로 사용하느니, 차라리 (소, 양, 말의 유를 가지고 소와 양은 말이 아님을 말하는 것처럼) 馬를 사용해야 할 것이다. (여기에서 비교의) 재질이 되는 것〔材〕과 재질이 되지 않는 것〔不材〕을 들어 말하는 것은, 類로 삼을 수 없음이 분명하다. 이렇게 예를 들어 보이는 것

은 이름을 어지럽히는 것〔亂名〕이니, 이것을 두고 잘못된 예시〔狂擧〕라고 한다.

주석

(1) 사희심의 주석은 다음과 같다. "위의 문장에서 '羊合牛'를 말하고, 여기에서는 '牛合羊'이라고 한 것은 문장 구조를 바꾸어 좌우가 位를 옮기는 것을 보여 준 것이다. 그것으로 君臣이 직위를 바꾸면 變亂이 생겨남을 밝혔다. 사람들이 말하기를, '羊有足, 牛有足, 鷄有足'이라 하면서 만약 다리 숫자를 헤아리지 않으면 각각 하나의 다리가 있을 뿐이다. 그러나 그 다리 숫자를 하나하나 헤아리면, 牛羊은 각각 넷이고 鷄는 둘이니, 모두 앞에서 말한 一足과 (더하여) 牛羊은 각 五足이고 鷄는 三足이 된다. 이와 같다면 牛羊과 鷄는 다르다. 그래서 非鷄라고 말한 것이다. 非牛羊인 것을 鷄와 다르다고 여겨서 非鷄라고 하였으니, 牛羊 가운데에는 鷄다운 것이 없으므로 非鷄가 된다."[33]

살펴보면 이곳에서 '非鷄가 無鷄가 된다는 것'이 과연 무엇을 뜻하는지 구별해 보아야 한다.

---

33 謝希深注: "上云羊合牛, 今曰牛合羊者, 變文以見左右移位, 以明君臣易職而變亂生焉. 人之言曰, 羊有足, 牛有足, 鷄有足, 而不數其足, 則以各一足而已. 然而歷數其足, 則牛羊各四而鷄二, 幷前所謂一足, 則牛羊各五足, 而鷄三足矣. 夫如是則牛羊與鷄異矣. 故曰非鷄也. 非牛羊異鷄, 以爲非鷄, 而牛羊之中無鷄, 故非鷄也."

譚戒甫는 '而不數其足'의 '而' 자를 '如' 자와 같은 것으로 풀이하였다. 道藏本 謝希深注 원문에는 '牛羊各五足, 而鷄三足矣'에서 '而鷄三足'이라는 구절이 없으나, 譚戒甫의 교정에 따라 보충해 넣고 번역한다. '非牛羊異鷄'는 원래 道藏本에 '非牛羊者鷄'로 되어 있다. 譚戒甫는 이곳의 '者' 자를 '異' 자로 바꾸었는데, 그것이 문맥에 본 주해서에서는 譚戒甫를 따라 교정하고 구두하여 해석한다.

(2) 사희심의 주석은 다음과 같다. "馬는 譬로 바른 것〔正〕이고, 鷄는 喩로 어지러운 것〔亂〕이므로 馬와 鷄가 등위라면 차라리 馬를 취해야 한다. 馬는 國用의 材가 있고, 鷄는 그런 材가 아니니〔不材〕 그것이 非類가 됨이 확실하다. 그러므로 人君이 不材를 천거하면서, 材者와 함께 位를 나란하게 하면 名實을 어지럽히게 되니, 그것을 狂擧라고 한다."[34]

살펴보면, 사희심은 '馬'와 '鷄'로 '正擧'와 '狂擧'를 대비시키면서 '譬'와 '喩'로 나누고, 다시 그것을 '材'와 '不材'로 연관시켜 군주의 인재 천거로까지 확대하였다. 마지막의 계열화는 지나친 비약일 수도 있는데, 담계보는 '正擧'와 '狂擧'의 연관선상에서 '材不材'의 해석은 사희심의 것을 수용하였다. 담계보는 이 대목에 이르러 공손룡이 '狂擧論'을 제시하고 앞서의 '白馬非馬'가 '正擧'임을 더욱 밝히려고 하였다고 해석하였다. 그러나 공손룡이 말하는 '狂擧'가 『묵경』「경하」 68항목에 나오는 '狂擧'와는 크게 다르다고 지적하였다. 같은 '狂擧'라는 말도 사용자의 의도와 맥락에 따라 달라짐을 분명하게 지적하고 있으니, 이 대목에 대한 이해에서 담계보가 손이양보다 나은 것 같다.

해설

이 단락에서는 공손룡의 답변이 이어진다. 공손룡은 덧붙여 '올바른 類를 사용하지 않는 것〔無以類〕'은 이름을 어지럽히는 것〔亂名〕이며,

34 謝希深注: "馬以譬正, 鷄以喩亂, 故等馬與鷄, 寧取於馬. 以馬有國用之材, 而鷄不材, 其爲非類審矣. 故人君擧是不材, 而與有材者並位, 以亂名實, 謂之狂擧."

잘못된 예시(狂擧)라고 비난한다. 그 예는 소, 양과 닭을 비교하는 것이다. 예를 들어, 소와 양은 털이 있고, 닭은 깃이 있으므로 다르다. 그리고 닭의 다리는 '다리를 갖고 있음'은 하나이지만 세어 보면 두 개이니 모두 세 개인 데 반하여, 소와 양의 다리는 '다리가 있음'은 하나이지만 세어 보면 네 개이니 모두 다섯 개이므로 소, 양과 닭은 다르다고 말하는 경우이다. 공손룡에 의하면, 소와 양이 닭이 아닌 것은, 그것들이 털을 가지고 있거나 다리가 넷이라는 '닭이 아닌 점(非雞)'을 가지고 있기 때문이 아니다. 이것은 비교의 재질(材)을 올바르게 들어 보인 것이 아니므로 '올바른 類를 사용하지 않은 것'이다. 공손룡의 의도는 '털'을 비교의 기준으로 통일하든지, 다리 개수만을 비교의 기준으로 통일하든지 해야만 적어도 '類의 사용'에 근접한 것이며, 둘 다 함께 가지고 있는 것과 없는 것을 가지고 '같고 다름'을 이야기해야 '올바른 擧類'가 된다는 것이다. 그러므로 만약 말(馬)을 소, 양, 말이 유에 넣어서 비교하는 것은 옳지만, 그것을 닭으로 바꿔 사용하여 소, 양, 닭의 유를 가지고 소와 양은 닭이 아님을 말하는 것은 바로 '잘못된 비교 기준을 휘두르는 것(狂擧)'[35]이다.

35 狂擧에 대한 것은 『墨經』「經下」,「經說下」 08, 68항목 참조.

[3]

3-1

반론자: 曰, 他辯?

공손룡: 曰, 靑以白非黃, 白以靑非碧.(1)

반론자: 曰, 何哉?

【 교감 】 담계보는 '靑以白非黃'의 '以'는 '與'와 같은 뜻이라고 풀이하였으며, 서복관도 그렇게 보았다.

번역

반론자: 다른 것으로 변론해 보겠는가?

공손룡: 푸른 것과 흰 것은 황색이 아니다. 흰 것과 푸른 것은 벽색이 아니다.

반론자: 무엇을 말하는 것인가?

주석

(1) 담계보는 이 문장부터 앞의 '牛羊馬論'과 대비되는 설명이라고 해석한다. 담계보는 '通'의 원리를 변용하여 적용하는 두 단계의 설명으로 보고, 앞은 '形'으로 증명하였고, 이제부터는 '色'으로 증명하기 위해 '靑白論'을 전개하는 것으로 해석한다. 논박하는 측에서도 '牛羊의 形'으로 논변하는 것 이외에 다른 것이 있느냐고 질문했고, 그에 대한 답으로 공손룡 측은 '靑白黃論'을 펼치려고 한다.

해설

이곳은 반론자의 질문과 공손룡의 간단한 답변으로 구성되어 있다. 공손룡이 '소, 양, 말'과 '소, 양, 닭'의 변론을 통해 열심히 설명하였으나 반론자는 전혀 이해할 수 없었다. 그래서 혹시 다른 것으로 설명해 줄 수 있겠느냐고 청했다. 이번에는 공손룡이 '청색, 흰색, 황색'과 '흰색, 청색, 벽색'의 유를 가지고 설명하겠다고 대답했다. 공손룡은 앞에서 설명한 '一'과 '二', '左'와 '右', 그리고 '牛羊馬'와 '牛羊鷄'의 예시보다 '靑白黃'과 '靑白碧'의 예시가 '正擧'와 '狂擧'를 더 분명하게 이해시킬 수 있다고 보았던 것 같다.

3-2

공손룡: 曰, 靑白不相與而相與, 反而對也. 不相鄰而相鄰, 不害其方也.(1) 不害其方者, 反而對. 各當其所, 左右不驪.(2) 故一於靑不可, 一於白不可. 惡乎其有黃矣哉? 黃其正矣, 是正擧也. 其有君臣之於國焉, 故强壽矣.(3)

【 교감 】 '靑白不相與而相與, 反而對也'는 도장본에 '靑白不相與而相與, 反對也'로 되어 있다. 담계보는 사희심의 주석 풀이에 근거하여 '而'자를 보충하고 위와 같이 교감하였으며, 서복관도 그에 따르고 있다. '不害其方'의 '方'에 대하여 서복관은 '倂', 즉 '병존하다'의 의미로 해석하였다. '左右不驪'의 '驪'에 대해 사희심은 '色이 섞인 것〔雜〕'으로 풀이하고 서복관과 담계보도 그에 동의하였으나, 손이양은 '麗'의 假借로 보았다. 그러나 뒤의 문장에서 '驪色章焉'이라고 한 것을 보면 '섞인 것'으로 해석하는 것이 맞는 것 같다. '其有君臣之於國焉, 故强壽矣'에서 담계보는 '有'자는 '又'로 독해되어야 하고, '壽'자는 '儔'자로 독해되어야 한다고 하였다.

번역

공손룡: 청백은 서로 함께하지 않으면서도 함께하니, 서로 반하면서도 대면하고 있다. 서로 이웃하지 않으면서도 이웃하고 있으니, 그 방소를 저해하지 않는다. 그 방소를 저해하지 않으니, 서로 반하면서도 대면하고 있다. 각각 그 방소에 해당하면서 左右처럼 (서로 걸려 있거나) 섞이지 않는다. ('靑白'이라고 하게 되면) 그러므로 靑으로 하나라고 여기기에 불가하고, 白으로 하나라고 여기기에 불가하다. 어떻게 그곳에 黃이 있을 수 있는가? ('靑'과 '白'은 '黃'이 아니라고 말할 때) 黃을 (들어 말하는 것은) 올바른 것이니, 이것이 바르게 예를 든 것이다〔正擧〕. 그렇게 (바르게 예를 드는 것이) 임금과 신하의 (관계처럼) 나라에 있어서도 있게 되면, 그런 까닭에 나라가 부강하고 장수한다.

주석

(1) 사희심의 주석은 다음과 같다. "앞에서 羊과 牛로 左右를 논변하여 함께 一體를 완성하고도, 羊과 牛가 각각 一物로 막혀 不相盈하다고 하였기 때문에, 他物로 변론할 수 있겠느냐고 책망하는 것이다. 靑은 白과 함께 靑이 되는 것이 아니고, 白은 靑과 함께 白이 되는 것이 아니므로 '不相與'라고 하였다. 靑은 木의 色이고 그 방위는 동쪽이다. 白은 金의 色이고 그 방위는 서쪽이다. 東西가 서로 뒤집어지고 서로 대가 된다〔相反而相對〕. 東은 스스로 東에서 끝나고, 西는 스스로 西에서 끝나므로 '不相鄰'이라고 하였다. (그러나) 東西는 처음부터 不相接하고 不相害한 것은 아니므로, 서로 인접해도 그 방위를 해치지 않는

다고 말하였다."[36]

(2) 사희심의 주석은 다음과 같다. "驪는 色이 섞인 것이다. 東西는 바로 相反이며 相對이면서, 각각 그 있을 곳에 맞는 것이 마치 左右가 서로 섞이지 않는 것과 같으므로, 그 방위를 해치지 않는다."[37]

손이양은 다음과 같이 말한다. "사희심의 주석에서 驪는 色이 섞인 것이라고 하였는데, 살펴보면, 驪는 (이곳에서) 모두 ('걸린다'는 뜻의) 麗의 가차자이다. 그러므로 뒤의 문장에서 '而且青驪乎白而白不勝也'라고 한 것이다. 사희심이 色이 섞인 것으로 여긴 것은 옳지 않다. 篇 안의 모든 '驪'자는 의미가 같다."[38]

(3) 사희심의 주석은 다음과 같다. "青白이 각각 있는 곳에서 고요하여 相害하지 않으므로 合一하여 그것을 青이라 할 수 없고 合一하여 그것을 白으로 여길 수 없다. 青白을 가지고 서로 변론하여도 青白에서 하나로 만들 수 없는데 어떻게 黃을 얻을 수 있겠는가. 그러나 青白의 가운데에 黃이 없다 하여도 세상에 진실로 '無黃'이라고 말할 수는 없다. 黃은 正色이니 천하에는 진실로 黃이 있다. 그런데 그렇게

36 謝希深注: "前以羊牛辯左右共成一體, 而羊牛各礙於一物不相盈, 故又責以他物爲辯也. 夫青不與白爲青, 而白不與青爲白, 故曰不相與. 青者木之色, 其方在東, 白者金之色, 其方在西. 東西相反而相對也. 東自極於東, 西自極於西, 故曰不相鄰也. 東西未始不相接不相害, 故曰相鄰不害其方也."

37 謝希深注: "驪, 色之雜者也. 東西正相反而相對, 各當其所居, 若左右之不相雜, 故不害其方也."

38 孫詒讓注: "謝注云, 驪, 色之雜者也 案驪竝麗之借字, 故下文云, 而且青驪乎白而白不勝也. 謝以爲色之雜者, 非是. 篇內諸驪字義竝同."

말한 이유는 白으로 君을 비유하고 靑으로 臣을 비유하며 黃으로 國을 비유하려는 것이므로, 그러므로 君臣이 각각 천거하는 바를 바르게 하면 나라는 강해지고 군주는 壽를 누릴 수 있게 된다."[39]

살펴보면, 사회심은 이곳에서도 청백론을 군신론과 연관 짓는다. 심지어 '黃'으로 '國'을 비유하였다 하고, '正擧' 또한 인재의 올바른 천거라고 이해하고 있으니, 공손룡이 자신의 논리 전개를 위하여 사용한 전문용어인 '正擧'가 일반적 통념으로 환원되어 버렸다. 그래서 마지막 문장의 '强壽' 또한 '國强而君壽'로 풀이되었다. 이에 비해 '其有君臣之於國焉, 故强壽矣'에서 담계보는 '壽' 자는 '儔' 자로 독해되어야 한다고 하였다. 그는 『순자』 「권학(勸學)」편 양량(楊倞)의 주에 "疇, 與儔同. 類也"라고 한 것을 인용하여 이곳의 '壽' 자는 '비슷하다, 유가 되다'의 뜻으로 풀이해야 한다고 주장하였다. 담계보에 의하면, 이곳은 '黃'이 '馬'에 비유된다면 대략 비슷하긴 하지만 자연스러운 요지는 될 수 없고, 억지로 '比類'한 것이 된다고 풀이된다. 여전히 잘 이해되지 않는 부분이 있으나, 담계보의 해석은 그래도 공손룡의 입장에서 비유의 방법과 변론의 근거를 밝히는 문맥임을 끝까지 유지하고 있으니 사회심보다는 나은 것 같다.

---

39 謝希深注: "靑白各靜其所居不相害, 故不可合一而謂之靑, 不可合一而爲之白. 夫以靑白相辯, 猶不一於靑白, 安得有黃矣哉. 然靑白之中, 雖無於黃, 天下固不可謂無黃也. 黃, 正色也. 天下固有黃矣. 夫云爾者, 白以喩君, 靑以喩臣, 黃以喩國, 故君臣各正其所擧, 則國强而君壽矣."

해설

이 단락에서는 공손룡의 상세한 설명이 이어진다. 공손룡은 우선 '청백은 황이 아니다'라는 예시가 올바른 것임을 밝히려고 하였다. 청색과 백색은 서로 함께 있으면서도〔相與〕 서로를 간섭하지 않는 색이다. 이들은 이웃하고 있으면서도〔相鄰〕 서로 있는 곳을 해치지 않는다. 즉, 서로가 반대편에서 마주하고 있는 색이지만, 함께하고 이웃하고 있는 색들이며, '左右'처럼 섞이지 않는다. 그러므로 오직 청색이라고 할 수도 없고, 오직 백색이라고 할 수도 없다. 따라서 어떻게 그곳에 황색이 있다고 할 수 있는가? 결국, 청색과 백색은 황색이 아니라고 말할 때 이처럼 황색을 들어 말하는 것은 올바른 것이다. 이것이 바로 '바르게 예를 든 것〔正擧〕'이다. 그렇게 바르게 예를 드는 것이 임금과 신하의 관계처럼 나라에 있어서도 있게 되면, 나라가 부강하고 장수한다.

3-3

공손룡: 而且青驪乎白, 而白不勝也. 白足之勝矣, 而不勝, 是木賊金也. 木賊金者, 碧. 碧則非正擧矣.(1)

【 교감 】 '而且青驪乎白, 而白不勝也'에서 서복관은 앞의 '而'는 '如'의 뜻이니 '가설한다'는 말이고, 뒤의 '而'는 '則'의 뜻이라고 풀었다. '白足之勝矣'의 '之'에 대하여 손이양은 '以'가 되어야 한다고 하였고, 담계보와 서복관도 대체로 그에 동의한다.

번역

공손룡: 그런데 또한 청색이 백색에 섞여 있으나 백색이 이기지 않으며, 백색이 족히 그것을 이길 수 있으면서도 이기지 않는 것은, 이것은 나무가 쇠를 무찌르는 것(과 같이 서로 싸우고 있는 것)이다. 나무가 쇠를 무찌른다는 것은 벽색(을 들어 말하게 되는 경우에 해당된다). 벽색(을 들어 말하는 것)은 바르게 예를 들어 보인 것〔正擧〕이 아니다.

주석

(1) 사희심의 주석은 다음과 같다. "白은 君의 道이고 靑은 臣의 道이다. 靑이 白에 섞이는 것은 權臣이 명을 마음대로 다루어 君道를 어지럽히는 것이다. 君道가 어지러워지면 君이 이기지 못한다. 그래서 '而白不勝也'라고 말하였다. 君이 臣을 제어하는 것은 마치 金이 木을 이기는 것과 같이 그 내력이 오래되었다. 그러나 白이 이기지 못하는 것은 靑에게 섞여서이니, 이는 木이 金을 해치는 것이며 신하가 군주를 가리는 것을 말하는 것이다. 靑이 白에 물들면 그 색이 碧이다. 臣이 君을 가리면 그 道가 어지럽다〔亂〕. 君道가 어지러워지는 이유는 君이 바르게 천거하지〔正擧〕 못하기 때문이다."[40]

---

40 謝希深注: "白君道也, 靑臣道也. 靑驪於白, 謂權臣擅命, 雜君道也. 君道雜, 則君不勝矣. 故曰而白不勝也. 君之制臣, 猶金之勝木, 其來久矣, 而白不勝, 爲靑所驪, 是木賊金而臣掩君之謂也. 靑染於白, 其色碧也, 臣而掩君, 其道亂也. 君道之所以亂, 由君不正擧也."

손이양은 '白足之勝矣'의 '之'에 대하여 '以' 자가 되어야 한다고 하였다.

해설

이 단락 역시 공손룡의 설명이다. 공손룡은 두 번째로 '청색과 백색은 벽색이 아니다'라는 예시가 옳지 않음을 밝히려고 하였다. 왜냐하면 벽색은 청색과 백색이 적당히 섞여 있어서〔驪〕, 청색이라고도 백색이라고도 하기가 어렵고, 청색이 아니라거나 백색이 아니라고 하기도 어렵기 때문이다. 이런 경우에 두 가지 색깔이 서로 드러나려고 하여〔兩明〕, 어느 한쪽도 지지 않으려고 싸운다. 이렇게 되면 분명하게 어느 한쪽으로 시비를 가릴 수가 없다. 즉, '-이 아니다' 혹은 '-이다'라고 말하기 어려워진다. 이것은 이름의 혼란을 가져오고 지칭하려는 실제 의미가 무엇에 해당하는지 알 수 없게 만든다. 그러므로 이것은 바르게 들어 말한 것〔正擧〕이 아니다.

한편 살펴보면, 공손룡이 왜 당시 오행가들의 설을 인용하면서 자신의 변론을 입증하려 하였는지 궁금하다. 변론만을 위한 예시라고 해도, 그의 '靑白黃論'이 '正擧', '狂擧'와 연관되며, 뒤에서 살펴볼 '君臣論'으로도 연결되는 것은 부정할 수가 없다. 살펴보면, 오행설에 대한 공손룡의 입장은 묵가 계열의 것과도 차이가 난다. 일단 '五行相勝'의 설을 오행가의 주장대로 수용한 후에 '黃'과 '碧'을 논하고 있기 때문이다.

3-4

공손룡: 靑白不相與而相與, 不相勝, 則兩明也. 爭而明, 其色碧也.(1) 與其碧, 寧黃. 黃, 其馬也. 其與類乎,(2) 碧其雞也, 其與暴乎.(3) 暴則君臣爭而兩明也. 兩明者, 昏不明, 非正擧也.(4) 非正擧者, 名實無當, 驪色章焉, 故曰, 兩明也. 兩明而道喪, 其無有以正焉.(5)

【 교감 】 '其與暴乎'의 '暴'은 사희심의 주석에서 '亂'과 유사한 뜻으로 풀이되었으나, 담계보는 '非正擧'나 '狂擧'의 뜻으로 해석하였다.

번역

공손룡: 청백은 서로 함께하지 않으면서도 함께하는 것인데, 서로를 이길 수 없는 상황은, 둘 다 분명하게 드러내는 것〔兩明〕이다. 서로 다투면서 드러내게 되니, 그 색으로 벽(을 들어 말하기) 때문이다. (청백과 함께) 벽색으로 (유를) 삼느니, 차라리 (백청과 함께) 황(으로 유를 삼느니)만 못 하다. 황(으로 들어 보인 것)은 (소와 양, 말의 유에서) 말을 (예로 든 것과 같은 것이니) 그것은 유와 함께한 것이다. 벽(으로 들어 보인 것)은 (소와 양, 닭의 유에서) 닭을 (예로 든 것과 같은 것이니) 그것은 '지나치게 드러냄〔暴〕'과 함께한 것이다. 지나치게 드러낸다는 것은, 군주와 신하가 다투어서 둘 다 드러내려고 하는 것과 (같은 것이다). 둘 다 드러내려면 어지러워져 분명치 않으니 '올바르게 들어 보인 것〔正擧〕'이 아니다. '올바르게 들어 보이지 않은 것'은, 이름〔名〕과 그에 해당하는 실(實)이 일치하지 않아서, 섞여 있는 색이 빛나게 될 것이다. 그래서 그것을 '둘 다 드러남〔兩明〕'이라고 한다. 둘 다 드러남으로 인해 도가 손상될 것이며, (그렇게 되면) 바르게 할 길이 없어진다.

주석

(1) 사희심의 주석은 다음과 같다. “靑과 白은 함께할 수 없는 것이다. 그런데 이제 함께하여 섞여서 서로 이기지 못하고 있다〔不相勝〕. 不相勝이라는 것은, 靑이 白에 물들어 白이 완전히 없어지지 못하는 것을 말하니 이것은 ‘靑不勝白’을 뜻하고, 潔白한 바탕이 靑에 오염된 것을 말하니 이것은 ‘白不勝靑’을 뜻한다.[41] 靑을 말하면서도 白이 없어지지 않고 白을 말하면서도 靑에게 오염되어, 두 가지 색이 모두 드러나므로〔兩色並章〕, ‘兩明也’라고 하였다. 兩明이라는 것은 靑과 白이 다투어 밝히려고 하는 것〔爭而明〕이다. 靑과 白이 다투어 밝히는 것을 세속에서는 그 색을 ‘碧’이라고 한다.”[42]

이곳의 사희심 주석 원문은 여러 문장에서 오자가 있는 것 같다. 담계보의 주석에 의해 문장을 교정하고 위와 같이 번역한다.

(2) 사희심의 주석은 다음과 같다. “黃을 碧과 동등하게 대하느니, 차라리 黃을 취한다. 黃은 중앙의 바른 색〔中正之色〕이며, 馬는 나라의 쓸모가 되는 재질〔國用之材〕이다. 바른 덕〔中正之德〕과 국용의 재질〔國

41 道藏本에는 이 부분에 ‘謂之靑而白猶不滅, 謂之白而爲靑所染, 是白不勝靑之謂也’라는 문장이 있으나, 앞의 문장과 중복되고 문맥에 맞지 않으므로, 본 주해서에서는 譚戒甫의 해석에 근거하여 衍文으로 간주하여 빼고 번역하였다.

42 謝希深注: “夫靑白不相與之物也, 今相與雜而不相勝也. 不相勝者, 謂靑染於白而白不全滅, 是靑不勝白之謂也. 潔白之質而爲靑所染, 是白不勝靑之謂也. 謂之靑而白猶不滅, 謂之白而爲靑所染, 兩色並章, 故曰兩明也. 兩明者, 靑白爭而明也. 靑白爭明, 俗謂其色碧也.”

밑줄 친 ‘兩明’과 ‘靑’은 道藏本의 謝希深注 원본에는 없으나, 譚戒甫의 교정에 근거하여 보충한다. 이곳의 謝希深注 원문의 마지막 문장은 ‘者爭白明’으로 시작하나, 譚戒甫의 교정에 따라 ‘靑白爭明’으로 고친다.

用之材)은 또한 類가 된다. 그러므로 차라리 黃을 취하고 馬와 類를 해야 하니, 馬는 中正을 비유한다."[43]

(3) 사희심의 주석은 다음과 같다. "碧은 바르지 못한 색이고 鷄는 재질이 못되는 새이므로, 함께하면 포악함(暴)의 類가 된다. 碧의 색깔과 鷄의 재질로는 어지러움을 이길 수 없다."[44]

(4) 사희심의 주석은 다음과 같다. "정치가 포악하고 어지러워지는 이유는, 君臣이 다투어 밝히려고 하기 때문이다. 君과 臣이 다투어 밝히면 위아래가 昏亂되고 政令이 밝혀지지 않아서 천거하는 바를 바르게 할 수가 없다."[45]

(5) 사희심의 주석은 다음과 같다. "名은 實을 命하는 것이며, 實은 名에 應하는 것이다. 兩儀의 위대함, 萬物의 다양함, 君父의 존엄함, 臣子의 비천함, 百官과 庶府, 卑高의 等列, 器用과 資實이 각각 정해진 이름(定名)이 있어야 聖人이 그것을 관리하여 바르게 천거하며, (그 방

43 謝希深注: "等黃於碧, 寧取於黃者. 黃, 中正之色也. 馬, 國用之材也. 夫中正之德, 國用之材, 其亦類矣. 故寧取於黃, 以類於馬. 馬, 喩中正也."

44 謝希深注: "碧不正之色, 鷄不材之禽, 故相與爲暴之類, 以碧之色與鷄之材, 猶不勝亂."
이곳 뒷부분의 謝希深注 원문은 道藏本에 '相與爲類暴之靑, 而白色碧之材白, 猶不勝亂'으로 되어 있으나, 독해가 제대로 되지 않는다. 譚戒甫는 '相與爲暴之類'로 교정하고 뒤의 구절은 오류가 많다고 하면서 해설하지 않았다. 여기에서는 譚戒甫의 교정에 따르고, 뒤의 구절은 '以碧之色與鷄之材, 猶不勝亂'으로 고치고 번역한다.

45 謝希深注: "政之所以暴亂者, 君臣爭明也. 君臣爭明, 則上下昏亂, 政令不明, 不能正其所擧也."

법을) 잃지 않으면 천지가 화평하게 완성되고 존비가 질서를 이루어 무엇을 하려 하지 않아도 사업이 번창하고, 말하지 않아도 교화가 행해진다. 그러나 만약 名이 實에 어그러지면 實은 名에 應하지 못하고 위는 교만해지며 아래에 포악하게 굴어 온갖 법도가 어지러워진다. 그래서 '驪色章焉'이라고 하였다. 잡색이 드러나게 되면 君臣이 다투어 밝히고 안과 밖이 분리되고 모반하여 正道가 손상되는데 그것은 名實이 마땅하지 않기 때문이다. 名實이 마땅하지 않으면 正道의 손상을 돌이킬 수 없다."[46]

살펴보면, 이곳의 '非正擧'는 '兩明'을 뜻하는 것이고, 이것은 다시 색이 섞여 있음을 뜻하는 '碧'으로 비유된다. 담계보는 진례의 주장을 인용하면서, '驪'가 되면 '兩明'이 되어, 「견백론」에 나오는 '獨而正'과 대비된다고 하였는데, 그 말이 맞는 것 같다. 공손룡은 섞이지 않는 '獨'의 상태가 분명한 하나를 밝히는 것(明一)이며, '분명한 하나를 밝히는 일(明一)'이 되어야 가리킴(指)이 분명해지고, 그래야 올바른(正) 세상이 된다고 주장하려고 하기 때문이다.

---

46 謝希深注: "名者, 命實者也. 實者, 應名者也. 夫兩儀之大, 萬物之多, 君父之尊, 臣子之賤, 百官庶府, 卑高等列, 器用資實, 各有定名, 聖人司之, 正擧而不失, 則地平天成, 尊卑以序, 無爲而業廣, 不言而教行. 若夫名乖於實, 則實不應名, 上慢下暴, 百度昏錯, 故曰驪色章焉. 驪色之章, 則君臣爭明, 內離外叛, 正道喪者, 名實不當也. 名實之不當, 則無以反正道之喪也."

謝希深注 원문에는 마지막 문장의 밑줄 친 '反'자가 '及'으로 되어 있으나 譚戒甫의 교정에 따라 수정하였다.

해설

앞의 내용에 이어 공손룡은 다음과 같이 설명한다. 만약 청색이 백색에 섞여 있으나 백색이 청색을 온전하게 이기지 않으며, 백색이 족히 그것을 이길 수 있으면서도 이기지 않는 예를 들어 보이는 경우가 있는데, 이것은 나무가 쇠를 무찌르는 것과 같이 서로 싸우고 있는 것이다. 여기에서 '나무가 쇠를 무찌른다는 것'은 바로 '청색과 백색은 벽색이 아니다'라고 말하는 것처럼 벽색을 들어 말하게 되는 경우에 해당된다. 따라서 벽색을 들어 말하는 것은 바르게 예를 들어 보인 것〔正擧〕이 아니다. 왜냐하면 원래 청색과 백색은 서로 함께하지 않으면서도 함께하는 것인데, 서로를 이길 수 없는 상황이란 두 가지를 분명하게 드러내는 것〔兩明〕이기 때문이다. 서로를 다투면서 드러내려고 하게 되는 이유는 '-이 아니라'는 색으로 벽색을 들어 말하기 때문이다. 청색, 백색과 함께 벽색으로 유를 들어 보이는 것은 차라리 백색, 청색과 함께 황색으로 유를 들어 보이느니만 못하다. 황색으로 들어 보인 것은 '소와 양, 말의 유'에서 말을 예로 든 것과 같은 것이니, 그것은 유를 올바르게 한 것이다. 벽색으로 들어 보인 것은 '소와 양, 닭의 유'에서 닭을 예로 든 것과 같은 것이니, 그것은 '지나치게 드러내는 것〔暴〕'이다. 지나치게 드러낸다는 것은 군주와 신하가 다투어서 둘 다 드러내려고 하는 것〔兩明〕과 같은 것이다. 둘 다 드러내려면 어지러워져 분명치 않으니 '올바르게 들어 보인 것〔正擧〕'이 아니다. 그렇게 되면 '名'과 그에 해당하는 '實'이 일치하지 않아서, 섞여 있는 색이 빛나게 될 것이다. 그것은 '둘 다 드러남〔兩明〕'이며, 도의 손상이다.

○ 참고자료

1. 아사노 유이치의 「통변론」 해설[47]

「통변론」은 조건의 변화에도 불구하고 항상 일정불변의 독립성을 유지하는 보편 개념(通)과 주어진 조건의 변화에 따라 자신의 성질을 변화시키는 특수 개념(變)의 관계를 주제로 한다. 「통변론」에 등장하는 논제는 크게 세 분야로 나뉜다. 첫 번째는 수리철학론이고, 두 번째는 동이론이며, 세 번째는 군신론이다. 원래 이들 세 가지는 서로 독립된 이질적인 분야여야 한다. 그러나 공손룡은 '若左右猶是擧'와 같은 문장을 들어 첫째와 둘째를 연결시키고, '左右不驪'로 첫째와 셋째를 연결시키며, '黃, 其馬也. 其與類乎, 碧其雞也, 其與暴乎'와 같이 둘째와 셋째를 연결시키고 있다. 즉, 공손룡에게 이들 세 가지는 개별적인 논제가 아니고 서로 중복되어 합치되며 연속적으로 이해된다.

공손룡은 이들 간의 공통성과 연속성을 어떠한 형식으로 인식하고 있는가. 첫 번째는 명제의 시비 판단을 내릴 때 판단 기준, 바꿔 말하면 논증 형식에 관한 공통성이다. 첫 단락에서는 명제 긍정의 조건으로 기층과 표층의 두 영역에서의 타당성을 구하고 있다. 두 번째 단락에서는 첫 단락의 형식을 이어서 두 개씩의 공통점과 상이점이 동류인가, 이류인가를 판단하는 요건이 된다. 세 번째는 둘째의 형식

47 淺野裕一, 125-150쪽 참조.

을 전용하는 형태로, '黃'과 '碧'의 어느 쪽을 선택할 것인가에 대해서 두 가지의 판정 기준이 세워져 있다. 세 분야는 서로 성격을 달리하지만, 반드시 두 개의 논거를 논증 형식으로 공유하고 있으면서도 이 논증법이 세 영역에서 완전히 동질적으로 기능할 수는 없다. 이 논증법이 가장 강력하게 작용된 곳은 첫째 분야이고, 공손룡은 첫 단락에서 확립한 형식을 적용하는 수단에 의해 둘째 단락에서 자기 주장의 정당성을 보증하고, 다시 둘째와 셋째 분야를 동일시하는 논법에 의하여, 형식논리에 의한 논증이 가장 곤란한 셋째 분야에서 자기 주장의 정당성을 앞의 두 분야의 비호 아래에서 보강하였다. 공손룡이 세 분야 사이에 설정한 두 번째 공통성과 연속성은 이 편 전체를 관통하는 주제, 즉 '通'과 '變'을 대비하는 구도이다. 그 구도를 도식화하면 다음과 같다.

[1]	1-1	순서수 개념/방향 개념	通
	1-2	계량수 개념/위치 개념	變
[2]	2-1	牛, 羊 동류	通
	2-2	馬, 鷄 동이	變
[3]	3-1	靑, 白의 대비	通
	3-2	黃, 碧의 출현	變

이와 같이 공손룡은 통변의 대비 구도를 세 분야에 일관된 공통성으로 설정하고 있다. 이 경우에도 논증 형식에서 가장 논거가 강력한 첫 번째가 그 다음 논증력이 강한 두 번째 분야의 정당성을 지지하고, 가장 이념적 성격이 농후하고 형식논리에 의한 설득력이 빈약

한 세 번째 분야를 첫째와 두 번째가 지원하는 형식으로, 이들 세 분야 사이에는 의도적인 연속성이 설정되어 있다. 「통변론」 전체는 이와 같은 구조로 되어 있는데, 공손룡은 이에 의하여 개념 간의 관계를 규정할 때 갖가지 개념이 '通'의 위상에 속하는가, 아니면 '變'의 위상에 속하는가를 엄밀하게 구분해야 한다고 주장한다. '通'과 '變'의 위상 차이를 애매하게 해 두면, 명실의 혼란이 광범위하게 일어나고 나아가 국가 체제까지도 깊은 혼란에 빠진다.

따라서 「통변론」에서 공손룡의 사상적 입장은, 단순히 개념의 위상을 '通'과 '變'으로 구분하여 탐구하는 논리학적 측면에 그치지 않고, 최종적으로는 천하의 안정적 질서를 회복하고자 정치사상의 색채를 강하게 띠게 되었다. 그 배경에는 조나라 평원군의 정치적 입장을 옹호하고 정당화하려는 의도가 개입되어 있다고 생각된다.

2. 「통변론」을 해석하는 필자의 견해

설사 아사노 유이치의 주장대로 공손룡이 셋째 단락에서 군신론을 이야기하고, 혼란을 막을 차선책으로 '黃色論'을 내세워 평원군과 같은 공자 참여 정치로 조화를 만드는 것을, 신하들의 주장이 너무 강해져서 혼색이 되는 '벽'의 상태보다는 나은 것으로 이야기했다 하더라도, 『사기』의 관련 기술에서는 공손룡의 정치적 입장이 그 어떤 상황이라도 신하의 입장에서는 신하의 책임이 있음을 말하고 있으니, 이 단락의 맥락과는 동떨어진 듯이 보인다. 게다가 그 어떤 곳에서도 공손룡이 공자 계층의 정치적 참여를 적극적으로 고려하고 있다는 증거를 발견하기는 어렵다. 이름이 제 실질과 결합하지 못하는 것을 지적하는 것은 논리적이면서 정치적일 수는 있으나, 사실 확인이 불가능한 정치적 입장을 만들어서 해석하는 것은 옳지 않은 것 같다. 그렇다면 아사노 유이치의 해석은 너무 도식적으로 한편에 치우쳐서 공손룡을 바라보고 있는 것은 아닐까.[48]

필자가 보기에, 「통변론」은 「백마론」의 '異物異名, 異實異名'의 논제를 「지물론」의 '物莫非指'로 이어받아서, '擧類'의 문제를 다루어 변화를 어떻게 '名'에서 수용할 것인지를 해결하려고 한다. '一二'와 '左右'를 연결시켜 '類'를 섣불리 이야기하는 것이 얼마나 부정확한 '指謂'의 방법인지 보여 주려고 했다는 점에서 이 편은 묵자의 '物盡同名' 주제와 상반된다. '通變'의 주제는 「견백론」으로 이어져서, 「명실론」으로 귀결되므로 공손룡 주장의 중추에 해당된다고도 할 수 있다.

---

48 아사노 유이치의 편향적 해석은 다음과 같은 분석에서도 드러난다. "공손룡은 「통변론」에서 여러 가지 보편자들의 영원성과 독립성을 수호하려고 하였다. 그것은 堅이나 白을 개체로 종속시키려는 사고를 부정하고 독립성을 지키려고 하는 「견백론」의 입장과, 白의 보편성을 지키려고 하는 「백마론」의 입장과 공통된다. 또한 개념의 위상을 通과 變으로 엄밀하게 구분하고 개념 간의 부당한 병합이나 이행을 부정하는 점에서는 「백마론」과 「명실론」의 입장과도 합치한다. 각 개체가 스스로 실체를 구비하고 있다고 생각하고 스스로 불변하며 영원하다고 사칭하며, 본래적으로 절대 타자인 것을 자기의 고유 속성인 것처럼 자기의 중심에 병합하여 각 개념이 다른 개념과 중복되거나 이행 관계에 있는 것을 계기로 그때그때 위상이 다른 개념을 계속 포섭하여 서로 비대화하는 사태를 방치하면, 명실 관계에 혼란이 생길 뿐이다. 그것과는 반대로 실을 팽창시킨 명과 명의 충돌은 '兩明'처럼 신하는 군주를 능멸하고 군주는 신하를 강압하여 서로의 영역을 침범하여 사회 질서의 파괴를 가져온다. 영원한 것, 불변의 것, 독립적인 것, 매일 道가 없어지는 세계의 혼란은 그런 보편자들을 지키는 행위에 의해서 구제된다."(淺野裕一, 150쪽 참조)

실제로 「통변론」이 통렬하게 공격한 것은 같고 다름(同異)이 분명한 곳에서 명확한 구별을 하지 못하게 하는 언어 행위(狂擧)들이다. 결국 「통변론」에서 말하려고 하는 주제는 '변화무쌍한 현실(變)'에서 어떻게 시비를 일관되게 적용할 방법(通)을 찾아낼 것인가 하는 문제이다.

공손룡에게 '一'은 하나의 시공 안에 있는 것, 동일한 시각 전제를 공유하는 것이고, '二'는 '一에서 달라지는 것'을 의미한다. 그 달라짐은 '一'에서 다룬 '是非'의 층위를 넘어선다. 그런 의미에서 '一'은 '二'가 아니며 '二'는 더 이상 '一'이 아니다. 마찬가지로 '左'와 '右'는 '左右'가 아니다. 이는 마치 '白馬非馬'와 같다. 이 문장의 함의가 '白과 馬는 白馬가 아니다'라고 풀이되는 것과도 같다.

마찬가지로, '不變'은 '變'이 아니며, '變'은 '不變'이 아니다. 공손룡은 '牛羊馬鷄의 擧類'로 그것을 설명하려 하였다. 공손룡은 소, 양을 말과 비교하는 것은 '正擧'의 예이며 소, 양을 닭과 비교하는 것은 '狂擧'의 예라고 말하면서 그 이유를 다음과 같이 설명한다. 닭이 가지지 못한 점을 들어서 닭이 아님을 보이는 것은 '올바른 擧類'가 아니다. 털과 깃의 차이가 있고, 다리 셋과 다리 다섯의 차이가 있다고 소나 양이 닭이 아닌 것은 아니다. 똑같이 털을 가지고 다리가 넷인 짐승인 소, 양, 말을 놓고 비교할 때에서야 '擧類'가 올바르게 되지 않겠는가.

'靑白黃碧'의 '擧類'도 마찬가지이다. '靑', '白'을 '黃'과 비교하는 것이 '正擧'이고 '靑', '白'을 '碧'과 비교하는 것이 '狂擧'가 되는 이유는 후자가 시비 판단이 분명하지 않은 '兩明의 오류'를 보이고 있기 때문이다. 공손룡은 그것을 '不相勝'이라고 하면서, 청색인지 흰색인지 구별이 되지 않는 벽색을 놓고 '是非'를 가릴 수는 없으며, 섞여 있는 것을 구별해 내어야 그때부터 '是非'가 가능하다고 설명한다. 따라서 공손룡은 '獨而正'이 정당하다고 결론짓는다.

공손룡은 묵가들의 '兼愛說'을 잘 알고 있었고, 그들이 '兼而正'을 주장하는 것에 반대하였다. 공손룡에게는 무엇보다 '兩明'의 모호한 상황이 '是非' 판단을 하지 못하게 만든다는 점이 못마땅했다. 묵가들도 모호함을 인정한 것은 아니다. 그러나 분리를 인정하면 '兼愛'의 이상을 실현할 수가 없다. 그래서 '正'의 기준을 밖에서 제시하고 그 '法'을 '說'의 활동을 통해 사람들로 하여금 알게 할 수 있으니, '兼의 이상'으로 '兩明의 모호함'을 극복할 수 있다고 믿었다. 반면에 공손룡은 '物盡同名'을 주장하여 '兼의 이상'을 견지하면 결코 '兩明의 모호함'을 벗어날 길이 없다고 생각하였다. 그러한 혼란이 명실의 혼란이며, 곧 '位'의 혼란이며 세상의 무질서라고 비판하였다. '名'이 '指謂物의 과정'을 거쳐서 '올바른 位'를 얻도록 하는 것이 중요하며, 그것을 위해서는 '獨'과 '離'가 전제되어야 한다고 여겼다. 공손룡은 묵가들처럼 '異實同名'이나 '異名同實'을 인정하면 '正'이 확보될 수 없다고 주장한다. 따라서 공손룡에게 '異實'은 '異名'이 되어야 한다.

그런데 공손룡은 '擧類'의 기준이 하나로 지정되어 명확해져야 함을 역설했을 뿐, '類比'의 구체적인 정황을 더 설명하지는 못했다. '兩明'을 비난했지만 묵가들처럼 '說'을 강조하지는 않았으며, '指謂의 현장에서의 일회적 일치'를 강력하게 지적했을 뿐이다.

5. 견백론(堅白論)

○ 간략 해제

「견백론」은 공손룡의 논리를 구성하는 중요한 축이다. 이 편은 공손룡을 반박하는 질문과 그에 대한 대답으로 이루어져 있다. 양측은 입장이 크게 다르다. 반론자의 입장은, 돌과 굳음과 힘은 실제로 하나로 합해져서 드러나며 '서로 채우고 있기〔相盈〕' 때문에, 서로 분리될 수 없음〔不相離〕이 사물의 근본이라는 것이다. 반면에 공손룡의 입장은 보는 일에서는 굳은 것을 알 수 없고 만지는 일에서는 흰 것을 알 수 없으니, 굳음과 힘은 분리되어 있음〔離〕을 강력하게 주장한다. 분리됨〔離〕은 숨음〔藏〕을 뜻하고, 숨음〔藏〕은 고정되어 있지 않음〔不定〕을 전제로 한다. 그러므로 만물의 근원은 '분리되어 있음'이며, 따로 독립되어 있기 때문에 올바른 것〔獨而正〕이라는 결론에 도달한다. 양측의 입장은 선명하게 대립되며, 각 단락에서 상대가 사용하는 용어와 개념을 반박하면서 진행된다.

원문은 모두 다섯 단락으로 나누었는데, 단락 나눔은 필자에 의한 것이다.

堅白論

[1]

반론자: 堅 · 白 · 石, 三, 可乎?

공손룡: 曰, 不可.

반론자: 曰, 二, 可乎?

공손룡: 曰, 可.

반론자: 曰, 何哉?

공손룡: 曰, 無堅得白, 其擧也, 二. 無白得堅, 其擧也, 二.(1)

【 교감 】 '其擧也, 二'의 '擧'자는 『묵경』 「경상」 '擧, 擬實也'의 정의에 의거하여 해석한다.[1]

번역

반론자: 굳음(堅)과 흼(白)과 돌(石)은 셋이 된다고 하는 것이 가능한가?

공손룡: 가능하지 않다.

반론자: 둘이 된다고 하면 가능한가?

공손룡: 가능하다.

반론자: 무엇 때문인가?

---

1 필자는 '擧'를 '실제로 예를 듦'의 뜻으로 해석한다.

공손룡: 굳음이 없이 흼이 얻어지니〔無堅得白〕 그때 (실제로) 드는 것〔擧〕은 둘이요, 흼이 없이 굳음이 얻어지니〔無白得堅〕 그때 (실제로) 드는 것은 둘이기 때문이다.

주석

(1) 사희심의 주석은 다음과 같다. "堅, 白, 石이라고 하는 세 가지 물건은 合體이나 그것을 두고 三이라고 하지 않는 이유는 다음과 같다. 사람의 눈으로 石을 보지만 石의 흰 것〔白〕을 보며 그 굳음〔堅〕을 보지 않는다. 이때 들어 보이는 것은 石과 白이라는 두 가지 물건이다. 그래서 '無堅得白, 其擧也, 二'라고 말한 것이다. 사람의 손으로 石을 만지지만 石의 堅을 알며 그 白을 알지 못한다. 이때 들어 (알게 되는 것)은 石과 堅이라는 두 가지 물건이다. 그래서 '無白得堅, 其擧也, 二'라고 말하였다."[2]

사희심의 주석은 반론자와 공손룡의 의도를 각각 잘 풀어서 설명하고 있다. 반론자들에게 '堅', '白', '石' 각각은 세 가지〔三〕 물건이다. 그래서 반론자는 '三'이 되느냐고 묻는다. 그러나 공손룡에게는 '堅'이 '石'과 드러나는 둘, '白'이 '石'과 드러나는 둘이 있을 뿐이다. 그래서 공손룡은 '二'가 옳다고 대납한다.

담계보는 '堅', '白', '石'을 각각 성질, 색깔, 형태 등 셋으로 구분하

---

2 謝希深注: "堅也白也石也, 三物合體而不謂之三者, 人目視石, 但見石之白, 而不見其堅, 是擧所見石與白二物, 故曰無堅得白其擧也二矣. 人手觸石, 但知石之堅, 而不知其白, 是擧石與堅二物. 故曰無白得堅其擧也二."

여 서로 분리되어〔離〕 있음을 뜻한다고 주석하고 있다.[3] 그러나 그것은 사회심의 주석만 못하다. 또한 그렇게 되면 여전히 아사노 유이치처럼 속성론을 강화시켜 설명해야만 한다.

해설

이곳은 반론과 공손룡의 답변으로 구성되어 있다. 살펴보면, 질문하는 쪽의 '三'과 대답하는 쪽의 '三', '二'는 그 함의가 미묘하게 차이가 난다. '堅白石 논쟁'에서 '擧'가 무엇을 뜻하는지 분명하게 정의되어야 그 차이를 밝힐 수 있을 것이다. 만약 '擧'가 『묵경』의 정의대로 '擧實'을 말하는 것이라면, 이때의 '實'이 무엇을 말하는지도 분명하게 밝혀져야 한다. 그런데 논박하는 측과 주장하는 측에서 '實'을 정의하는 맥락이 전혀 다르다. 그런데도 고대 중국 사상가들은 '實' 자체가 무엇을 뜻해야 하는지 더 깊이 논쟁하지는 않았던 것 같다. 단지 묵가들이 '實'에 대해 정의한 것을 참고할 수는 있을 것 같다. 『묵경』「경상」 11항목과 31항목, 「경설상」 80항목 등의 관련된 설명을 비교해 봐야 할 것이다.

「견백론」은 '二'와 '三'에 관한 질문으로 시작한다. 이 숫자가 지칭하는 것이 무엇인지 정확하게 밝히는 일은 전체 논의를 이해하는 것에 선결되어야 할 과제이지만, 이 단어들의 외연이 너무 넓기 때문에 쉽지 않은 일이다. 특히 '一', '二', '三' 같은 숫자들에 어떤 의미를 고

3 譚戒甫, 45-56쪽 참조. 이하 「堅白論」에 나오는 譚戒甫의 주석은 출처가 동일함.

정시켜 놓고 「견백론」이나 『공손룡자』 전체를 일관되게 해석하려는 것은 억지가 따르는 것 같다. 그러므로 반론자의 질문과 공손룡의 대답이 섞여 있는 「견백론」 안에서 그 단어를 임의로 사용하는 주장들을 나누어 보고 화자의 맥락을 적절하게 분석해서 밝히는 일이 필요하다.

여기에서 반론자가 사용한 '三'은 굳음과 흼과 돌이 각각 따로 셋이 되는 것을 뜻한다. 이는 공손룡이 굳음과 흼이 분리되어 있음을 주장하고 있는 것에 초점을 맞춘 것이다. 즉, 반론자는 먼저 공손룡에게 굳음과 흼이 분리되어 있다면 돌까지도 분리되어서 각각 셋이 된다고 해야 하는 것이 아닌지 따져 묻는다. 반론자의 입장은 그것들이 셋이 된다는 것을 인정하는 것은 결코 아니며, 뒤에 이어지는 질문에서 드러나듯이 오히려 이들은 분리되지 않고 함께 합치되어 있다고 주장하는 편이다. 결국, 반론자는 공손룡이 '분리'를 이야기한다면 그것들은 왜 셋이 되지 않느냐고 반문하는 셈이다.

"굳음〔堅〕과 흼〔白〕과 돌〔石〕은 셋이 될〔三〕 수 있는가?"라는 질문에 공손룡은 "그럴 수 없다."라고 대답한다. 그러자 반론자가 "둘은 될 수 있는가?"라고 묻고 공손룡이 "그럴 수 있다."라고 대답한 뒤 그 이유를 다음과 같이 설명한다. 굳어진 것을 알게 됨 없이 하얗다는 것을 알게 되니〔無堅得白〕 그때 실제로 드는 것〔擧〕은 흼과 돌의 두 가지이며, 하얗다는 것을 알게 됨 없이 굳다는 것을 알게 되니〔無白得堅〕 그때 실제로 드는 것〔擧〕은 굳음과 돌의 두 가지이기 때문이다.

그런데 잘 살펴보면 공손룡의 대답 속에 있는 '둘〔二〕'은 함께 실제로 드러나는 것〔擧〕에서 합치되는 것들이다. 흼과 돌은 두 가지이지만 감각자의 시공간을 동시에 점유할 수 있고, 굳음과 돌은 두 가지이지만 역시 감각자의 시공간을 동시에 점유할 수 있다. 그러나 굳음과 흼은 감각자의 시공간을 동시에 점유할 수 없다. 따라서 이 단락의 질문과 대답은 각 주장의 측면에서 표면과 이면의 독법을 가지고 있다. 반론자의 표면은 공손룡이 말하는 '분리'를 따지는 듯이 되어 있고, 공손룡의 표면은 '셋이나 둘로 합해짐'을 논증하는 방식으로 되어 있다. 결국 공손룡은 반론자의 "굳음과 흼과 돌은 셋이 아닌가?"라는 질문을 "그것들이 하나로 합해진 것은 아닌가?"라는 질문으로 바꾸고, 만약 합해져서 드러난다면 둘로 합해지는 것이라고 설명한다. 그러나 공손룡의 이면은 '합해짐'을 이야기하는 데 초점이 맞추어져 있지 않다. '無堅得白과 無白得堅의 분리〔離〕', 즉 '堅과 白의 분리'를 말하는 것에 초점이 있다.

[2]

반론자: 曰, 得其所白, 不可謂無白. 得其所堅, 不可謂無堅, 而之石也之於然也, 非三也?(1)

공손룡: 曰, 視不得其所堅, 而得其所白者, 無堅也. 拊不得其所白, 而得其所堅, 得其堅也, 無白也.(2)

【교감】 서복관은 '而之石也之於然也'에서 첫 번째 '之'는 '此'의 뜻으로, 두 번째 '之'는 '則'의 뜻으로, '於'는 '是'의 뜻으로 풀이하였다.[4] 유월은 '非三也'의 '也'는 의문사 '耶'로 독해되어야 한다고 하였다. 子彙本에는 '拊不得其所白, 而得其

4 徐復觀, 29-37쪽 참조. 이하 「堅白論」에 나오는 徐復觀 주석의 출처는 동일함.

所堅'의 '所堅' 아래에 '者'자가 있고, 그 다음에 이어지는 '得其堅也'의 구절이 없다. '視不得其所堅, 而得其所白者, 無堅也. 拊不得其所白, 而得其所堅, 得其堅也, 無白也'에 대하여 유월은 '視不得其所堅, 而得其所白. 得其所白者, 無堅也. 拊不得其所白, 而得其所堅, 得其所堅者, 無白也'라고 해야 하는데 잘못된 것이라고 하였다. 유월의 교정이 문맥에 훨씬 잘 들어맞는다.

번역

반론자: 하얗게 된 것을 얻었으니 흼이 없다고 말할 수 없다. 굳어진 것을 얻었으니 굳음이 없다고 말할 수 없다. 그 돌에서 곧 그와 같은 것이니, 이것이 (바로) 셋이 되는 것〔三〕 아니겠는가?

공손룡: 보는 것〔視〕에서는 굳어진 것을 얻을 수 없고 하얗게 된 것을 얻게 되니, (흰 것을 얻는 것이므로) 굳음이 없다고 한 것이다. 만지는 것〔拊〕에서는 하얗게 된 것을 얻을 수 없고 굳어진 것을 얻게 되니, 굳음을 얻는 것이므로 흼이 없다고 한 것이다.

주석

(1) 사희심의 주석은 다음과 같다. "之石은 此石과 같은 말이다. 堅白은 體를 함께하니〔共體〕 '無堅白'이라고 말할 수 없다. 이미 堅白을 얻었으니, 그것이 '三이 아닌가?'라고 말하지 않는다면 무엇이라고 하겠는가."[5]

반론자의 질문을 해석하는 사희심의 주석은 다음과 같이 이해된

5 謝希深注: "之石猶此石. 堅白共體不可謂之無堅白. 旣得其堅白, 不曰非三而何."

다. 반론자에게 여기 이 돌〔石〕은 먼저 있다. 그런데 그곳에 '堅'과 '白'이 함께 들어 있으니, 그것을 셋이라고 말하는 방법 외에는 없다.

유월의 주석은 다음과 같다. "'也' 자는 '邪' 자로 독해되어야 한다. '非三邪'라고 한 것은 묻는 사람의 말이다. 之石은 此石과 같다. 이미 (돌이) 堅을 얻었고 이미 白을 얻었으니, 堅이니 白이니 하는 것은 이 돌에서 실제로 그런 것〔實然〕이다. (어찌) 三이 아니겠는가."[6]

유월의 주석 또한 사희심의 것과 크게 다르지 않다. 담계보는 '然' 자가 '自然'과 같은 말이라고 하였다.

(2) 사희심의 주석은 다음과 같다. "堅은 눈으로 볼 수 있는 것이 아니니 그래서 '無堅'이라고 하였다. 白은 손으로 알 수 있는 것이 아니니 그래서 '無白'이라고 하였다."[7]

유월의 주석은 다음과 같다. "이 구절은 '視不得其所堅, 而得其所白. 得其所白者, 無堅也. 拊不得其所白, 而得其所堅, 得其所堅者, 無白也.'라고 해야 하는데 문장에 빠지고 잘못된 곳이 있다."[8] 유월의 교감이 문맥에 훨씬 더 맞으므로 참고할 만하다.

---

6 兪樾注: "樾謹按, 也讀爲邪. 非三邪乃問者之辭. 之石, 猶此石也. 言旣得其堅, 旣得其白, 而堅也, 白也, 此石實然也. 非三邪."

7 謝希深注: "堅, 非目之所見, 故曰無堅. 白, 非手之所知, 故曰無白也."

8 兪樾注: "樾謹按, 此當作視不得其所堅, 而得其所白. 得其所白者, 無堅也. 拊不得其所白, 而得其所堅, 得其所堅者, 無白也. 文有脫誤."

해설

두 번째 단락의 질문과 대답은 앞의 논쟁의 말꼬리를 물며 진행된다. 반론자는 특히 공손룡이 말한 '無堅得白'과 '無白得堅'을 따진다. 반론자의 전제는 흼과 굳음이 절대로 떨어질 수 없다는 것이다. 그렇다면 흼을 얻는 것은 곧 굳음을 얻는 것이며, 굳음을 얻는 것은 곧 흼을 얻는 것이다. 질문은 이런 것이다. 그런데 하얗게 된 것을 얻었다〔得其所白〕고 하면서 흼이 없다〔無白〕고 어떻게 말할 수 있으며, 굳어진 것을 얻었다〔得其所堅〕고 하면서 굳음이 없다〔無堅〕고 말할 수 있는가. 하물며 바로 그 돌〔此石〕에서는 그와 같이 굳음과 흼이 똑같이 있는 것이므로, 이것이 (바로) 셋이 되면서〔三〕 동시에 하나로 드러나는 것이 아니겠는가. 이곳에서 말하는 '三'은 앞 단락의 '三'이 무엇을 전제로 하고 있는지 알려준다.

살펴보면, 이곳의 '然' 자를 담계보는 '自然'으로, 유월은 '實然'으로 풀었다. 이 둘은 차이가 있기도 하고 없기도 하다. 담계보의 해석에 의하면, '堅'과 '白'은 '石'에 자연스럽게 합해져서 '三'이 되었다는 것이다. 자연스럽게 합해짐으로써 셋이면서 하나가 됨이 맞다고 보는 것이 반론자 측의 입장이다. 반면 '實然'으로 풀게 되면, '堅白石'의 '實'은 셋이 되고 각각을 셀 수 있도록 우선은 나누어져야 한다. '實'로서 '堅'과 '白'은 '石'에 우선 있는 것으로 세어진다면 '非三也'의 해석에 더 맞는다. 그런데 원래부터 '石'에 자연스럽게 있던 것으로 '堅'과 '白'을 세면 하나 속에 있는 셋이다. 그래서 담계보와 유월의 해석은 미묘한 차이가 있다. 공손룡의 입장은 '實然'이든 '自然'이든 '堅'과 '白'이 동시에 인지될 수는 없다는 점을 들어 '三'은 아니라고 부정하는 것이다. 뒤에 나오는 문맥에서 잘 따져 보면, 공손룡은 '實然'인가 '自然'인가를 논할 생각은 없는 것 같다. '實'은 지칭하고 명명하는 그 순간에 채워지는 것이며, 원래 있던 어떤 것을 상정하지 않는 것처럼 이해되기 때문이다. 따라서 유월처럼 반론자 측의 '然'을 '實'에 연관시키려 한다면, 그것이 공손룡의 '實' 개념과는 다르다는 것이 밝혀져야 할 것이다.

공손룡의 대답은 반론자가 특별히 따지고 들어오는 '無堅', '無白'을 설명하는 것에 초점이 맞춰진다. 여기에서 공손룡은 흼이나 굳음이 없다는 것을 말하려는 것이 아니다. 보는 일과 만지는 일은 서로 다른 것이고, 그때마다 알게 되는 것도 달라진다는 뜻이다. 그의 대답은 이렇다. 보는 일〔視〕에서는 굳어 있음을 알 수 없고 하얗게 된 것을 알게 되므로, 그때에는 굳음이 없다〔無堅〕고 말한 것이다. 또한 만지는 일〔拊〕에서는 하얗게 된 것을 알 수 없고 굳어 있음을 알게 되므로, 그때에는 그 굳음을 얻는 것〔得其堅〕이요 흼이 없다〔無白〕고 한 것이다. 이는 보는 일과 만지는 일이 분리되는 것처럼, 흼과 굳음이 분리된다는 뜻이며, 그것들이 감각자의 시간과 공간을 동시에 점유할 수 없다는 것을 다시 밝혔다.

[3]

반론자: 曰, 天下無白, 不可以視石. 天下無堅, 不可以謂石. 堅白石不相外, 藏三, 可乎?(1)

공손룡: 曰, 有自藏也, 非藏而藏也.(2)

반론자: 曰, 其白也, 其堅也, 而石必得以相盛盈, 其自藏, 柰何?(3)

공손룡: 曰, 得其白, 得其堅. 見與不見離, 不見離, 一一不相盈, 故離. 離也者, 藏也.(4)

【교감】 '而石必得以相盛盈'에서 유월은 '盛'자가 연문이라 하였으나, 서복관은 '盛'자가 '그릇에 곡물을 담다'라는 뜻이 있으므로, '受'의 뜻으로 해석할 수 있으니 연문이 아니라고 하였다.

'見與不見離, 不見離, 一一不相盈'에서 유월은 '不見離一, 一不相盈'로 구두하고 이 부분은 '見不見離一, 一不相盈'이 되어야 한다고 하였으나 서복관은 교정할 필요가 없다고 하였다. '一一不相盈'에 대하여 손이양은 『묵경』「경설하」에 "見不見離, 一二不相盈"이라는 말이 나오는데, 이곳의 '一一不相盈'과 같은 말이니 여기도 『묵경』처럼 '一二不相盈'이 되어야 한다고 하였다. 한편 서복관은 『공손룡자』에 근거하여 『묵경』을 교정해야 한다고 하였고, 왕영상은 『묵경』에 근거하여 『공손룡자』를 교정해야 한다고 하였다.[9] 필자의 생각으로는 공손룡이 '見'을 '一'이라 하고, '不見'을 '二'라 한 것이 아니니, 원문을 교정하지 않고 그대로 해석하는 것이 옳은 것 같다. 이 항목을 '見不見離一, 一不相盈'으로 구두하여 주석한 유월의 설명은 참고할 만하다.

번역

반론자: 세상에 흼이 없다고 하면 돌을 볼 수가 없다. 세상에 굳음이 없다고 하면 돌이라고 말할 수 없다. 굳음과 흼과 돌은 서로 밖이 되지 않으니〔不相外〕, 세 가지를 숨기고 있다〔藏三〕고 하는 것이 가능한가?

공손룡: 저절로 숨겨지는 것〔自藏〕이지, 숨기려고 해서 숨은 것이 아니다.

반론자: 그 흰 것과 그 굳은 것은 돌이 반드시 그것을 얻어서 서로 받아들여 가득 채운다〔相盛盈〕. 그것이 저절로 숨겨진다고 하는

9 王永祥·潘志鋒·惠吉興, 『公孫龍·愼到·荀況硏究』, 河北大學出版社, 2002, 37쪽.

것은 무슨 말인가?

공손룡: (보는 것은) 흼을 얻는 것이고, (만지는 것은) 굳음을 얻는 것이다. 보는 것과 보지 않는 것은 분리되어 있다〔離〕. 보지 않는 것이 분리되어 있으니, 하나하나는 서로 수용하여 채우지 않는다. 그래서 분리되어 있다. 분리되어 있다는 것은 바로 숨겨진 것〔藏〕이다."

주석

(1) 사희심의 주석은 다음과 같다. "白은 色이다. 한 가지 色이 그러함에 의지하면, 여러 가지 色을 알 수 있다. 세상에 衆色의 物은 없으니 반드시 色으로 인하여 드러난다. 그래서 '天下無白, 不可以視石'이라고 하였다. 堅은 質이다. 한 가지 質이 그러함에 의지하면, 剛柔와 같은 質의 例들을 모두 알 수 있다. 萬物의 質은 같지 않으니, 각각 받은 바에 맞게 되어 있다. 세상에 無質의 物은 없으니 物은 반드시 質로 인하여 (형체로) 굳어진다. 그래서 '天下無堅, 不可以謂石'이라고 하였다. 石은 形이다. 石의 形을 들어 보이면, 衆物의 形의 例들을 모두 알 수 있다. 세상에 無形의 物은 없으니 物은 반드시 形으로 인하여 (자기 모양으로) 모인다. 그렇다면 色과 形과 質은 하나의 體 중에 분리되지 않고 완성된다. 그래서 '堅白石不相外'라고 말하였다. 사람의 눈으로 본 것과 손으로 만진 것은 그 둘〔二〕을 얻고 셋〔三〕을 겸할 수 없다. 사람이 스스로 둘을 겸할 수 없다고 해서 셋이 아니라고 말할 수는 없다. 그래서 '藏三, 可乎'라고 말하였으니, 그것은 불가하다는 뜻이다."[10]

(2) 사회심의 주석은 다음과 같다. “目은 사물을 볼 수 있지만 堅을 보지는 못하니 堅이 숨는다. 手는 物을 알 수 있으나 白을 알 수 없으니 白이 숨는다. 이것은 모두 그렇게 된 바(所然)를 모르고 저절로 그렇게 되어(自然) 숨는 것이다. 그래서 ‘自藏也’라고 하였다. 그들이 모두 自藏이니 사물이 그것을 숨긴다는 뜻이 있는 것이 아니다. 실제 만져서 二를 얻는 것이 실제로 숨겼던 것이 (드러난 것은) 아니다.”[11]

담계보는 사회심의 주석이 옳다고 하면서, ‘非藏而藏’은 하나의 ‘石’에 숨길 곳이 있어서 그것을 숨긴다는 뜻은 아니라고 풀이하였다.

유월의 주석은 다음과 같다. “보아서(視) 白을 얻고 堅을 얻지 못하는 것이 堅自藏이다. 만져서(拊) 堅을 얻고 白을 얻지 못하는 것이 白自藏이다. 自藏이라는 것은 사람이 숨겨서 숨겨진 것이 아니다. 원래 사람이 숨겨서 숨는 것이 아니라면 또 어떻게 사람이 그것을 얻을 수가 있겠는가.”[12]

(3) 사회심의 주석은 다음과 같다. “盈은 ‘가득 차다(滿)’라는 뜻이다. 白이 堅石의 가운데에 가득 차면, 반드시 堅 또한 白石의 가운데에

---

10 謝希深注: “白者, 色也. 寄一色, 則衆色可知. 天下無有衆色之物, 而必因色, 故曰天下無白不可以視石也. 堅者, 質也. 寄一質, 則剛柔等質例, 皆可知. 萬物之質不同, 而各稱其所受. 天下未有無質之物, 而物必因質乃固, 故曰天下無堅不可以謂石也. 石者, 形也. 擧石之形, 則衆物之形例皆可知. 天下未有無形之物, 而物必因形乃聚. 然則色形質者, 相成於一體之中不離也. 故曰堅白石不相外也. 而人目之所見, 手之所觸, 但得其二, 不能兼三. 人自不能兼二, 不可謂之無三. 故曰藏三, 可乎. 言不可也.”

11 謝希深注: “目能見物而不見堅, 則堅藏矣. 手能知物而不知白, 則白藏矣. 此皆不知所然, 自然而藏, 故曰自藏也. 彼皆自藏, 非有物藏之之義, 非實觸但得其二實藏也.”

12 兪樾注: “樾謹按, 視得其白而不得其堅, 是堅自藏也. 拊得其堅而不得其白, 是白自藏也. 自藏者, 非有人藏之而藏也. 旣非有人藏之而藏, 則又何人能得之乎.”

가득 차게 될 것이며, 石 또한 堅白의 가운데에 가득 차게 되므로 '必得以相盈也'라고 말하였다. 두 물건이 서로 채우면〔相盈〕 반드시 하나가 되는데 어떻게 그것을 自藏이라고 말할 수 있는가."[13]

유월의 주석은 다음과 같다. "盛은 잘못 더해진 글자〔衍字〕이다. 사희심의 주석에서 '盈은 가득 찬다는 뜻이다. 白이 堅石의 가운데에 가득 차면, 반드시 堅 또한 白石의 가운데에 가득 차게 될 것이며, 石 또한 堅白의 가운데에 가득 차게 되므로 必得以相盈也라고 말하였다.'라고 하였다. 이것이 제시한 바에 본래 '盛' 자가 없었다는 증거이다."[14]

(4) 사희심의 주석은 다음과 같다. "대체로 사물〔物〕은 각각 이름이 있고 이름은 각각 實이 있다. 그러므로 白이라는 이름을 얻었다면 자연히 白의 實을 가지고 있고, 堅이라는 이름을 얻었다면 또한 堅의 實을 가지고 있다. 그러나 돌을 보는 사람은 白의 實은 보지만 堅의 實을 보지 못한다. 堅의 實을 보지 못한다면 堅은 白에서 분리된 것이다. 그래서 '見與不見'이라고 말하였다. 그것을 분리되었다고 말하였으니 그것을 아는 것〔知〕과 모르는 것〔不知〕 또한 분리된다. 石에서 一이 되고 堅과 白에서 二가 되니, 이것은 (堅白石의) 세 이름이 實이 있다면 서로 채우지 못한다〔不相盈〕. 이름이 서로 채우지 못한다면 바탕이 분리된 것이다. 바탕이 분리되었으나 보이지 않으니 그래서 그

13 謝希深注: "盈, 滿也. 其白必滿於堅石之中, 其堅亦滿於白石之中, 而石亦滿於堅白之中, 故曰必得以相盈也. 二物相盈, 必一矣, 柰何謂之自藏也."

14 俞樾注: "樾謹按, 盛, 衍字也. 謝注云, 盈, 滿也. 其白必滿於堅石之中, 其堅亦滿於白石之中, 而石亦滿於堅白之中, 故曰必得以相盈也. 是其所擧本無盛字."

것을 두고 숨었다〔藏〕고 하였다. 『呂氏春秋』에서 말하기를, '公孫龍이 魯나라의 孔穿과 趙 平原君의 집에서 서로 논전한 적이 있었는데, (그 주제가) 藏三耳였다'라고 하였다. 아마도 이 (견백론) 편의 내용을 가지고 변론한 것 같다."[15]

유월의 주석은 다음과 같다. "이곳은 '不見離一'로 구두하고 '見不見離一'이 되어야 할 것 같다. 아마도 다음과 같은 뜻일 것이다. 白을 얻고 堅을 잃는 것, 堅을 얻고 白을 잃는 것은, 볼 수 있는 堅이 있는 것은 볼 수 없는 白이 있는 것이 되고, 볼 수 있는 白이 있는 것은 볼 수 없는 堅이 있는 것이 된다. (이렇듯 언제나 동시에) 보는 것이 있고 보지 않는 것도 있으니, 이것이 '보는 것과 보지 않는 것이 분리된다〔見與不見離〕'는 말이다. 그러므로 반드시 見과 不見을 합해서 말해야만 서로 숨지 않게 된다. 이제 見의 一을 들어 보이면 不見의 一이 분리되고, 不見의 一을 들어 보이면 見의 一이 분리된다. 이는 見이든 不見이든 모두 그 一이 분리됨을 뜻한다. 一이 분리된다면 모든 것은 一일 뿐이다. 一이라면 서로 채울 수 없으니, 그러므로 분리된다."[16]

손이양의 주석은 다음과 같다. "살펴보니 『墨子』「經下篇」에서 '不

---

15 謝希深注: "夫物各有名而名各有實, 故得白名者, 自有白之實. 得堅名者, 亦有堅之實也. 然視石者, 見白之實不見堅之實, 不見堅之實則堅離於白矣. 故曰見與不見. 謂之離則知之與不知, 亦離矣. 於石一也, 堅與白二也, 此三名有實則不相盈也. 名不相盈則素離矣. 素離而不見, 故謂之藏. 呂氏春秋曰, 公孫龍與魯孔穿, 對辭於趙平原家, 藏三耳. 盖以此篇爲辯."

16 兪樾注: "樾謹按, 不見離一句, 當作見不見離一. 蓋言得白失堅, 得堅失白, 有可見之堅, 卽有不可見之白, 有可見之白, 卽有不可見之堅. 有見者, 有不見者, 是見與不見離也. 故必合見不見言之, 乃不相藏耳. 今擧其見之一, 則離其不見之一. 擧其不見之一, 則離其見之一. 是無論見不見, 而皆離其一也. 離其一, 則有所者一而已矣. 一則不能相盈, 故離也."

可偏去而二, 說在見與俱一與二'라 하고 「說下」篇에서 '見不見離, 一二不相盈'이라 하였으니 바로 이곳(의 문장)과 같다. 여기에서는 '一一不相盈'이라 하였으니, 또한 『墨子』에 의거하여 '一二不相盈'이 되어야 한다."[17]

'一一不相盈'에 대해서는 주석가의 의견이 분분하다. 이 문장이 공손룡의 대답이라면 공손룡의 입장에서 '一'과 '二'의 함의가 밝혀져야 할 것 같다. 따라서 손이양처럼 이곳의 주장을 선불리 묵자의 문장과 혼동해서는 안 된다. 그러나 주석가들의 해석 차이는 당시 논자들의 용어 사용에서 비롯된 것인지도 모른다. 특히 '一'과 '二'처럼 함의가 넓은 용어를 사용해서 논전을 하는 경우에 그런 폐해는 더욱 드러나게 되어 있다. 도대체 '분리된 것으로의 一'인지, 아니면 '하나의 전체로 합해진 것으로서의 一'인지를 밝히지 않고, 그때그때 편리에 따라 사용하고 있다는 느낌을 지울 수가 없다. 한편으로는 그 차이를 밝히는 것 자체가 한자로 논전을 하는 한계이며, 분리된 부분의 독립성을 주장하는 공손룡에게는 영원히 불리한 주제이기도 한 것 같다.

해설

이곳은 반론과 답변으로 구성된 세 번째 단락이다. 살펴보면, 「견백론」에서 처음 등장하는 '藏三論'은 공손룡을 논박하는 측에서 먼저 나

17 孫詒讓注: "案墨子經下篇云, 不可偏去而二, 說在見與俱一與二. 說下篇云, 見不見離, 一二不相盈, 正與此同. 此一一不相盈, 亦當依墨子作一二不相盈."(後文云, 於石, 堅白二也, 卽此義: 孫詒讓 自註)

온 용어이다. '堅白石'이 셋이 아니라는 공손룡의 주장에 대해, 반론자는 '堅'도 '白'도 있었기 때문에 '石'과 함께 드러나 셋이 되는 것인데 아니라고 하면 이들 셋이 도대체 어디에 숨어 있다가 나오는 것이냐고 묻고 싶었던 것 같다. 그때 동원된 용어가 '藏三'이다. 반론자는 '無堅'이나 '無白'을 말하는 공손룡을 다시 한번 공격하고자 하였다. 그러나 앞 단락의 문맥을 다시 상기하면, 반론자는 공손룡의 '無堅'과 '無白'을 뒤틀어서 이해하고, 그것을 다시 공격하는 인상이 짙다. 왜냐하면, 공손룡의 '無堅無白'은 '堅白'이 아예 없음을 뜻하는 것이 아니라, '堅白'이 동시에 인지되지는 않으므로 '有堅'은 '無白'을 함유하고, '有白'은 '無堅'을 함유하고 있다는 뜻이기 때문이다. 이것에서 한 걸음 더 나아가, 반론자들이 공손룡의 주장을 받아들여 '堅白'이 동시에 인지되지는 않더라도 있기는 있다고 한 것으로 받아들이면서 '藏三論'을 펼쳤다고 볼 수도 있다. 그렇다면 반론자가 '藏三論'을 공손룡에게 들이낸 것은, 공손룡이 '無堅'과 '無白'을 이야기했다가 결국은 있다는 것을 받아들일 수밖에 없으니, 그것이 가능한지 물으며 '藏三'이 불가능함을 역설하기 위해서였다. 공손룡에게 이것은 중요한 도전이 된다. 인간의 인지와, 지시 상황과 사물의 명명이 '實'을 담보해야 하는 공손룡에게, '堅石'이 있을 때 '白石'은 인간의 인지로 들어오지 않지만 정말로 '白石'이 없는 것은 아니기 때문에 그것을 설명해야 했다. 그러나 인간의 인지 바깥쪽 어딘가에 숨어 있음을 인정할 수는 없었다. 공손룡에게 그것은 그저 인지와 함께 등장해야 하는 것이다. 그래서 공손룡은 '自藏論'을 펼치게 된다.

이 단락에서도 반론자는 공손룡이 말한 '無白'과 '無堅'을 꼬투리로 잡는다. 그것에 대답하면서 새롭게 등장하는 것이 '숨는다〔藏〕'는 말이다. 고대 중국의 논변에서 질문과 대답에서 사용하는 개념들은 순차적으로 드러나지 않기 때문에 어떤 주장에서 사용하는 용어인지 파악하기 쉽지 않다. 그런데 '숨음〔藏〕'이나 '분리〔離〕' 등의 용어는 공손룡의 말이며, '서로 채움〔相盈〕'이나 '서로 배제하지 않음〔不相外〕' 등의 용어는 공손룡에게 논박하는 측의 말인 것 같다. 공손룡은 굳음이나 흼이 없다〔無〕고 한 말을 조금 더 잘 설명해야 할 필요가 있었다. 공손룡은 그것을 '아직 드러나지 않고 숨어 있음〔藏〕'으로 풀이하고자 하였다. 반론자는 '無白'과 '無堅'을 따지면서도 그렇다고 그것을 '숨음〔藏〕'으로 설명할 수도 없다고 주장한다. 질문은 다음과 같다. "세상에 흼이 없다고 하면 돌을 볼 수가 없다. 세상에 굳음이 없다고 하면 돌이라고 말할 수 없다. 따라서 굳음과 흼과 돌은 서로 밖이 되지 않으니〔不相外〕, (굳음과 흼과 돌의) 세 가지를 숨기고 있다〔藏三〕고 하는 것이 가능한가?" 공손룡은 그것이 원래 숨겨져 있는 것〔自藏〕이며, 숨기려고 해서 숨겨진 것은 아니라고 대답한다. 그렇다면 '원래 숨겨져 있는 것〔自藏〕'은 무엇인가. 대답도 더욱 어려워지고, 질문도 더욱 어려워져 간다.

반론하는 측에서 그에 대해 다시 질문한다. "그 흰 것과 그 굳은 것은 돌이 반드시 그것을 서로 받아들여서 가득 채운다〔相盛盈〕. 그것들이 저절로 숨겨진다〔自藏〕고 하는 것은 무슨 말인가?" 공손룡은 '서로 채움〔相盈〕'을 부정하고 '분리됨〔離〕'으로 '숨음〔藏〕'을 설명한다. 그의 대답은 다음과 같이 해석된다. 보는 일에서 흼〔白〕을 얻고 만지는 일에서 굳음〔堅〕을 얻는 것이다. 그러므로 보는 것〔見〕과 보지 않는 것〔不見〕은 분리되어 있다〔離〕. 보는 것과 보지 않는 것이 분리되어 있으니, 이들 각각은 서로 수용하여 채우지 않는다〔不相盈〕. 그래서 분리되어 있다. 분리되어 있다(離)는 것이 바로 숨겨진 것(藏)이다.

그러나 이곳의 공손룡 대답은 숨음(藏)에 대해 충분한 설명이 되지 못하고, 앞 단락의 주장을 반복하는 듯하다. 뒤의 단락에서도 확연하게 설명되지 못하고 논박과 주장이 반복되는데, 마지막에 가서야 조금 더 자세한 논의가 등장한다.

[4]

반론자: 曰, 石之白, 石之堅, 見與不見, 二與三, 若廣脩而相盈也. 其非擧乎?(1)

공손룡: 曰, 物白焉, 不定其所白. 物堅焉, 不定其所堅. 不定者兼, 惡乎其石也?(2)

반론자: 曰, 循石, 非彼無石. 非石無所取乎白. 石不相離者, 固乎. 然其無已.(3)

공손룡: 曰, 於石一也. 堅白二也, 而在於石. 故有知焉, 有不知焉. 有見焉, 有不見焉. 故知與不知相與離, 見與不見相與藏. 藏故, 孰謂之不離?(4)

【교감】 '惡乎其石也'는 각 판본에 '惡乎甚石也'로 되어 있으나 본 주해서에서는 서복관과 왕관[18] 등이 '甚'자를 '其'자로 교정한 것을 따른다. '循石, 非彼無石'에서 서복관은 '非彼' 뒤에 '堅'자를 삽입하였으며 사희심은 '彼'를 곧 '堅'이라고 지적하였다. 원문에 넣지는 않으나, 그것을 번역에 참고한다. '石不相離者, 固

18 王琯, 『公孫龍子懸解』, 北京: 中華書局, 1992, 82쪽.

乎. 然其無已'에서 왕관은 '石不相離者, 固乎然其無已'로 구두하고, '其無已'는 잘못된 것이 있다 하여 해석하지 않았으나, 서복관은 그 구절을 그대로 두고 해석하였다. 여기에서는 서복관의 해석에 따라 번역한다. '於石一也'에서 서복관은 '於'가 조사이며 의미가 없다고 하였으나, 그레이엄은 『묵경』「경설하」의 구문을 그대로 베끼다가 잘못 들어간 연문으로 보았다.[19] '故有知焉, 有不知焉'에서 서복관은 '故'자가 아래 구절 때문에 잘못 들어간 연문이라고 보았다.

번역

반론자: 돌의 흼과 돌의 굳음, 보는 것과 보지 않는 것, 둘과 셋 등은 마치 너비〔廣〕와 길이〔脩〕처럼 서로 채우고 있다〔相盈〕. 그것이 실제로 드는 것이 아니겠는가?

공손룡: 사물에 대하여 희다고 여기는 것은 하얗게 되는 곳이 정해져 있지 않기 때문이다. 사물에 대하여 굳다고 여기는 것은 굳어지는 곳이 정해져 있지 않기 때문이다. 정해져 있지 않음은 공통된 것〔兼〕이니, 어떻게 그 돌만이 (그렇다고) 하는가?

반론자: 돌을 어루만질 때 그 (굳음이) 아니라면 돌이 없으며, 돌이 아니라면 흼을 취할 곳이 없다. 돌에서 (그것들이) 서로 분리되지 않음은 진실로 그러한 것〔固〕이다. 그러함〔然〕은 (흼과 굳음) 그것에서 그치지 않는다.

공손룡: 돌에 있어서는 하나이지만, 굳음과 흼은 둘이다. 그러나 돌에 달려 있다. 그러므로 그것을 아는 것이 있고, 그것을 알지 못하는 것이 있다. 그것을 보는 것도 있고, 그것을 보지 못하는

19 Graham, p.138.

것도 있다. 그러므로 아는 것〔知〕과 알지 못하는 것〔不知〕은 서로 분리되어 있으며, 보는 것〔見〕과 보지 못하는 것〔不見〕은 서로 숨기고 있다. 숨기고 있다고 해서, 누가 그것을 분리되지 않았다〔不離〕고 말할 수 있는가?

주석

(1) 사희심의 주석은 다음과 같다. "脩는 길이〔長〕이다. 白이 비록 스스로 實을 가지고 있지만 그것은 石의 白이고, 堅이 비록 스스로 實을 가지고 있지만 그것은 石의 堅이다. 그러므로 堅과 白의 두 가지는 石과 함께 三이 되며, 見과 不見은 함께 體가 된다. 堅白과 廣脩는 모두 石에서 고르게 (펴져 있고) 서로 가득 채우니, 어찌 세 이름을 들어 하나의 實에 합한 것이 아니겠는가."[20]

살펴보면, 사희심의 주서에서 사용하는 '體' 개념은 묵가 계열의 '體' 개념과는 차이가 있는 것 같다. 따라서 사희심이 '共體'나 '同體'라는 말을 사용할 때에는 주의해서 봐야 한다.

(2) 사희심의 주석은 다음과 같다. "萬物은 모두 白을 가질 수 있으니, 이것이 石에 白이 정해진 것은 아니라는 뜻이다. 무릇 堅과 白이 어찌 石에만 定함이 없겠는가. 萬物에도 定함이 없음을 겸하고 있다. 萬物도 定할 수 없거늘 어떻게 유독 石에만 함께하여 同體가 될 수 있

20 謝希深注: "脩, 長也. 白雖自有實, 然是石之白也, 堅雖自有實, 然是石之堅也. 故堅白二物與石爲三, 見與不見共爲體. 其堅白廣脩, 皆與石均而相滿, 豈非擧三名而合於一實."

는가."[21]

살펴보면, 공손룡이 언급한 '不定'의 의미를 사회심이 잘 해석한 것 같다. 한정과 비한정의 문제가 이곳에서 제시되고 있는 것도 주의해야 한다. 그러나 공손룡은 서양의 논리처럼 개체와 수의 문제로 접근하는 것이 아니라, 지시와 관계의 문제로 접근하고자 한다. 추상적 '堅白'이 사물 바깥에 존재하고 있다는 존재론이 전제되어 있지는 않은 것 같다. '堅'이든, '白'이든, '石'이든 '物' 안으로 포섭된다는 것을 의심하지 않고 있다. 그렇다면 사물을 벗어나는 본체 개념이나 본질 개념이 아니라 '物性' 자체를 논하고 있어야 한다.

(3) 사회심의 주석은 다음과 같다. "객으로 논박하는 이가 말한 것이다. 石을 쓰다듬는 것으로 因하여 萬物 또한 堅과 同體임을 알 수 있다. 그러므로 '循石'이라고 하였다. 여기서의 '彼'는 '堅'을 말한다. (그러므로) '堅이 아니라면 石은 없다'는 말은 반드시 堅에 기대어야 이름을 이룰 수 있다는 뜻이다. (즉) 石에 있는 것이 아니라면 白을 취할 수 없다는 뜻이며, 반드시 石에 기대어야 白을 볼 수 있다는 뜻이다. 이 세 가지 物은 서로 因하여야 一體가 된다. 그러므로 나는 '堅白不相離'라고 말하는 것이다. 堅白과 石도 서로 분리되지 않는다고 한다면 萬物과 堅은 진실로 분리되지 않으며, 그것에 그치지 않을 것이다."[22]

---

21 謝希深注: "萬物通有白, 是不定白於石也. 夫堅白豈唯不定於石乎, 亦兼不定於萬物矣. 萬物且猶不能定, 安能獨於與石, 同體乎."

22 謝希深注: "賓難主云, 因循於石, 知萬物亦與堅同體, 故曰循石也. 彼謂堅也, 非堅則無石矣. 言必賴於堅以成名也. 非有於石則無取於白矣. 言必賴於石然後, 以見白也. 此三物者, 相因乃一體. 故吾曰堅白不相離也. 堅白與石, 猶不相離, 則萬物之與堅, 固然不

(4) 사희심의 주석은 다음과 같다. "手로 石을 어루만지면 堅을 알고 白을 알지 못한다. 그러므로 '아는 것과 알지 못하는 것은 서로 분리된다'고 한다. 目으로 石을 보면 白은 보지만 堅은 보지 못한다. 그러므로 '보는 것과 보지 않는 것은 서로 숨어 있다'고 한다. 堅이 目에 숨어 있어서 目이 堅을 보지 못하니 누가 堅이 숨지 않았다고 말하는가. 白은 手에서 분리되어 白을 알지 못하니 누가 白이 분리되지 않았다고 말하는가."[23]

해설

이 단락은 앞서의 논쟁 내용을 큰 진전 없이 반복하고 있는 느낌인데, 초점을 맞춰 사용하는 용어에서는 양측이 조금 달라졌다. 즉, 반론자는 '서로 채움(相盈)'이라는 용어를 사용하고, 공손룡은 '정해져 있지 않음(不定)'이라는 용어를 사용하며, 그것을 통하여 '분리'와 '숨음'을 설명하려고 한다. '서로 채움'을 주장하는 반론자의 요지는 다음과 같다. 돌이 흰 것(白)과 돌이 굳은 것(堅), 보는 것(見)과 보지 않는 것(不見), 그리고 둘(二)과 셋(三) 등은 마치 너비(廣)와 길이(脩)처럼 서로 채우고 있다(相盈). 그것이 실제로 들어보이는 것(擧)이 아닌가.

相離, 其無已矣."

23 謝希深注: "以手拊石, 知堅不知白, 故知與不知相與離也. 以目視石, 見白不見堅, 故見與不見相與藏也. 堅藏於目, 而目不見堅, 誰謂堅不藏乎. 白離於手, 不知於白, 誰謂白不離乎."

이곳에서 반론자가 말하는 '둘'과 '셋'이 첫 번째 단락에서 말하는 '둘'과 '셋'인지는 확정할 수 없다. 그러나 해설의 일관성을 위해 '돌과 흼의 둘', '돌과 굳음의 둘', 그리고 '돌과 흼과 굳음의 셋'이라고 해석해도 반론자가 질문하는 의도에서 크게 벗어나지는 않는 것 같다. 반론자는 결국 '분리'를 주장하자는 것이 아니며, 둘이든 셋이든 한꺼번에 채워져 드러나는 것임에 초점에 맞춰져 있기 때문이다.

그러나 이에 대한 공손룡의 대답은 주의를 요한다. 왜냐하면 '흼'과 '굳음'이 반드시 어떤 사물에만 고정되어 있는 것은 아니라고〔不定〕 분명하게 말하고 있기 때문이다. 그의 대답은 다음과 같다. 사물에 대하여 희다고 여기는 것〔白焉〕은 하얗게 되는 곳〔所白〕이 정해져 있지 않기 때문이다. 사물에 대하여 굳다고 여기는 것〔堅焉〕은 굳어지는 곳〔所堅〕이 정해져 있지 않기 때문이다. 흼과 굳음이 정해져 있지 않음은 사물에 공통된 것〔兼〕이니, 어떻게 그 돌〔其石〕만이 흼과 굳음을 채우고 있겠는가.

반론자에게 공손룡이 한 대답의 요지는 다음과 같다. 흼이 고정되어 있다면 오직 돌에만 드러나야 할 것이 아닌가. 그러나 흰 돌만 있는 것이 아니라 흰 깃털, 흰 말 등이 있으니, 흼은 고정되어 돌과 함께 드러나는 것은 아니다. 그것은 굳음도 마찬가지이다.

반론자는 그것에 설득되지 않고, 그것들이 분리되지 않음을 다음과 같이 반복적으로 주장한다. 돌을 어루만지는 경우〔循〕, 그 굳음이 아니라면 돌이 없으며〔無石〕, 돌이 아니라면〔非石〕 흼〔白〕 또한 취할 곳이 없다. 돌에서 그것들이 서로 분리되지 않음〔不相離〕은 원래부터 그러한 것〔固〕이며, 그렇게 흼과 굳음이 돌과 함께 드러남은 끝나지 않고〔無已〕 지속된다.

이에 대하여 공손룡도 '분리'와 '숨음'을 가지고 주장을 반복한다. 그것들이 돌에 있어서는 하나로 합해져 드러나지만, 굳음과 흼은 굳은 돌, 흰 돌처럼 두 가지만이 합해져 드러나는 것이다. 그러나 이렇게 둘이 합해짐은 돌에 달려 있다. 그러므로 돌을 볼 때에는 흰 것을 아는 것, 즉 그것을 아는 것이 있고, 굳은 것을 모르는 것, 즉 그것을 알지 못하는 것이 있다. 흼은 그것을 보는 것이지만, 굳음은 그것을 보지 못하는 것이다. 그러므로 아는 것(知)과 알지 못하는 것(不知)은 서로 분리되어 있으며(相與離), 보는 것(見)과 보지 못하는 것(不見)은 서로 숨기고 있다(相與藏). 숨기고 있다고 해서 누가 그것을 분리되지 않았다고 말할 수 있는가. 볼 때에는 굳음이 숨어 있고 만질 때에는 흼이 숨어 있으니, 볼 때와 만질 때가 분리되는 것처럼 굳음과 흼이 분리되어 있다. 그러므로 분리되어서 숨은 것이고, 숨었기 때문에 분리된 것이다.

[5]

반론자: 曰, 目不能堅, 手不能白, 不可謂無堅, 不可謂無白. 其異任也, 其無以代也. 堅白域於石, 惡乎離?(1)

공손룡: 曰, ① 堅未與石爲堅, 而物兼未與物爲堅, 而堅必堅其不堅, 石物而堅. 天下未有若堅, 而堅藏.(2)

② 白固不能自白, 惡能白石物乎. 若白者必白, 則不白物而白焉. 黃黑與之然. 石其無有, 惡取堅白石乎, 故離也. 離也者, 因是.(3)

③ 力與知, 果不若因是.(4)

④ 且猶白, 以目以火見, 而火不見, 則火與目不見而神見. 神不見, 而見離.(5)

⑤ 堅以手, 而手以捶. 是捶與手, 知而不知. 而神與. 不知神乎. 是之謂離焉. 離也者天下, 故獨而正.(6)

【 교감 】 '堅白域於石'에서 서복관은 '域'자가 '경계를 긋다〔界限〕'라는 의미에서 확대되어 '고정되어 머물다〔定著〕'의 뜻이라고 풀이하였다. 그 해석을 번역에 반영한다. '堅未與石爲堅, 而物兼未與物爲堅'에서 사희심은 '堅未與石爲堅而物兼, 未與物爲堅'으로 구두하고 주석하였다.

공손룡 대답의 첫 문장을 사희심은 '堅未與石爲堅而物兼, 未與物爲堅, 而堅必堅. 其不堅石物而堅. 天下未有若堅, 而堅藏', 담계보는 '堅未與石爲堅而, 物兼未與物爲堅, 而堅必堅. 其不堅石物而堅. 天下未有若堅, 而堅藏'으로 구두하였다. 필자가 보기에 사희심의 구두를 반영하여 '堅未與石爲堅而物兼, 未與物爲堅, 而堅必堅. 其不堅石, 物而堅. 天下未有若堅, 而堅藏'으로 구두하여 해석함이 가장 나을 것 같다.

한편, ①의 '而物兼未與物爲堅'에서 유월은 '物兼未與'가 '兼未與物'이 되어야 한다고 했으며, 서복관은 그 교정을 거쳐서 '而兼未與物爲堅'이 한 구절이 되어야 한다고 하였다. 서복관은 '石物而堅'의 '而'자를 '乃'로 풀이하고, '而堅藏'의 '而'도 같다고 하였다. 서복관은 ①의 '天下未有若堅'에서 '若'자가 '此'와 같은 뜻이라 하였으며, ②의 '石其無有'를 '石其固無有'로 교정하고 '其'자가 '若'과 같은 뜻이라 하였다. 모두 원문 번역에 참고한다. ②의 '惡取堅白石乎'에서 담계보는 '石'자가 錯簡이라 하여 빼고 '惡取堅白乎'로 교정하였다.

③의 '力與知, 果不若因是'에서 '果'는 서복관을 참고하여 '결국, 끝내〔竟〕'의 뜻으로 풀이한다. ④의 '且猶白, 以目以火見, 而火不見'에 대하여 손이양은 『묵경』「경설하」에 근거하여 '且猶白, 以目見, 目以火見, 而火不見'이 되어야 하므로 중간에 '見'과 '目' 두 글자가 빠져 있다고 하였고, 서복관의 주장을 옳다고 여겨 원문에 '見'과 '目'을 삽입하였다. 본 주해서에서는 원문에 '見'과 '目' 두 글자를 넣지 않았으나, 본 주해서에서는 이 교감을 참고하여 번역하였다. 서복관은 ⑤의 '手以捶'에서 '捶'자를 '막대기로 두드리다'의 뜻으로 해석하였다.

번역

반론자: 눈으로는 굳다고 여길 수 없고 손으로는 희다고 여길 수 없으나, (그렇다고) 굳음이 없다고 말할 수 없고 흼이 없다고 말할 수 없다. 그것들은 맡은 일이 다르며, 대신할 수 있는 방법이 없다. 굳음과 흼은 돌에 고정되어 머물고 있으니 어떻게 분리될 수 있겠는가?

공손룡: ① 굳음은 아직 '돌과 함께 굳음'이 된 것이 아니다. 사물은 모두 공통되게 아직 '사물과 함께 굳음'이 된 것이 아니다. 그러나 굳음은 반드시 (아직) 굳지 않았던 것을 굳게 만드니, 그것이 돌이라는 물건에서 굳어짐으로 드러난다. (이렇듯) 세상에는 아직 굳음이 있지 않음과 같은 것이 있으니, 그것이 (바로) 굳음이 숨겨지는 것〔藏〕이다.

② 흼은 원래부터 저절로 하얗게 될 수는 없다. (그렇다면) 어떻게 돌이라는 물건을 하얗게 만들 수 있는가. 만약 흰 것이 반드시 희다고 한다면, 그것은 (원래) 흰 물건이 아니고 그것을 희게 만든 것〔白焉〕이다. 황색〔黃〕과 흑색〔黑〕도 그것과 같다. 돌이 진실로 있지 않다면 어떻게 굳고 흰 돌을 얻겠는가. 그래서 (이들 각각은) 분리된 것〔離〕이다. 분리된다고 하는 것은 원래부터 그러한 것〔因是〕이나.

③ 노력〔力〕과 앎〔知〕으로 (그렇게 합해졌다고 여기는 것은) 결국 원래부터 그런 것〔因是〕과는 같지 않다.

④ 또한 흼을 예로 들어 보면, 눈으로 보고 (눈은) 불을 가지고 보는 것이지만, 불은 볼 수 없다. 그렇다면 불과 눈은 보지 않으며 신(神)이 보는 것이다. (그러나) 신 자체는 보지 않으

니, 보는 것은 (그 자체로) 분리된다.

⑤ 굳음은 손으로 (알게 되는데) 손은 두드려 봄으로써 (굳음을 알게 된다). 이런 두드림과 손을 사용함은 아는 것이기도 하고 알지 못하는 것이기도 하다. 그러나 신이 관여하여 (알게 하는 것인가). (하지만) 알지 못하는 것이 신일 것이다. 그래서 이것을 일컬어 분리된다고 하는 것이다. 분리된 것은 세상 만물이다. 그러므로 홀로 떨어져〔獨〕 바르게 된다〔正〕.

주석

(1) 사희심의 주석은 다음과 같다. "눈으로는 볼 수 있고 손으로는 만질 수 있으니, 눈과 손이 所在가 각각 다르다. 그러므로 '其異任也'라고 하였다. 눈이 스스로 堅을 볼 수 없고 손이 눈을 대신하여 堅을 보는 일을 할 수 없으며, 손이 스스로 白을 알 수 없고 또한 눈이 손을 대신하여 白을 아는 일을 할 수 없다. 그러므로 '其無以代也'라고 하였다. 堅白의 相域은 서로 떨어져 있지 않으니 어찌 그것을 분리된다〔離〕고 하는가. 서로 분리되지 않는다."[24]

살펴보면, 사희심의 주석은 반론하는 측의 해설인데, 앞부분은 오히려 공손룡의 주장을 설명하는 것 같다. 보는 것과 만지는 것은 소임이 달라 서로 대신할 수 없다는 것은 결국 분리된다는 것을 증

---

24 謝希深注: "目能視, 手能操, 目之與手所在各異, 故曰其異任也. 目自不能見於堅, 不可以手代目之見堅, 手自不能知於白, 亦不可以目代手之知白, 故曰其無以代也. 堅白相域不相離, 安得謂之離. 不相離."

명하는 셈이 아닌가. 그러나 반론자는 '堅白'이 분명히 소임이 다르고 대신할 수 없음을 알면서도 '石'에서 자리 잡고 있음〔域〕을 역설하면서 분리될 수 없음을 주장한다. 다시 한번 생각하면, '堅'과 '白' 사이에 차이는 있지만 결코 '石'을 떠날 수는 없음을 역설하고 있는 듯하다. 그렇다면 공손룡이 '石'까지 떠난다고 말한 적이 있는가. 앞 단락에 나온 공손룡의 문장을 보면, '堅石과 白石의 분리'를 주로 이야기했으며, '堅白과 石의 분리'를 중심으로 논하지는 않은 것 같다. 그러나 이제부터는 공손룡도 본격적으로 '堅白과 石의 분리'를 말하려고 한다. 물성이 구현되는 자리, 즉 '域'은 '石'에만 고유하다고 할 수 없으니, 원론적으로 그것은 분리된다고 주장하려는 것이다.

(2) 사희심의 주석은 다음과 같다. "堅은 유독 石에만 堅한 것이 아니며 또한 萬物에 堅할 수 있다. 그래서 '아직 石과 함께 堅이 되는 것은 아니며 物이 그것을 兼한다'고 하였다. 또한 萬物과 함께 堅이 되는 것이 아니라 진실로 스스로 堅이 되는 것이니, 그러므로 '物과 함께 堅이 되지 않을 때에 堅은 반드시 (스스로) 堅일 뿐이다'라고 말하였다. 천하에 아직 이처럼 독립된 堅이 있지 않아서 알 수는 없으나, 그렇다고 또한 堅이 없다고 말할 수는 없다. 그러므로 '而堅藏'이라 하였다."[25]

25 謝希深注: "堅者, 不獨堅於石, 而亦堅於萬物. 故曰未與石爲堅而物兼也. 亦不與萬物爲堅而固當自爲堅, 故曰未與物爲堅, 而堅必堅也. 天下未有若此獨立之堅, 而可見, 然亦不可謂之爲無堅, 故曰而堅藏也."

살펴보면, 위의 謝希深注의 밑줄 친 부분에서 '可見'은 잘 이해가 되지 않는다. 원래 '堅'은 만져서 알 수 있는 것이며 볼 수 있는 것이 아니라고 논의되어 왔기 때문에 이곳의 구두와 해석은 다른 주석가보다 사희심의 것이 나은 것 같다. '堅石'에서 '堅物'로, 다시 '未爲堅'에서 '自爲堅, 堅必堅'으로 진행하고 그것이 '堅藏'이 되는 공손룡의 논리를 잘 해석하고 있기 때문이다. 그러나 바로 그 다음 원문에서 '白固不能自白'이라 하고 있으니, 과연 이런 방식으로 공손룡을 해석하는 것이 맞는지 점검해 봐야 할 것이다.

유월의 주석은 다음과 같다. "'物兼未與'는 '兼未與物'이 되어야 한다. 이곳은 다음과 같이 해석된다. 堅은 스스로 堅이 되는 성질을 완성할 뿐, 石과 함께 堅이 되는 것은 아니다. 어찌 유독 石과 함께만 堅이 되겠는가. '兼亦未與物爲堅也, 而堅必堅其不堅'이라고 한 것은, 마치 흙이 본래 堅하지 않지만 도기로 구우면 堅해지고, 물이 본래 堅하지 않지만 얼리면 堅해지는 것과 같다. 이와 같이 하면 堅이 드러난다. 이제 石이라는 物로 堅하게 하는 것이며, 세상에 (원래부터) 그것에 堅함은 있지 않았다. '그 堅함을 堅하게 한다'는 것은 堅이 돌아다니며 드러나지 않는다(堅轉不見)는 뜻이다. 그러므로 '堅藏'이라고 말하였다."[26]

살펴보면, 유월의 해석도 참고할 만하다. '未爲堅'에서 '堅其堅'이나 '堅其不堅'으로의 진행, 그리고 '堅轉不見'에서 '堅藏'으로의 설명이

여기에서 '可見'이라고 하면, 일관성에서 현저하게 어긋난다. 혹시 '不可見'이나 '不可知'가 잘못된 것이 아닐까 한다.

26 兪樾注: "樾謹按, 物兼未與當作兼未與物. 此言堅自成其爲堅之性耳. 非與石爲堅也. 豈獨不與石爲堅. 兼亦未與物爲堅也, 而堅必堅其不堅者, 如土本不堅, 陶焉則堅, 水本不堅, 氷焉則堅, 如此則其堅見矣. 今以石之爲物而堅, 天下未有堅於此也. 堅其堅者, 堅轉不見, 故曰堅藏也."

탁월하다.

(3) 사희심의 주석은 다음과 같다. "세상에 독립된 堅은 없을 것이며, 고립된 白도 없을 것이다. 그러므로 '白故不能白'이라 하였다. 白이 원래 스스로 白이 될 수 없다면 어떻게 스스로 石과 物에서 白이 되겠는가. 그러므로 '惡能自物乎'라고 하였다. 만약 白者로 반드시 스스로 白하게 할 수 있는 것이라면, 物에서 白을 기다리지 않고도 스스로 白이 될 것이다. 어찌 堅白만이 그렇겠는가. 黃과 黑 등의 色도 모두 그러하다. 만약 石과 物이 반드시 色을 기다린 후에야 볼 수 있다면, 色은 이미 스스로 色이 될 수는 없으니 石 또한 스스로 그 色을 나타낼 수가 없다. 천하에 色이 없이 보일 수 있는 物은 있지 않다. 그래서 '石其無有'라고 말하였다. 石이 이미 없다면 堅白은 어디에 기탁할 것인가. 그래서 '惡取堅白石'이라고 말하였다. 뒤집어서 보이면 堅白하는 것과 萬物은 분리되지 않음이 없다. 분리됨은 어찌 사물이 분리되도록 시키는 것이겠는가. 天然으로 因하지 않음이 없으니 스스로 분리되는 것〔自離〕이다. 그러므로 '因是'라고 말하였다."[27]

---

27 謝希深注: "世無獨立之堅乎. 亦無孤立之白矣. 故曰白故不能白. 白旣不能白白, 安能自白於石與物. 故曰惡能自物乎. 若使白者必能自白, 則亦不待白於物而自白矣, 豈堅白乎. 黃黑等色, 亦皆然也. 若石與物必待於色然後可見也, 色旣不能自爲其色, 則石亦不能自顯其色矣. 天下未有無色而可見之物, 故曰石其無有矣. 石旣無矣, 堅白安所託哉. 故曰惡取堅白石. 反覆相見, 則堅白之與萬物, 莫不皆離矣. 夫離者, 豈有物使之離乎, 莫不因是天然, 而自離矣. 故曰因是也."

살펴보면, 이곳의 謝希深注 원문에는 교정할 곳이 많이 보인다. 우선, '故曰白故不能白'에서 謝希深注에는 '白故不能白'이라고 원문을 인용하였으나, 『公孫龍子』 원문에는 '白固不能自白'으로 되어 있다. 이곳의 원문을 반문으로 해석하는 것이 문맥에 맞는 것 같은데, 謝希深은 그렇게 보지 않은 것 같다. 두 번째로, '故曰惡能自物乎'

살펴보면, 사회심 주석도 이상하고, 원문의 맥락도 공손룡의 이전 주장과는 일관성이 떨어지는 문장이 섞여 있다. 혹시 반론자의 것이 섞인 것은 아닐까. 그런데 만약 여기에 있는 것이 반론자의 것이 아니라 공손룡의 적극적인 주장이라면, 공손룡에게는 앞서 말한 '藏'과 '離'를 연관시켜야 하는 과제가 남겨진 셈이다. (2)의 문장은 '未堅'과 '堅'을 비교하여 '堅藏'을 이야기하고, (3)의 문장은 '自白'과 '白石物'을 비교하여 '離'를 말하고 있다. 아마도 공손룡은 '未堅'이나 '未白'이 '自堅'이나 '自白'은 될 수 없다는 입장을 가지고 있었던 것 같다. 그런데 이곳의 '白者必白'을 반문과 가설의 맥락에서 독해한다면, 앞서 (2)의 '堅必堅'의 구두는 옳지 않은 것이 된다. 사회심과 유월의 구두보다 '堅, 必堅其不堅石物而堅'으로 구두하는 것이 오히려 (3)의 맥락과 부합한다.

사회심, 유월의 주석과 담계보의 교정에 근거하여 이 부분을 참고삼아 다음과 같이 번역해 본다. "白은 진실로 스스로 白이 되는 것〔自白〕이 불가능하니 어찌 (스스로) 石과 物을 白으로 만들 수 있겠는가. 만약 白者가 반드시 (스스로) 白이 되어야만 한다면 物을 白하지 않고도 白이 될 수 있을 것이다. 黃과 黑(의 物)에도 참여하여 함께 그렇게 할 것이다. (그러나) 石이 있지 않다면 어떻게 堅白을 취할 수 있는가. 그러므로 분리된다〔離〕. 분리되는 것은 因是이다〔白固不能自白, 惡能白石物乎. 若白者必白, 則不白物而白焉. 黃黑與之然. 石其無有, 惡取堅白乎,

---

에서 謝希深注에 인용된 원문 '惡能自物乎'도 『公孫龍子』 원문에는 '惡能白石物乎'로 되어 있다. 아마도 심한 착간과 오류가 이 단락에 있었던 것 같다. 세 번째로, '故曰惡取堅白石'에서 譚戒甫는 謝希深注의 '石'자를 '乎'자로 바꾸고 잘못된 것이라고 하였다. 譚戒甫의 교정을 참고한다.

故離也. 離也者, 因是).” 이렇게 해석해 보면, 공손룡은 ‘堅白黃黑’이 ‘石’이나 ‘物’에서 분리 독립된 것은 아님을 역설한 셈이 된다. ‘堅石’, ‘白石’, ‘黃石’, ‘黑石’이 분리된다는 뜻이지, ‘堅’ 따로 ‘白’ 따로 이해할 수는 없다는 것이다. 즉, 공손룡에게는 ‘堅石’, ‘白石’, ‘黃石’, ‘黑石’이 분리되는 것이 ‘因是’이다.

‘堅白藏’과 ‘堅白離’는 반론자와 공손룡이 각각 그 용례에서 다른 뜻으로 사용하고 있음을 알 수 있다.

유월의 주석은 다음과 같다. “이곳과 위의 문장에서 堅을 말한 것이 같지 않다. 그러나 의도는 서로 근접한다. 다음과 같은 뜻이다. 白으로 하여금 自白이 되게 할 수는 없으니 어찌 石을 白하게 하는 물건이 가능한가. 만약 白者가 반드시 白物할 수 있다면, 不白의 物에 나아가 그것을 白으로 만들 것이다. 혹은 黃者에 나아가 그렇게 함께할 것이며, 혹은 黑者에게도 그렇게 함께할 것이니, (그렇게 되면) 사람들은 반드시 ‘黃者가 白이 되었다, 黑者가 白이 되었나’고 말할 것이다. 그와 같다면 그 白이 보일 것(見)이다. 그러나 石은 (본래) 그런 黃黑의 色이 있지 않으니 어디로부터 그것을 취할 것인가. 그 白者를 白하게 하는 것은, 白이 옮겨 다니며 드러나지 않아서이니 그러므로 분리된 것(離)이다.”[28]

살펴보면, 유월 또한 필자와 동일한 의문을 가지고 있었던 것 같다. 이 대목은 유월의 설명이 사희심의 것보다 낫다. ‘白’은 ‘自白’하여

28 俞樾注: “樾謹按, 此與上文言堅文字不同, 而意則相近. 言使白而不能自白, 安能白石之爲物乎. 若白者必能白物, 則就不白之物而白焉. 或卽黃者而與之, 或卽黑者而與之, 人必曰黃者白矣. 黑者白矣. 如此則其白見矣. 然石則無有此黃黑之色, 又何從而取之乎. 白其白者, 白轉不見, 故離也.”

'白物'하는 것이 아니라, '轉不見'하며 '藏'하는 것이니 분리된다〔離〕는 설명이다. 그러나 유월의 주석 또한 석연치 않다. '白轉不見'한다면 '白'은 도대체 '어디서 어떻게' 돌아다닌다는 말인지, 그것이 드러나지 않고 돌아다니는데 왜 독립된 '自白'은 될 수 없는지, 유월은 공손룡의 입장을 정확하게 설명하지 못하는 것 같다.

(4) 사희심의 주석은 다음과 같다. "果는 과감히 결단함을 뜻한다. '若'은 '如'의 뜻이다. 대체로 자연히 저절로 분리됨으로 因하지 않고, 力과 知를 운용하여 堅白을 분리하려는 것은, 과감히 결단해도 얻지 못하는 일이다. 그러므로 因是의 天然之自離만 같지 못하다."[29]

살펴보면, 사희심은 '因是'를 '天然之自離'라는 흥미로운 용어로 다시 풀었다. 사희심의 주석에 의하면 공손룡은 '自白'과 '自堅'은 인정하지 않았으나, '自離'는 인정한 셈이 된다. 그러나 살펴보면 여기서 '自離'의 '自' 자는 없었으면 한다. 공손룡에 의하면 '離'는 사람의 지혜나 힘으로 할 수 있는 일이 아니다. '神'도 그곳에 참여할 수 없다.

(5) 사희심의 주석은 다음과 같다. "神은 精神을 말한다. 사람들이 말하기를 目이 사물을 볼 수 있게 한다지만, 目은 火로 因하여 보는 것이니 이는 目이 볼 수는 없고 火로 말미암아야만 볼 수 있다는 뜻이다. 그러나 火는 白을 볼 수 있는 物이 아니니, 그렇다면 目과 火가 모두 볼 수 없다. 그렇다면 보는 것은 누구인가. 精神이 본다. 精神이 物

29 謝希深注: "果謂果決也. 若, 如也. 夫不因天然之自離, 而欲運力與知而離於堅白者, 果決不得矣. 故不如因是天然之自離也."

을 보는 것은 반드시 火로 因하여 目을 사용해야만 볼 수가 있다. (그런데) 火와 目은 見할 수 있는 것이 아니니 어찌 神에 참여하여 보게 할 수 있겠는가. 그렇다면 神 또한 볼 수 없다. (이렇게) 見者를 끝까지 미루어 가면, 끝내 그 實을 얻을 수가 없다. 그렇다면 見者가 누구인지 알 수 없다. 그러므로 '見而離'라고 말하였다."[30]

이곳의 사희심 주석은 탁월하다. 담계보도 그것을 인정한다.

손이양의 주석은 다음과 같다. "『墨子』「經說下」편에서 말하기를 '智, 以目見, 而目以火見, 而火不見'이라 하였다. 이곳의 문장도 마땅히 '且猶白, 以目見, 目以火見, 而火不見'이 되어야 한다. 지금의 판본에서 '見目' 두 글자가 빠져서 끝내 뜻이 통하지 않게 되었다."[31]

(6) 사희심의 주석은 다음과 같다. "手로 더듬는 것과 精神은 그것을 알 수 없다. 그렇다면 알고 있는 바는 다시 알 수 없는 것으로 돌아간다. 아는 것과 모르는 것을 神이 그것을 어찌하겠는가. 神이라는 것은 살아가게 하는 주인이며 마음의 정기이다. 그러나 耳目은 기능이 다르고 모든 뼈는 통하는 곳이 다르다. 온갖 변화를 神이 주관하지만, 단지 耳目의 능력으로 因하게 하고 百骸가 절로 통하는 것〔自通〕

---

30 謝希深注: "神謂精神也. 人謂目能見物, 而目以因火見, 是目不能見, 由火乃得見也. 然火非見白之物, 則目與火俱不見矣. 然則見者誰乎. 精神見矣. 夫精神之見物也, 必因火以目乃得見矣. 火目猶且不能爲見, 安能與神而見乎. 則神亦不能見矣. 推尋見者, 竟不得其實, 則不知見者誰也, 故曰見而離."

謝希深注 원문에는 위의 밑줄 친 부분이 '由大乃得見也'와 같이 '大'자로 되어 있으나 譚戒甫의 교정에 따라 본 주해서에서는 '火'로 수정하고 번역한다.

31 孫詒讓注: "案墨子經說下篇云, 智以目見而目以火見而火不見, 此文亦當作且猶白以目見目以火見而火不見, 今本脫見目二字, 遂不可通."

에 맡기는 것일 뿐, 耳로 보게 하고 目으로 듣게 하고, 발로 잡고 손으로 걷게 할 수는 없다. 또한 一物에 한해서는 白을 보면 堅을 얻을 수 없고 堅을 알면 白을 얻을 수 없으니, 하물며 사방천지의 광대한 萬物의 다양함에랴! 그러므로 '神乎'라고 하였다. '神이여'라고 하였으니 알 수 없다는 말이다. 神이라 해도 알 수 없으니 앎이 분리된다. 이것을 세상으로 미루어 가면, 어떤 物이 분리되지 않은 것인가. 그러므로 사물마다 분리되어 섞이지 않으며, 각각의 변화를 따르며 서로 좇지 않는다. 서로 좇지 않으니 저것을 빌려 이것을 이루지 않고, 서로 섞이지 않으니 이것에 의지하여 저것을 어지럽히지 않는다. 이것이 성인이 物에 나아가 고요해지는 것이며, 일에 나아가 안정되는 것이다. 그러므로 세상이 편안해진다. 사물에 나아가 고요해지므로 사물이 모두 性을 얻고, 物이 모두 性을 얻으니 彼와 我가 親함을 함께 하여 天下가 安存되면 名實이 더 이상 있지 않아도 된다."[32]

---

32 謝希深注: "手捶與精神不得其知, 則其所知者彌復不知矣. 所知而不知, 神其何爲哉. 夫神者, 生生之主而心之精爽也. 然而耳目殊能, 百骸異通. 千變萬化, 神斯主焉, 而但因耳目之所能, 任百骸之自通, 不能使耳見而目聞, 足操而手步. 又於一物之上, 見白不得堅, 知堅不得白, 而況六合之廣萬物之多乎. 故曰神乎. 神乎, 其無知矣. 神而不知, 而知離也. 推此以尋天下, 則何物而非離乎. 故物物斯離不相雜也. 各各趨變不相須也. 不相須故不假彼以成此, 不相離故不持此以亂彼, 是以聖人卽物而冥, 卽事而靜, 故天下安存. 卽物而冥故物皆得性, 物皆得性則彼我同親, 天下安存則名實不存也."

살펴보면, 이곳 謝希深注 원문에 교정할 곳이 있다. 우선, 밑줄 친 '不相離故不持此以亂彼'에서 '離' 자는 문맥에 맞지 않는다. '雜' 자가 잘못된 것이 아닐까 한다. 그리고 '天下安存則名實不存'의 밑줄 친 '名實不存'도 잘못된 것 같다. '名實竝存'이든 다른 말이 되어야 할 것이나 원문대로 번역해 둔다.

해설

마지막 단락은 「견백론」의 결론이다. 반론자는 공손룡의 주장처럼 '보는 일'과 '만지는 일'이 다른 것을 인정하면서도 끝내 굳음과 흼과 돌이 분리될 수 없음을 주장하고 있다. "눈으로는 굳은 것(堅)을 알 수 없다. 또한 손으로는 흰 것(白)을 알 수 없다. 그러나 그렇다고 해서 굳음이 없다(無堅)고 말할 수 없고, 또한 흼이 없다(無白)고도 말할 수 없다. 그것들은 맡은 일(任)이 다르며, 대신할 수 있는 방법이 없다. 하지만 여전히 굳음과 흼은 돌에 고정되어 그곳에 머물고 있으니 어떻게 분리될 수 있겠는가."

공손룡의 기본 입장은 세상 만물이 본래 합해져서 드러나는 것은 없고, 원래부터 분리되어 있다는 것이다. 분리됨(離)의 본원성은 '因是'라는 용어로 표현되었다. 그의 대답은 장황하게 다음과 같이 이어진다.

굳음은 아직 '돌과 함께 굳음'이 되지 않은 상태를 지칭하는 말이다. 사물은 모두 공통되게 아직 '사물과 함께 굳음'의 상태로 되어 있지 않다. 그러나 굳음은 반드시 아직 '굳지 않았던 것'을 굳게 만든다. 그것이 돌이라는 물건에서 굳어짐으로 드러난 것이다. 이렇듯 세상에는 아직 굳음이 있지 않은 상태와 같은 것이 있으니, 그것은 바로 굳음이 숨겨지는 것(藏)이다. 흼은 원래부터 하얗게 된 것일 수는 없다. 그렇다면 어떻게 돌이라는 물건을 하얗게 여길 수 있게 되는가. 만약 흰 것이 반드시 희다고 한다면, 그것은 원래 흰 물건이 아니라 그것을 희게 만들어 놓은 것이다. 황색(黃)과 흑색(黑) 또한 그와 같다. 돌이 진실로 있지 않다면 어떻게 굳고 흰 돌을 얻겠는가.

그래서 이들 셋은 각각 따로 분리된 것(離)이다. 분리된다고 하는 것은 원래부터 그런 것〔因是〕이다. 노력〔力〕과 앎〔知〕을 사용하여 합하여 드러나는 것을 알게 되는 것은 결코 원래부터 그런 것과는 같지 않다.

이제 흰〔白〕을 다시 예로 들어 보자. 우리는 사물의 흰을 눈으로 보고 눈은 또한 밝은 불을 가지고 보는 것이지만, 불 그 자체는 사물을 볼 수 없다. 그렇다면 불과 눈은 사물을 보는 것이 아니며 신(神)이 보는 것이 된다. 그러나 또한 신 자체는 보지 않는다. 그렇다면 보는 것이 분리된다〔離〕.

굳음〔堅〕의 예를 다시 들어 보자. 굳음은 손으로 알게 되는데, 손은 두드려 봄을 통하여 굳음을 안다. 이런 두드림과 손을 사용함은 그 자체는 알지 못하지만 알게 해 준다는 뜻에서, 아는 것이기도 하고 알지 못하는 것이기도 하다. 그렇다면 이때에도 신이 관여하여 알게 하는 것인가. 하지만 알지 못하는 것이 신일 것이다. 그래서 이때에도 이것을 일컬어 분리된다〔離〕고 하는 것이다.

결국 분리된 것은 세상 만물의 원래부터 그러함이다. 그러므로 홀로 떨어져 바르게 된다.

6. 명실론(名實論)

○ 간략 해제

「명실론」은 다른 편과 달리 하나의 논술로 구성되어 있다. 언뜻 보기에는 당연한 이야기를 정리하고 있는 듯이 보이지만, 공손룡에게 '名과 實의 관계'가 이곳에서 총결산되므로 주의해서 독해해야 한다.

중국의 선진 시기 문헌을 통해 보면, 소위 '명학'을 출범시키는 데에 가장 기초가 되었던 '正名'을 말하는 것은 공자로 거슬러 올라간다. 그리고 그렇게 정초된 '正名'의 테제가 공손룡에게 영향을 미친다고 보는 것이 옳다고 본다. 이권의 논의에 의하면, "공자의 정명은 명과 분의 관계를 바로잡겠다는 것이며, 결국은 분을 명에 일치시켜야 한다는 말이다. 이름이 바르지 않다(名不正)는 것은 명과 분의 관계가 바르지 않다는 것이다."[1] 이권은 공자 철학의 핵심 관념인 '禮', '仁', '忠恕'와의 관련 속에서 공자의 '正名'을 논의하였는데, 그중에서도 분별

---

1 이권, 「孔子의 正名에 대한 연구」, 『철학논집』 19, 서강대학교 철학연구소, 2009, 201-239쪽.

을 핵심으로 하는 예법(禮法)에는 '名과 名의 관계'가 투영되어 있어서 공자의 '正名'은 우선 '명명 관계'를 기준으로 한다고 설명하였다. 그의 용어를 빌리면, 공자의 '명명 관계'를 출발점으로 한 '正名' 논의 이후, 전국 시대에는 '명실 관계'를 따지는 논의가 심화되었다. 공자의 '仁'을 둘러싼 '人'의 윤리를 초점으로 하는 것에서 확대되어 본격적으로 더 넓은 '物의 세계'를 두고 논의가 펼쳐진 것이다. 대표적으로 묵가나 공손룡 등이 그런 예이다.

그런데 필자가 보기에, 공손룡은 다분히 분별을 핵심으로 하는 '禮'의 관점을 버리지 않고 '正名'을 논했던 듯하다. 그 증거는 『한서』「예문지」에서 명가자류에 대해 해설한 부분으로, 이는 공손룡이 공자의 '禮'적인 측면을 계승하고 있음을 시사하는 중요한 자료이다. 『한서』「예문지」에는 다음과 같이 기록되어 있다. "명가의 무리는 대체로 禮官에서 배출된 것이다. 예전에는 名과 位가 같지 않으면, 禮 또한 나뉘는 分數를 달리하였다. 공자께서 말씀하셨다. '반드시 名을 바르게 해야 할 것이다! 名이 바르지 않으면 말이 순리에 따르지 않으며, 말이 순리에 따르지 않으면 일은 이루어지지 않는다.' 그것이 이들이 가진 장점이다. 그런데 名만을 들추어서 떠벌리는 사람들이 그런 논의를 하게 되면서 그저 끌어내고 후비고 잘라내어 어지럽게 하였을 뿐이니 그것이 이들의 단점이다."[2]

『한서』「예문지」 명가자류에는 『공손룡자』 외에도 『등석(鄧析)』, 『윤문자(尹文子)』, 『성공생(成公生)』, 『혜자(惠子)』, 『황공(黃公)』, 『모

---

2 『漢書』「藝文志」: "名家者流, 蓋出於禮官. 古者名位不同, 禮亦異數. 孔子曰, 必也正名乎! 名不正則言不順, 言不順則事不成. 此其所長也. 及謷者爲之, 則苟鉤鈲析亂而已."

공(毛公)』 등의 저술이 언급되어 있기 때문에[3] 『공손룡자』만을 들어서 그 설명을 적용할 수 있겠는가 하는 문제가 있다. 그러나 언급된 다른 명가들의 저작은 불완전한 형태로 편린만 남아 있을 뿐이어서, 전모를 확인하는 것이 『공손룡자』보다 상대적으로 어렵다. 그리고 과연 「예문지」의 시각을 온전하게 증거로 채택할 수 있느냐의 문제도 있다.[4]

그러나 남아 있는 『공손룡자』의 편장을 살펴보면, 「예문지」의 시선은 충분히 수용할 만하다. 왜냐하면 공손룡은 「예문지」에서 말한 대로, '正名'이라는 주제에서 '位'의 문제를 무엇보다 중요하게 여기고 있기 때문이다. 이는 『공손룡자』 「명실론」을 통해 분명하게 드러난다.[5] 그런데 공손룡의 시대가 되면 '位'를 가진 사람에게 그 '位에 맞게 -다워야 한다'는 도덕적 당위와 요청만으로는 충분하지 않게 되었다. '君은 君다워야 한다', '父는 父다워야 한다'는 공자의 '正名' 요청은 더 곡진하게 설명되고 분석되어야 했다. 게다가 인간을 포함한 더 넓은 '物의 세계'를 두고 논의를 진행해야 했는데, 이 과정에는 '禮의 分位'를 부정하고 '兼愛'를 주장한 묵가 학파의 영향을 무시할 수 없었을

3 『漢書』「藝文志」: "鄧析二篇. 尹文子一篇. 公孫龍子十四篇. 成公生五篇. 惠子一篇. 黃公四篇. 毛公九篇."

4 譚戒甫는 『漢書』「藝文志」의 제자 분류를 벗어나서, 墨家를 名家로 보고, 公孫龍 등은 形名家로 분류하였다(譚戒甫, 63-75쪽 참조). 譚戒甫가 名家와 形名家를 대비하여 사용한 점은 당시 墨家와 公孫龍이 서로 대립하고 있었던 주요 학파였음을 보여 준다는 점에서 의의가 있다. 또한 譚戒甫가 선진 시기의 관련 자료를 치밀하게 비교 분석한 것은 참고할 여지가 있다. 하지만 본 주해서에서는 公孫龍이 形名家라는 주장은 수용하지 않는다. 왜냐하면, 公孫龍이 名과 位를 분명하게 강조하고 있다는 점에서 禮를 근간으로 활동한 학파와 이론적으로 멀지 않다고 보기 때문이다.

5 「名實論」: "實以實其所實, 不曠焉, 位也. 出其所位, 非位. 位其所位焉, 正也."

것 같다.[6] 따라서 '分'과 '位'를 이야기하면서도, 공손룡 또한 '物'과 '實'을 떠나서 논의할 수는 없었다. 그러나 공손룡의 이상은 여전히 '位를 바로잡음〔正位〕'에 있었기 때문에, 오히려 '名'을 설명할 때에는 '白馬非馬'나 '離堅白'과 같은 역설의 표현법을 구사해야 하고, 오해의 여지가 많은 '指'를 말하게 된다. 공손룡과 동시대나 후대의 비판이, 공손룡 등의 명가들을 '名만을 들추어서 떠벌리는 사람들〔警者〕'이라 비난하고, 그저 '끌어내고 후비고 잘라내어 어지럽게 하였다〔鉤鈲析亂〕'는 죄목을 부과했던 이유도 거기에 있을 것이다.

그런데 공손룡의 이상을 살펴보려면 무엇보다 먼저 「명실론」의 문장을 숙지해야 한다. 「지물론」은 「명실론」을 위한 논리였다 해도 과언이 아니기 때문이다. 「명실론」에 의하면 '正位'와 '是非'의 명백한 구별이야말로 '正名'의 시작이다.

---

6 墨家의 논리는 표면적으로는 孔子로부터 계승된 正名 논의를 계승하면서도, 유가적인 방식을 벗어나서 公孫龍과 분명하게 대립된다.

名實論

[1]

天地與其所産焉, 物也.(1)

物以物其所物, 而不過焉, 實也.(2)

實以實其所實, 不曠焉, 位也.(3)

出其所位, 非位.(4) 位其所位焉, 正也.(5)

【 교감 】 '物以物其所物'에서 서복관은 두 번째 '物'자를 동사로 해석하였는데,[7] 여기서는 그것을 참고하여 번역한다. '實以實其所實, 不曠焉'에서 서복관은 '實以實其所實'의 두 번째 '實'자도 동사로 해석하였고, 위의 구절과 비교하여 '不曠焉' 앞에 '而'자를 첨가하였다.

번역

세상과 그것이 낳은 모든 것이 사물(物)이다.
사물에서 사물이 되는 곳을 사물답게 만들어서 그것에 지나치지 않게 하는 것이 실제(實)이다.
실제에서 실제가 되는 곳을 채워서 비우지 않게 하는 것이 자리(位)이다.
그 자리가 되는 곳을 나가는 것은 자리가 아니다. 그 자리가 되는 곳을 자리답게 만드는 것이 올바름(正)이다.

---

7 徐復觀, 39-43쪽 참조. 이하 「名實論」에 나오는 徐復觀의 주석은 출처가 동일함.

주석

(1) 사희심의 주석은 다음과 같다. "天地의 形과 天地가 낳은 것을 모두 物이라고 한다."[8]

(2) 사희심의 주석은 다음과 같다. "材를 취하여 회랑을 수리하고, 종묘의 제도로 수레 및 복식과 기계를 갖추고, 현명한 이를 구하여 (왕을 옆에서) 모시는 신하와 종복 등의 자리를 채우게 하면, 나라 안과 밖의 여러 나라들을 따르게 하는 데에서 모두 지나침과 잘못됨이 없어지고 각각 物이 마땅해진다. 그러므로 그것을 일컬어 實이라고 한다."[9]

(3) 사희심의 주석은 다음과 같다. "實은 기물의 대소와 모든 사물의 높고 낮은 (등급을) 올바르게 채우는 것이다. 기물이 그 재질〔材〕대로 (쓰임을) 얻고, 사람이 그 재주〔材〕대로 (소임을) 감당하게 되면, 여러 정사에서 잘못됨이 없으며, 존비의 (차등에서) 질서가 잡힐 것이다. 그러므로 '位'라고 말하였다."[10]

(4) 사희심의 주석은 다음과 같다. "位에서 벗어나, 관직과 기물의 사용이 (올바른) 체제를 넘어가게 되어, 위의 등급을 침범하거나 아래의

---

8 謝希深注: "天地之形, 及天地之所生者, 皆謂之物也."

9 謝希深注: "取材以脩廊, 廟制以車服器械, 求賢以實侍御僕, 從中外職國, 皆無過差, 各當其物, 故謂之實也."

10 謝希深注: "實者, 充實器用之小大, 衆物之卑高. 器得其材, 人堪其材, 庶政無闕, 尊卑有序. 故曰位也."

등급을 함부로 대하는 것은 모두 그 位가 아니다."[11]

(5) 사희심의 주석은 다음과 같다. "재질을 취하는 것은 기물을 만드는 것과 관련되고, 일에 임하는 것은 상벌을 만드는 것과 관련된다. 높고 낮음이 있는 것은 神도 數를 다르게 하였으니, 침착하게 그것을 신뢰하는 일에 (마음을) 합하고, 함부로 그것을 넘거나 교만하게 굴지 않는다. 그러므로 그것을 일컬어 正이라고 한다."[12]

해설

「명실론」은 질문과 대답으로 구성되어 있지 않고, 마치 공손룡이 이름과 실제의 관계를 총결하려는 것처럼 독해된다. 공손룡은 '物'과 '實'과 '位'와 '正'을 정의하고 그에 따라 순차적으로 명실의 관계를 설명한다. 세상과 세상이 내어놓는 모든 것이 사물(物)이다. 사물이 사물다운 것이 되도록 넘치지도 모자라지도 않게 하는 것(不過)이 실제(實)이다. 실제가 되는 곳을 채워서 비우지 않는 것(不曠)이 자리(位)이다. 그 자리를 자리답게 만드는 것이 바로 올바름(正)이다.

이곳 첫 단락에는 공손룡의 주장이 어디에서 출발하는가를 잘 보여 주는 기본 개념의 정의가 담겨 있다. 공손룡에 의하면, 천지 사이에 생겨난 것은 '物'이다. 그리고 '物을 物답게 하는 것'이 '實'이며, '實

11 謝希深注: "離位, 使官器用過制, 或僭於上, 或濫於下, 皆非其位."

12 謝希深注: "取材之與制器, 蒞事之與制賞. 有尊卑, 神亦異數, 合靜其信, 而不僭濫, 故謂正也."

을 實답게 하는 것'이 '位'라고 정의한다. 마찬가지로 '位를 位답게 하는 것'이 '正'이다. 이곳에 적용된 구문은 공자가 말하는 '君君, 臣臣, 父父, 子子'에서 조금도 벗어나지 못하고 있다. '物以物其所物'의 두 번째 '物'과 '實以實其所實'의 두 번째 '實'과 '位其所位'의 첫 번째 '位'는 여전히 윤리적 당위에서 요청되는 '-다워야 한다'는 술어로 해석되어야 하기 때문이다. 공자가 말하는 구문과 차이가 있다면, '物物'과 '實實'과 '位位'가 연계되어 설명되고 있다는 점이다. '物物'은 '實'이고 '實實'은 '位'이며, '位位'는 正'이다. 그렇다면 이 단락은 '正'이 무엇인지 정의하기 위해 '位', '實', '物'로 하위 개념을 만들어 갔다고 봐야 할 것이다.

이강수는 다음과 같은 요지로 이 단락을 파악하고 있다.[13] 공손룡 철학의 기본 개념은 '物', '實', '位', '正'이다. 공손룡에 의하면 천지와 그 속의 사물 일체가 '物'이다. 그 '物'이 어떤 사물로 형성되어 그 자신의 범위를 벗어나지 않는 것을 '實'이라고 한다. 예를 들면, 말이라는 사물은 말에 한정되어야지, 소나 호랑이, 토끼 등을 포괄할 수 없고, 검은 말이나 노란 말도 포괄할 수 없다. '實'은 반드시 시간과 공간 속에 일정한 위치를 차지하여 자기 자신을 충실하게 하는 속성을 가져야 한다. 실체로서의 사물은 객관적으로 독립하여 존재할 뿐만 아니라, 일정한 범위〔位〕와 그 자신의 성격을 가져야 한다. 임의로 그 범위를 벗어나거나 그 나름의 성격이 없어서는 안 된다. 그렇지 않으면 이런 실체가 세계에서 차지하는 위치〔位〕를 알 수 없다. 어떤 사물이 본래 있어야 할 위치에 있는 것을 '正'이라 한다.

13 이강수, 『중국 고대철학의 이해』, 지식산업사, 1999, 210-212쪽 참조.

이강수에 의하면, 공손룡은 사물의 범위와 한정을 말한 것이다. 공손룡이 말한 '實'에 대해서는 시간과 공간 속에 일정한 위치를 차지한 속성으로, '位'에 대해서는 그런 속성을 가진 실체가 차지하는 위치로, '正'에 대해서는 그런 사물이 본래 있어야 할 위치에 있는 것으로 설명하고 있다. 그러나 『공손룡자』 원문에서 말하고자 하는 바는 분명하지 않다. '物物'이 '實'이라고 했을 때, 우리는 과연 '物답게 되는 것'을 무엇이라고 설명할 수 있을 것인가. '牛馬'이면 이미 '牛馬'이지, 牛다운 것은 무엇이며 馬다운 것은 무엇인가. 마찬가지로 '實實'이 '位'라고 했을 때, '實하게 하는 것' 혹은 '實답게 되는 것'이 과연 무엇이라고 설명하겠는가.

그러나 '位'를 이야기하면 사정은 조금 달라진다. '位를 位답게 한다는 것'은 인간에게 주어진 역할과 직위와 신분을 쉽게 떠올릴 수 있다. 결국 공손룡에게 '位位가 올바름〔正〕이다'라는 뜻은 나머지 '物物'과 '實實'의 정의를 포괄하고 제압할 수 있는 것이다. 그리고 이 올바름〔正〕은 '名'의 문제로 귀결된다. 공손룡은 "그 올바름〔正〕이라는 것은 實된 것을 바르게 하는 것이고, 實된 것을 바르게 한다는 것이 이름〔名〕을 바르게 하는 것이다."[14]라고 말하여, '正名'이 곧 '正實'이고 '正實'이 곧 '正名'임을 분명하게 밝히고 있다. 이를 근거로 해석하면, 공손룡에게 '正名'은 상위이고 '正實'은 하위이다. 즉, 이름을 바르게 하는 것이야말로 '實'을 '實'답게 하는 우선순위의 일이다.

14 「名實論」: "其正者, 正其所實也, 正其所實者, 正其名也."

[2]

以其所正, 正其所不正, 以其所不正, 疑其所正.(1)

其正者, 正其所實也, 正其所實者, 正其名也.(2)

【 교감 】 담계보는 子彙本에 근거하여 첫줄에 있는 문장에 '以其所不正' 다섯 글자를 보충하였다.[15] 그런데 사희심의 주석에 의하면, 원래 있던 것인 듯하다. 본 주역서에서는 이 구절을 포함하여 구두하고 해석한다. '疑其所正'에서 유월은 '疑'가 「毛傳」에 근거하여 '定'의 뜻으로 풀이된다고 하였으나, 여기서는 사희심의 주석에 따라 번역한다.

번역

올바르게 된 것을 가지고 올바르지 못한 것을 바르게 하고, 올바르지 못한 것을 가지고 올바르게 된 것을 의심해 본다.

그것이 올바르다는 것은 실제가 되는 것을 바로잡는 것이고, 실제가 되는 것을 바로잡는 것은 그 이름을 바르게 하는 것이다.

주석

(1) 사희심의 주석은 다음과 같다. "正으로 不正한 것을 바로잡으면 不正者가 모두 바르게 된다. 不正한 것으로 正한 것을 어지럽히면〔亂〕 모든 사람이 의심한다〔疑〕."[16]

---

15 譚戒甫, 57-62쪽 참조. 이하 「名實論」에 나오는 譚戒甫의 주석은 출처가 동일함.

16 謝希深注: "以正, 正於不正, 則不正者皆正. 以不正, 亂於正, 則衆皆疑之."

유월의 주석은 다음과 같다. "'疑' 자는 마땅히 『詩』의 '靡所止疑'의 '疑' 자처럼 해석되어야 한다. 「毛傳」에서 말하기를 '疑는 정한다(定)는 뜻이다'라고 하였다. 사희심의 주석에서 '모든 사람의 의심한다(衆皆疑之)'고 하였는데, 그것은 옳지 않다."[17]

살펴보면, 유월은 '疑' 자가 '멈추다(止)', '머무르다, 자리를 정하다(定)' 등의 의미를 가지고 있다고 해석한다. 그러나 『공손룡자』 원문의 맥락에서 보면, '疑' 자를 유월의 해석처럼 풀이하는 것보다 사희심처럼 '의심하다', '정하지 못하고 주저하다' 등으로 해석하는 편이 좋을 것 같다. 담계보는 바르지 못한 것을 들어서 여태까지 바르다고 여겼던 것을 논의해 보는 일이 바로 '疑'라고 풀이한다. 이것은 '正'의 방법만이 아니라, '不正'한 것을 통해서도 '正'의 면모가 더 확실하게 드러난다는 공손룡의 전체 요지에 오히려 더 잘 들어맞는다. 그 때문에 공손룡은 다음 단락에서 '彼此'의 구분을 길게 논의하였다.

(2) 사희심의 주석은 다음과 같다. "仲尼가 말하기를, '반드시 이름을 바로잡아야 한다'고 하였다. 그러므로 그 實을 바르게 하는 것이 (이름을) 바로잡는 것(正)이다. 그 實이 바르게 되면 여러 가지 바르게 될 일들도 모두 바르게 된다."[18]

---

17 俞樾注: "樾謹按, 疑當讀如詩靡所止疑之疑. 毛傳曰, 疑, 定也. 謝注謂衆皆疑之, 非是."

18 謝希深注: "仲尼曰, 必也正名乎. 故正其實, 正矣. 其實正, 則衆正皆正矣."

해설

이 단락의 요지는 앞서 정의한 올바름〔正〕은 실제를 바로잡는 것이며, 실제를 바로잡는 것이 바로 이름을 바로잡는 것〔正名〕임을 주장하려는 것이다. 그렇다면 공손룡은 '正名'의 구체적인 방법에 대해서 무엇이라고 말하는가? 그에 대한 공손룡의 답이다. 그것은 올바름〔正〕과 올바르지 못함〔不正〕을 분명하게 구분하는 것에서 출발한다. 나아가 올바름〔正〕과 올바르지 못함〔不正〕을 구별하는 것은, 바로 '名'을 일컫는 과정에서부터 분명해져야 한다. 그것은 '此'와 '非此'를 구분하는 것이기도 하고, '彼'와 '非彼'를 구분하는 것이기도 하며, 총괄적으로는 '此가 있어야 할 자리'를 분별하여 일컫는 것이다. 공손룡에게는 그것이 바로 '實다운 것'을 일컫는 일이고, 그것이 바로잡혔을 때 '正名'이 완성된다.

[3]

其名正, 則唯乎其彼此焉.(1)

謂彼而彼不唯乎彼, 則彼謂不行.(2)

謂此而行不唯乎此, 則此謂不行.(3)

其以當不當也, 不當而當, 亂也.(4)

故彼彼當乎彼, 則唯乎彼, 其謂行彼.

此此當乎此, 則唯乎此, 其謂行此. 其以當而當也, 以當而當, 正也.(5)

故彼彼止於彼, 此此止於此, 可.(6)

彼此而彼且此, 此彼而此且彼, 不可.(7)

【 교감 】 '則唯乎其彼此焉'에서 서복관은 '唯乎'가 '專於'의 뜻이라고 풀이하였는데, 이를 번역에 참고한다. '謂此而行不唯乎此'에서 子彙本 등에 '行'자가 '此'자로 되어 있고 서복관이 '此'자가 맞다 하였으니 '此'의 의미로 번역한다. '不當而當, 亂也'에서 서복관은 '而'가 '爲'의 뜻이라 하였다. 그리고 각 판본에 '而'자 다음에 '當'자가 없으나, 유월은 그대로 두고 해석하였고 서복관과 담계보는 子彙本에 있는 것을 따라 보충하였다. 본 주역서에서는 子彙本에 근거하여 해석한다. '彼彼當乎彼'의 두 번째 '彼'자와 '此此當乎此'의 두 번째 '此'자는 서복관에 근거하여 동사로 해석한다.

번역

그 이름이 바르면 그것〔彼〕과 이것〔此〕을 온전하게 할 수 있다.

그것이라고 말했는데 그것이 그것에 응답하지 않으면 그것의 일컬음〔謂〕은 통행될 수 없다〔不行〕.

이것이라고 말했는데 이것이 이것에 응답하지 않으면 이것의 일컬음은 통행될 수 없다.

그것은 합당함〔當〕과 부당함〔不當〕으로 (기준을 삼는다). 부당한데도 합당하게 여기면 어지러워진다.

그러므로 그것을 그것으로 여기는 일이 그것에 합당하면, '그것'이라 부르고 그 일컬음에서 그것이 통행된다. 이것을 이것으로 여기는 일이 이것에 합당하면, '이것'이라 부르고 그 일컬음에서 이것이 통행된다. 그것은 합당함으로써 합당하게 여기기 때문이다. 합당함으로 합당하게 여기는 것은 바른 것〔正〕이다.

그러므로 그것을 그것으로 여기는 것이 그것에 머물고〔止〕, 이것을 이것으로 여기는 것이 이것에 머무는 것, 이는 옳다〔可〕.

이것을 그것으로 여겨서 그것이 또한 이것이고, 그것을 이것으로 여겨서 이것이 또한 그것이라면, 이는 옳지 않다〔不可〕.

주석

(1) 사회심의 주석은 다음과 같다. "唯는 '응대하는 말'이다. 그 이름을 바로잡는다는 말은 이름을 적용함이 彼此의 實에 마땅하다〔當〕는 뜻이다. 그러므로 이름에 나아가 實을 찾아본 이후에야 彼此가 모두 그 이름에 應하게 된다."[19]

(2) 사회심의 주석은 다음과 같다. "謂는 '명령 내림'을 뜻한다. 불러서 명령을 시행하고자 彼를 불렀는데 彼가 응하지 않으면, 직분〔分〕이 彼에 해당되지 않으므로 명령을 내리는 일이 행해질 수 없다."[20]

(3) 사회심의 주석은 다음과 같다. "命을 시행하여 此에 해당되지 않으므로 此命이 행해질 수 없다."[21]

(4) 사회심의 주석은 다음과 같다. "敎命이 當하지 않는데도 스스로 當이라고 여기는 것은 두루 不當한 일이다. 그러므로 '其以當不當也'라고 하였다. 그 命이 不當하므로 온갖 사물이 응대하지 않으니, 그 命을 세력으로 하게 된다. 不當함으로 物의 不當한 命을 응대하게 하여 勢位로 그것에 위협을 하면, 세상이 모두 不當함을 當으로 여겨 그 때문에 또한 어지러워지고 어지러워질 뿐이다."[22]

---

19 謝希深注: "唯, 應辭也. 正其名者, 謂施名當於彼此之實. 故卽名求實而後, 彼此皆應其名."

20 謝希深注: "謂者, 教命也. 發號施命而召於彼, 而彼不應者, 分不當於彼. 故教命不得行也."

21 謝希深注: "施命不當於此, 故此命不得行."

22 謝希深注: "敎命不當, 而自以爲當者, 彌不當也. 故當曰其以當不當也. 以其命之不當, 故羣物不應, 勢其命矣. 以不當應物之不當命, 而勢位以威之, 則天下皆以不當爲當, 所

유월의 주석은 다음과 같다. "이곳은 본래 '不當而當, 亂也'로 되어 있었는데, 傳寫하면서 '當'자가 빠졌던 것 같다. 뒤의 문장에서 '以當而當, 正也'라고 하였으니, 두 문장이 對가 된다."[23]

유월의 주석에 의하면, 이곳이 '不當而亂也'로 되어야 한다고 하였으나, 그 해석을 따르지는 않는다.

(5) 사희심의 주석은 다음과 같다. "彼此에 命을 시행하여 彼此의 名實에 當하게 하므로, 모두 응대하여 命이 시행된다. 그것을 當으로써 하면 天下가 저절로 바르게 된다〔自正〕."[24]

(6) 사희심의 주석은 다음과 같다. "彼라는 名이 彼의 實에 멈추고 此라는 名이 此의 實에 멈추어, 彼此의 名實이 서로 넘어가지 않으므로 '可'라고 하였다."[25]

(7) 사희심의 주석은 다음과 같다. "어떤 경우에 彼라는 名이 此의 實을 침범하여 彼라고 부르면서도 또한 此와 서로 類를 이룬다고 여기고, 어떤 경우에는 此라는 名이 彼라는 實을 침범하여 此라고 부르면서 또한 彼와 相同으로 여기게 된다. 그러므로 위의 경우들은 모두 不可한 것이다."[26]

以又亂, 亂之已矣."

謝希深注의 '故當曰其以當不當也'에서 밑줄 친 '當'자는 衍文으로 생각되어 빼고 해석하였다.

23 兪樾注: "樾謹按, 此本作不當而當, 亂也. 傳寫脫當字. 下文云, 以當而當, 正也. 兩文相對."

24 謝希深注: "施命於彼此, 而當彼此之名實, 故皆應而命行. 若夫以當, 則天下自正."

25 謝希深注: "彼名止於彼實, 而此名止於此實, 彼此名實, 不相濫, 故曰可."

해설

이 단락은 이름 바로잡기가 무엇인지 더 상세하게 설명하고 있다. 합당한 '名實'의 지시 관계여야만 일컬어지는 일이 통용되며, 그것들이 혼란스럽게 뒤섞여서는 부당한 일이 됨을 강조한다.

[4]

夫名, 實謂也.

知此之非此也, 知此之不在此也, 則不謂也.

知彼之非彼也, 知彼之不在彼也, 則不謂也.(1)

【교감】 '知此之非此也'가 각 판본에는 '知此之非也'로 되어 있으나, 유월의 교정에 따라 위와 같이 교감한다. 첫 번째 '則不謂也'에서 '則'자는 각 판본에 '明'으로 되어 있으나, 유월의 교정에 따라 위와 같이 교감한다.

번역

무릇 이름은 실제〔實〕를 일컫는 것〔謂〕이다.

이것이 이것이 아님을 아는 것은 이것이 이것에 있지 않음을 아는 것이니, 그렇게 되면 일컫지 않는다.

저것이 저것이 아님을 아는 것은 저것이 저것에 있지 않음을 아는 것이니, 그렇게 되면 일컫지 않는다.

---

26 謝希深注: "或以彼名濫於此實, 而謂彼, 且與此相類, 或以此名濫於彼實, 而謂此, 且與彼相同, 故皆不可."

주석

(1) 사희심의 주석은 다음과 같다. "大名은 그것으로 實을 구하는 것이다. 그러므로 여러 가지 정사가 實과 관련된다. 상을 주고 형벌을 내릴 때에는 名이 그 實에 합당해야 비로소 좋은 것이다. (예를 들어) 설령 이것〔此〕이 큰 공〔大功〕이라 해도 이것에 (관계된) 사람〔此人〕의 공이 아니며, 이 (사람의 것)이 작은 공이 됨을 알기는 하지만 이것(에 관련된 이에게) 상 주기에 부족하다면, 모두 상 주기를 명령하지 말아야 한다. (또한) 설령 저것〔彼〕이 큰 죄이지만 저것에 관련된 사람〔彼人〕의 죄가 아니라는 것을 알고, (그래서) 저 (사람의 것)〔彼〕이 작은 죄가 됨을 알게 되어 저를 벌 주기에 부족하다면, 모두 벌 주기를 명령하지 말아야 한다."[27]

유월의 주석은 다음과 같다. "이곳은 마땅히 '知此之非此也. 知此之不在此也. 則不謂也'가 되어야 한다. 아래 문장에서 '知彼之非彼也, 知彼之不在彼也, 則不謂也'라고 하였으니, 두 문장이 對가 되어 그것에 근거하여 교정할 수 있다."[28]

해설

이곳은 일컬음〔謂〕과 일컫지 않음〔不謂〕이 어떻게 나뉘는지 분명하

---

27 謝希深注: "大名所以希實也, 故衆政之與實. 賞刑, 名當其實, 乃善也. 假令知此之大功, 非此人之功也. 知此之小功, 不足在此之可賞也, 則皆不命賞矣. 假令知彼之大罪, 非彼人之罪也, 知彼之小罪, 不足在彼之可罰也, 則皆不命罰矣."

28 兪樾注: "樾謹按, 此當作知此之非此也. 知此之不在此也. 則不謂也. 下文云, 知彼之非彼也, 知彼之不在彼也, 則不謂也. 兩文相對, 可據以訂正."

게 설명하는 단락이다. '名'과 '實'의 지시 관계가 일치하는 경우에만 일컬음이 가능하고, 그렇지 않은 경우에는 말하지 말아야 한다. 그런데 공손룡이 '名'은 '實에 대한 일컫음'이라고 하였을 때, '正名'이 우선 순위를 가진다 하여 '實實'과 '物物'을 떠날 수 있다는 뜻은 결코 아니다. '實'과 '物'을 바르게 하기 위하여 '正名'이 요청되는 것이며, '正名'을 하게 되면 '實實'과 '物物'도 완성된다는 것이다. 공손룡은 '實'을 올바르게 일컫는 '名'의 행위야말로 기본이 되어야 한다고 말하는 것이고, 그 원칙은 '唯乎其彼此'이다.[29] '唯乎其彼此'는 '彼'와 '非彼'가 분리되어 있고 '此'와 '非此'가 분리되어 있으니, '彼名'은 반드시 '彼實'을 가리키고 '此名'은 반드시 '此實'을 가리키게 해야 한다는 것이다. 분명한 것은 공손룡에게는 '彼此'의 구별이 없고, '此'와 '非此'의 구별이 없어지는 것이 가장 위험한 혼란스러움〔亂〕이라고 정의된다는 것이다. 그래서 공손룡 주장의 저변에 깔린 것은 구분과 분리이다. '白馬非馬'도 그러하지만, '離堅白'의 주장에도 그런 분리의 이념이 깔려 있다. 그래서 결국 공손룡은 '離也者, 天下'와 '獨而正'을 말하게 된다.

29 「名實論」: "其名正, 則唯乎其彼此焉."

[5]

至矣哉. 古之明王, 審其名實, 愼其所謂.
至矣哉. 古之明王.(1)

번역

대단하구나. 옛날의 현명한 왕들이여, 이름과 실제를 살펴서 일컫는 것〔所謂〕에 신중하였다.
대단하구나. 옛날의 현명한 왕들이여.

주석

(1) 사희심의 주석은 다음과 같다. "공손룡이 만든 論은 사물을 빌려〔假物〕 논변하는 것으로, 그것으로 王道의 至大함을 펼쳐내고 있다. 王道가 크다〔大〕고 할 때에는, 名實을 바로잡는 것보다 큰 것이 없다. 仲尼는 '오직 이름과 기물은 남에게 빌려줄 수 없다'고 말하였다. 그렇다면 이름과 호칭, 기물과 실질은 聖人이 소중하고 신중하게 여긴 것이다. 名이라는 것은 事物에 名을 붙여 교화를 시행하는 것이다. 實이라는 것은 事物에 實을 부여하여 교화를 완성하는 것이다. 무릇 名은 物이 아니지만 物에 名이 없다면 스스로 通할 수는 없다. 物은 名이 아니지만 名에 物이 없다면 스스로 밝힐 수는 없다. 이 때문에 名은 實로 因하여 서고, 實은 名으로 由하여 통한다. 그러므로 名이 實에 해당하면 名敎가 크게 행해지고 實功이 크게 드러나서, 王道가 그

것으로 하늘과 짝하여 크게 되는 것이다. 그러므로 옛날의 현명한 왕은 名實을 잘 살펴서 그 시행에 신중하였던 것이다."[30]

해설

이곳은 책 전체를 종결짓는 감탄 어기의 문장이다. '名實'의 관계를 살피고 말하는 일이 얼마나 신중하고 중요하게 처리되어야 하는지 아는 사람, 그 사람들이 바로 고대에 이름을 올바르게 사용했던 현명한 왕들이라는 탄사이다.

공손룡의 「명실론」은 '獨而正', '堅白離'의 논리 위에서 건립된 것이다. 이것은 묵가들의 '兼而正'과 '物盡同名'의 주장과 정확하게 상반된다. 따라서 「명실론」은 『묵경』 「경하」 70항목, 「경상」 39항목, 그리고 「경상」 87, 88, 89항목의 '同異論'과 비교하여 정밀하게 탐구되어야 한다. 이곳의 '物', '實', '爲', '正'의 정의도 정밀하게 비교 탐구되어야 한다.

한편, 정재현은 공손룡의 명학을 '일명일실주의(一名一實主義)'라고 부른다.[31] 정재현은 후기 묵가를 제외하고 혜시와 공손룡만을 명가로 보아 온 『한서』 「예문지」의 시각에 주목하면서, 그것이 공손룡

---

30 謝希深注: "公孫龍之作論也, 假物爲辯, 以敷王道之至大者也. 夫王道之所謂大者, 莫大於正名實也. 仲尼曰, 惟名與器, 不可以假人. 然則名號器實, 聖人之所重愼之者也. 名者, 名於事物以施敎者也. 實者, 實於事物以成敎者也. 夫名非物也, 而物無名, 則無以自通矣. 物非名也, 而名無物, 則無以自明矣. 是以名因實而立, 實由名以通. 故名當於實, 則名敎大行, 實功大擧, 王道所以配天而大者也. 是以古之明王, 審其名實, 而愼其施行者也."

31 정재현, 『고대 중국의 명학(名學)』, 서강대학교출판부, 2012 참조.

등의 초점이 '名'에 있었음을 의미한다고 보았다. 그러나 필자는 공손룡이 '名'에만 초점을 두어 주장하였다는 것에는 찬성할 수 없다. 공손룡에게도, 혹은 혜시, 후기 묵가에게도 '物'과 '實'은 초점에서 벗어난 적이 없다. 단지 '物'과 '實'을 드러낼 때 '名'이 어떻게 작용하는지 분석하려고 했다는 점에서 공손룡에게 '名'은 가치를 갖는다. 그럼에도 불구하고, 정재현의 '일명일실주의'라는 말은 '實'의 분리를 '名'으로 곧바로 반영해야 한다는 공손룡의 주장을 아주 간명하게 반영하는 용어가 될 수 있을 것이다. 그래서 필자는 공손룡을 '일명일실주의'라고 부르기보다는 '일실일명주의'라고 부르는 편이 낫다고 생각한다.[32]

순자도 '이름을 사용하는 일에 현혹되어 實을 이해하기 어렵게 만든 사람(惑於用名以難實者)'이라고 공손룡을 비난하였다. 그러나 이것은 순자가 '名'을 '約名'으로 전제하고 있기 때문이다. 순자에게 이름은 무한정 많아지는 것이 아니고, '期約'을 따라야 하는 것이었다. 그런데 공손룡은 '一實一名'에 치우치는 주장을 하고 있으므로 '名'의 번잡함을 피할 수가 없다고 본 것이다. 순자의 비판은 한편으로는 공손룡의 정곡을 찌른 셈이기도 하다. 세상의 '實'과 '物'은 어떻게 보고 말하느냐에 따라 무한히 분리되어 있다. 그런데 순자는 '名'으로 그것을 정확하게 구별하여 일컫는 것만이 '實'이라고 하거나, 분리된 '實'을 정확하게 반영한 '名'만이 '正名'이라고 하면, 또다시 '名'이 '實'에서 점차 벗어나는 것을 면하기 힘들다고 본 것이다. 그러나 한편 따져 보면,

32 公孫龍에 비해 墨家들은 名의 복합성에 주목한다. 物 혹은 實의 차이를 그대로 名으로 반영해야 한다는 公孫龍의 주장을 수용하면, 墨家의 '兼'의 이상에 들어맞지 않기 때문이다.

순자의 비판은 공손룡의 주장이 나온 이후에 논의의 귀결로 드러나는 것이다.

「명실론」에서 드러나듯이 공손룡은 '名'이 일차적으로 '實'의 차이를 분명하게 반영하는 것이 '正名의 완성'이라고 믿었으며, 그것은 공자를 계승한 '位位의 이상'을 실현하기 위해서도 가장 필요한 기초라고 믿었다.

『자서백가(子書百家)』본 『공손룡자』 사희심(謝希深) 서(序)

公孫龍子, 姓公孫, 名龍, 字子秉, 趙人也. 以堅白之辯, 鳴於時. 初爲平原君門客, 平原君信其說, 而厚待之. 後齊使鄒衍過趙, 平原君以問鄒子, 鄒子曰, 不可. 彼天下之辯, 有五勝三至, 而辭至爲下. 辯者別殊類, 使不相害, 抒異端, 使不相亂, 抒意通指, 明其所謂, 使人與知焉, 不務相迷也. 故勝者不失其所守, 不勝者得其所求, 若是故辯可爲也. 及至煩文以相假, 飾辭以相惇[1], 巧譬以相移, 引人聲使不得及其意, 如此害大道. 平原君悟而絀之. 又與魏國公子牟, 相善樂正子輿, 笑曰, 公孫龍之爲人也, 行無師, 學無友, 佞給而不中, 漫衍而無家, 好怪而妄言, 欲惑人之心, 屈人之口, 與韓檀[2]等肄之, 而公子牟不以爲尤也. 其說遒[3]大行矣. 今閱所著書六篇, 多虛誕不可解謬, 以膚識註釋. 私心尙在疑信間, 未能頓怡然無異也. 昔莊子云, 公孫龍能勝人之口, 不能服人之心, 辯者之囿也.[4] 厥有旨哉. 宋謝希深序.

---

1 원문의 '惇' 자는 '悖' 자가 잘못 쓰인 것이 아닌가 한다.

2 『列子』에 韓檀에 대해 언급하는데, 이곳에 公子牟와 樂正子輿의 이야기가 나온다. 이곳에서 인용된 樂正子輿의 말에 해당하는 원문은 다음과 같다.
『列子』「仲尼」: "子輿曰, '公孫龍之爲人也, 行無師, 學無友, 佞給而不中, 漫衍而無家, 好怪而妄言. 欲惑人之心, 屈人之口, 與韓檀等肄之.'"

3 원문에 '遒' 자는 '迺' 자가 잘못 쓰인 것이 아닌가 한다.

4 『莊子』「天下」: "桓團, 公孫龍, 辯者之徒, 飾人之心, 易人之意, 能勝人之口, 不能服人之心, 辯者之囿也."

번역

공손룡자는 성이 '公孫'이고 이름이 '龍'이며, 자는 '子秉'으로, 조나라 사람이다. (그는) '堅白'의 변론을 가지고 당시에 (이름이 세상에) 울려 퍼졌다.

애초에는 평원군의 문객이 되었는데, 평원군이 그의 주장을 신뢰하여 그를 후하게 대우하였다. 그 뒤에 제나라의 사신 추연(鄒衍)이 조나라를 지나다 (잠깐 머물렀다). 평원군이 (공손룡을 가지고) 추자(鄒子)에게 의견을 물었다. 추자가 대답하였다. "(그는) 안 됩니다. 그가 세상에서 변론한 것은 다섯 가지가 뛰어나고 세 가지가 지극합니다. 그러나 의론〔辭〕은 가장 하위에 이릅니다. (원래) 변론이라는 것은 유(類)가 다른 것을 구별하여 서로 해치지 않게 하며, 기이한 단초를 잘 풀어내어 서로 어지럽히지 않게 하며, 뜻을 펼치고 가리킨 바를 통하여 하며 말하는 것을 분명하게 하여, 사람들에게 함께 그것을 알게 하는 것이지, 서로 미혹하도록 힘쓰는 것이 아닙니다. 따라서 (그렇게 해야 변론에서) 이긴 자가 자신이 지키고 있는 것을 잃지 않고, (변론에서) 진 자라 해도 구하는 바를 얻게 됩니다. 그와 같기 때문에 변론이 할 만하다고 하는 것입니다. (만약) 매우 번잡한 문장으로 서로 거짓을 꾸미고, 주장을 꾸며서 서로 어긋나게 하며, 교묘한 비유를 가지고 (원뜻에서) 옮겨 가게 하여, 사람의 목소리를 끌어다 (말하지만) 그 뜻에 미쳐서 (이해하지) 못하게 한다면, 그와 같은 것은 큰 도를 해치는 것입니다." 평원군이 (그의 말에) 깨닫고서 공손룡을 내쳤다.

또한 위나라의 공자모(公子牟)는 악정자여(樂正子輿)와 잘 어울렸는데, (악정자여는 공손룡을) 비웃으며 다음과 같이 말하였다. "공손룡의 사람됨을 설명하자면 다음과 같습니다. 행실에서 스승이 없고, 학문에서 벗이 없으며, 말을 교묘하게 하지만 들어맞지 않고, 길게 늘어놓지만 체계가 잡혀 있지 않으며, 괴이한 것을 좋아하여 함부로 말합니다. 그는 사람의 마음을 혹하려 하고 사람의 말을 굴복시키려 하는데, 한단(韓檀) 등이 그것을 익혔습니다." 그러나 (그 말을 듣고도) 공자모는 (공손룡을) 잘못되었다고 여기지 않았다. 그의 주장이 마침내 크게 유행하였다.

(내가) 지금 그가 지은 책 6편을 읽어 보니, 허황된 말이 많아서 잘못된 것을 이해할 수가 없었다. 얕은 지식으로 주를 달아 풀이한다. 나 혼자 생각에는 여전히 의심할 곳과 확실한 곳이 있어서 확연하게 잘못된 곳은 없다고 말할 수가 없다. 예전에 장자가 말하였다. "공손룡은 사람들의 말은 이길 수 있었지만, 사람들의 마음을 굴복시킬 수 없었으니, 그것이 변론하는 자들의 한계이다." 그러한 (장자의 말에) 깊은 뜻이 있을 것이다.

송 사회심이 서(序)를 쓰나.

○ 참고문헌

고문서류(서울대학교 도서관 소장)

(1) 道藏(太淸部), 影印本, 上海: 涵芬樓, 民國14(1925). 上海 涵芬樓에서 明 正統10(1445)년 刻本을 影印한 것으로, 卷840에 『公孫龍子』가 실려 있음.

(2) 子彙, 影印本, 上海: 商務印書館, 民國26(1937). 上海 涵芬樓에서 明 萬曆5(1577)년 刻本을 影印한 것으로, 卷9에 『公孫龍子』가 실려 있음.

(3) 子書百家, 湖北: 崇文書局, 光緖紀元(1875). 卷57에 『公孫龍子』가 실려 있음.

그 외 청대까지의 주석본

(1) 兪樾, 「公孫龍子」, 『諸子平議補錄』 卷5, 臺北: 世界書局, 1958.

(2) 孫詒讓, 『札迻』(12卷), 淸: 成籒高, 光緖21(1895). 卷6에 『公孫龍子』에 관한 주석이 실려 있음.

(3) 陳澧, 『公孫龍子注』, 汪兆鏞 橋正 翰元樓刊本.

단행본

마테오 리치 지음, 송영배 외 옮김, 『천주실의』, 서울대학교출판부, 1999.

손영식, 『혜시와 공손룡의 명가 철학』, 울산대학교출판부, 2005.

에밀 벵베니스트 지음, 김현권 옮김, 『일반언어학의 여러 문제 1』, 지식을만드는지식, 2012.

이강수, 『중국 고대철학의 이해』, 지식산업사, 1999.

정재현, 『고대 중국의 명학(名學)』, 서강대학교출판부, 2012.

屈志淸,『公孫龍子新注』, 武漢: 湖北人民出版社, 1981.
譚戒甫,『公孫龍子形名發微』, 北京: 中華書局, 1963/1987.
牟宗三,『名家與荀子』, 臺北: 臺灣學生書局, 1979.
龐樸,『公孫龍子硏究』, 北京: 中華書局, 1979.
徐復觀,『公孫龍子講疏』, 臺北: 臺灣學生書局, 1979(4版).
梁漱溟,『東西文化及其哲學』, 上海: 商務印書館, 1929.
王琯,『公孫龍子懸解』, 北京: 中華書局, 1992.
王永祥·潘志鋒·惠吉興,『公孫龍·愼到·荀況硏究』, 河北大學出版社, 2002.
錢穆,『先秦諸子繫年』, 北京: 商務印書館, 2001.
周昌忠,『公孫龍子新論』, 上海: 上海社會科學院出版社, 1991.
周昌忠,『先秦名辯學及其科學思想』, 北京: 科學出版社, 2005.
陳癸淼,『公孫龍子今註今譯』, 臺北: 臺灣商務印書館, 1986.
何啓民,『公孫龍與公孫龍子』, 臺北: 臺灣學生書局, 1967.
淺野裕一,『古代中國の言語哲學』, 東京: 岩波書店, 2003.
Chan, Wing-tsit, *A Source-Book of Chinese Philosophy*, Princeton: Princeton University Press, 1963.
Fung, Yiu-ming, *Kung-sun Lung's Metaphysical Realism and Rigid Designation* (公孫龍的形上實在論與"固定意指"), Singapore: The Institute of East Asian Philosophies, 1986.

논문류

김철신,「公孫龍 철학 이해의 한 방식」,『철학』82, 한국철학회, 2005.
손영식,「『공손룡자』「지물론」해석: 指와 속성 보편주의」,『철학논집』24, 서강대학교 철학연구소, 2011.
송영배,「유교와 그리스도교 사상: 언어의 차이와 사유의 차이」,『종교·신학연구』5, 서강대학교 종교·신학연구소, 1992.
안기섭,「古代漢語 實詞類 품사분류의 非文法性에 관하여: 名詞·動詞·形容詞를 중심으로」,『中國人文科學』43, 중국인문학회, 2009.
염정삼,「先秦시기 有指와 無指의 논전: 公孫龍子 指物論을 중심으로」,『中國學

報』 71, 한국중국학회, 2015.
이권, 「『荀子』「正名」편의 共名과 別名에 대한 고찰」, 『中國學報』 52, 한국중국학회, 2005.
이권, 「孔子의 正名에 대한 연구」, 『철학논집』 19, 서강대학교 철학연구소, 2009.
이권, 「惠施十事에 대한 고찰」, 『철학논집』 25, 서강대학교 철학연구소, 2011.
Cheng, Chung-ying, "Kung-sun Lung: White Horse and Other Issues", *Philosophy East and West* 33:4(1983), 341-354.
Cheng, Chung-ying, "Philosophical Significance of Gongsun Long: A New Interpretation of Theory of Zhi as Meaning and Reference', *Journal of Chinese Philosophy* 24(1997), 139-177.
Cheng, Chung-ying & Richard H. Swaing, "Logic and Ontology in the Chih Wu Lun of Kung-sun Lung-tze", *Philosophy East and West* 20:2(1970), 137-154.
Forke, A., "The Chinese sophists", *Journal of the China Branch of the Royal Asiatic Society* 34 (1901), 1-100.
Graham, A. C., "The 'Hard and White' Disputations of the Chinese Sophists", *Bulletin of the School of Oriental and African Studies* 30:2 (1967), 358-368.
Graham, A. C., "The Disputation of Kung-sun Lung as Argument about Whole and Part", *Philosophy East and West* 36:2 (1986), 89-106.
Graham, A. C., "Three studies of Kung-sun Lung", *Studies in Chinese Philosophy & Philosophical Literature*, Singapore: Institute of East Asian Philosophies, 1986
Hansen, C. D., "Mass nouns and 'A White Horse is not a Horse'", *Philosophy East and West* 26:2 (1976), 189-209.
Mei, Y. P., "The Kung-sun Lung-tzu", *HJAS* 16 (1953), 404-437.
Reding, Jean-Paul, "Gongsun Long on What is Not: Steps Toward the Deciphering of the Zhiwulun", *Philosophy East and West* 52:2 (2002), 190-206.
Rieman, Fred, "On Linguistic Skepticism in Wittgenstein and Kung-sun Lung", *Philosophy East and West* 27:2 (1977), 183-193.

Rieman, Fred, "Kung-sun Lung, Designated Things, and Logic", *Philosophy East and West* 30:3 (1980), 305–319.

Rieman, Fred, "Kung-sun, White Horses, and Logic", *Philosophy East and West* 31:4 (1981), 417–447.

Thompson, Kirill Ole, "When a 'White Horse' is not a 'Horse'", *Philosophy East and West* 45:4 (1995), 481–499.

❁ 찾아보기

[ㄱ]

擧 208, 216, 240, 257

公孫龍 58

孔穿 66

狂擧 216

俱有-不俱有 208

[ㄴ]

亂名 216

[ㄷ]

當 221

當-不當 288

獨而正 264

[ㄹ]

驪 225

離 137, 249, 263, 264

離白 137

[ㅁ]

名 292

命色 98

名實 295

名實無當 228

命形 98

無去 137

無指 151, 161

物 156, 281

物莫非指 151, 161

物指 177

未與 125

[ㅂ]

反而對 221

白馬非馬 66, 98, 137

變 200

辯 220

復名 125

不可謂無指 173

不離 257

不相盈 249

不相外 248

不定其所堅 257

不定其所白 257

非有非指 161, 173

非指 156, 161, 177

[ㅅ]

三 240, 244, 257

相離 257

相鄰-不相鄰 221

相盛盈 248

相與離 257

相與-不相與　221, 228
相與-不相與　125
相與藏　257
相盈　257
守白之論　58
勝-不勝　225
神　263
實　281, 292

[ㅇ]

兩明　228
與　114, 173, 177, 195, 200, 228
如已　114
右　195
位　281
謂-不謂　292
有去　137
類　208
唯　288
類之不同　208
尹文　71
應　102, 137
二　195, 240, 257
因是　263
一　195

[ㅈ]

自藏　248
藏　248, 249, 257, 263
正　221, 228, 281, 288
正擧　221, 225, 228
正名實　58
定所白-不定所白　137
左　195
指　156
指非指　151

[ㅊ]

天下無指　167, 173
天下有指　177

[ㅍ]

悖　66, 71
悖言亂辭　125
平原君　66
彼此　288

[ㅎ]

行　288
化天下　58

공손룡(公孫龍)

기원전 3세기 중국 조(趙)나라의 사상가로, '백마비마론(白馬非馬論)', '견백동이론(堅白同異論)' 등의 주장을 펼친 것으로 유명하다. 하지만 당대에 그의 논리는 이해되기 힘들었다. 공손룡의 사적에 대해서는 그다지 많이 알려져 있지 않지만, 『한비자(韓非子)』 등에 언급된 것을 보면 당대에 상당히 유명한 변론가였음에 틀림이 없다. 당시 조나라 평원군(平原君)이 공손룡을 후대하였으나 이후 추연(鄒衍)과의 논쟁 등을 거치고 나서 그를 내쳤다고 한다. 저작으로는 그의 주장을 담은 「백마론(白馬論)」, 「지물론(指物論)」, 「견백론(堅白論)」 등이 수록된 『공손룡자』가 전해진다.

염정삼(廉丁三)

서울대학교 중어중문학과를 졸업하고 동 대학원에서 중국 문자학을 전공하여 박사학위를 받았다. 현재 인하대학교 중국학연구소 학술연구교수로 재직하고 있다. 『설문해자주 부수자 역해』, 『문선(文選) 역주』(공역) 등의 저작이 있으며, 「漢字가 보여주는 순환론적 세계관」, 「中國 文字의 象形性과 表音性」, 「先秦시기 有指와 無指의 논전: 公孫龍子 指物論을 중심으로」, 「類와 象을 통한 문자의미의 생성과 분화: 『설문해자』 '口'부를 예증으로」, 「『명리탐(名理探)』에 소개된 서구 논리학의 특성」, 「중국 예수회 선교사들의 '논리학' 요청의 배경: 그들은 왜 『범주론』을 번역했는가」 등의 논문이 있다.

❁ 문명총서 발간사

서울대학교 인문학연구원은 2007년 11월 한국연구재단의 인문한국(HK) 사업을 수탁하여 HK문명연구사업단을 출범시켰다. 한국과 아시아, 세계를 향한 문명연구의 허브를 구축하기 위해 '한국 인문학'의 정립을 목표로 인문학 제 분야는 물론 인근 분야의 전공자들까지 한 지붕 아래 모였다.

인문학연구원이 한국 인문학의 도약을 위해 핵심과제로 주목한 것은 문명에 대한 새로운 이해이다. 문명이란 장구한 세월 동안 인류가 일구어낸 정신적·물질적 성과들의 종합이며, 타 문명들과 서로 영향을 주고받으며 진화해 온 복합적 실체이다. 이에 대한 심층적인 이해가 선행되지 않는다면, 현재와 미래에 대한 유효적절한 준비와 대응은 불가능하다.

'문명텍스트총서'는 인문학 안팎의 다양한 전공을 가진 우리 연구원의 연구자들이 자신의 영역에서, 과거와 현재 문명의 정수와 그에 대한 인식을 담은 중요한 텍스트를 선정하여 번역하고 주해한 결과물이다. 이는 긴 시간의 노동을 요하면서도 성취가 단기간에 가시화되지 않는 우직한 작업이지만, 인류의 유산을 한국화하는 이 같은 작업이 주체적으로 세계문명을 사유하고 새로운 문명을 개척하는 데 발판이 되리라고 믿는다. 문명텍스트총서가 현재와 과거를 엮는 씨줄 놓기 작업이라면, 문명공동연구총서는 인간과 세계를 총체적으로 이해하려는 날줄 얽기라고 할 수 있다. 오랫동안 자신의 분야에서 전문화를 추구했기에 공동연구가 쉬운 일은 아니지만, 문명 이해의 융합적 시각뿐만 아니라 한국 인문학의 새로운 전망을 써 내려가는 방법론을 제시할 수 있기를 희망한 결과물이다. 또한 문명지평총서는 연구원 안팎의 연구자들이 참여한 연구서와 교양서를 아우르고 있다.

아무쪼록 문명총서 시리즈가 동서고금의 문명을 더 깊고 더 넓게 이해하는 창발의 효과를 가져오길 기대하며, 국내외의 학자들이 참여하고 교류하는 열린 연구공간이 되길 바란다.

2014년 4월

서울대학교 인문학연구원 원장